KB275573

트렌드
큐레이팅
아이디어

일러두기
1. 각주는 옮긴이 주다.
2. 원서의 이탤릭체 강조는 고딕체로 표기했다.
3. 인명, 지명 등 외래어는 국립국어원의 외래어 표기법을 따랐다.

트렌드 큐레이팅 아이디어

비즈니스 패턴을 읽는 기술

SYMPOSIA

트렌드 큐레이팅 아이디어

초판 1쇄 인쇄 2017년 3월 3일
초판 1쇄 발행 2017년 3월 9일

지은이 로히트 바르가바
옮긴이 이은주
펴낸이 서덕일
펴낸곳 심포지아

책임편집 서민우
디자인 조미경

출판등록 2014.12.24 (제2014-73호)
주소 경기도 파주시 회동길 366 (10881)
전화 (02)499-1281~2 **팩스** (02)499-1283
전자우편 info@bookmoon.co.kr

이 책은 한국출판문화산업진흥원의 출판콘텐츠 창작자금을 지원받아 제작되었습니다.

저자 및 출판사의 허락없이 책의 일부 또는 전부를 무단 복제·전재·발췌할 수 없습니다.
잘못된 책은 구입하신 곳에서 교환해 드립니다.

값 16,000원
ISBN 979-11-954456-2-2 (13320)

미래를 논할 때 과거는 돌아보지 않으려 한다. 미래는 새롭고 매혹적이다. 돈이 벌리고 문화가 만들어지는 곳은 과거가 아니라 미래다. 과거는 지루하고 따분한 옛일일 뿐이다.

미래 예측에 관한 글을 열심히 쓰기 시작했을 무렵 내 바람은 그렇게 거창하지 않았고 아주 소박했다. 나는 그저 마케팅 업계를 이해하고 더불어 첨단 기술이 마케팅 부문에 어떤 변화를 일으키는지 알고 싶었을 뿐이다. 그런데 이후로 내 바람에 변화가 생겼다. 물론 여전히 내 생각의 범위가 제한적이기는 하나 예전처럼 '소박한' 바람이라고 부를 수는 없게 됐다.

다른 '미래학자'들과는 달리 나는 '그냥 가능성이 있다는 정도'의 불확실한 먼 미래가 아니라 '좀 더 확실한' 가까운 미래에 초점을 맞춘다. 그러나 문제는 어떻게 미래를 정확하게 예측할 수 있느냐다.

미래의 씨앗은 현재에 뿌려진 것이고 미래의 모습은 현재에 이미 그 조짐이 나타난다고 생각한다. 앞으로 이 책을 통해 설명하겠지만 내가 생각하는 트렌드란 현재를 관찰하고 그 내용을 적절히 큐레이팅한 결과물이다.

신기술, 혁신, 행동하는 야심가와 함께 현재는 확실히 변화하고 있다.

2011년부터 줄곧 트렌드 예측에 관해 연구하고, 해마다 트렌드 리포트를 발표하면서 알게 된 가장 마음에 드는 사실이 하나 있다. 그것은 바로 시간이 지난다고 해서 지나간 트렌드 예측이 당연히 무의미해지는 것은 아니라는 사실이었다. '새로운' 트렌드가 '이전' 트렌드를 대체하는 것은 아니다. 이는 새로운 트렌드가 이전 트렌드를 밀어내고 그 자리를 대신하는 식의 '신구 트렌드의 교체'라는 차원이 아니고 트렌드의 지속성 차원에서 이해해야 한다. 즉, 어떤 트렌드가 계속해서 탄력을 받으며 그 추세를 이어나가느냐 그렇지 못하느냐가 중요한 것이다.

오늘날 비즈니스 세계를 변화시키는 가장 큰 트렌드 중에 몇 가지는 내가 3년여 전에 처음으로 발견하여 이미 언급한 것들이었다. 콘텐츠를 만들고 공유하는 방식을 바꾼 '큐레이션의 부상' 혹은 공급망에서 가치 있는 고객 경험 창조를 목적으로 데이터를 활용하는 방법에 관한 '실시간 물류 관리' 등이 여기에 해당한다.

과거에 '뻔하지 않은' 트렌드라고 했던 것도 시간이 지나면 완전히 '뻔한' 트렌드가 돼버리고 종국에는 그것이 '기본' 트렌드가 된다.

그래서 이 책에서는 약간 다른 방식으로 이야기를 풀어나갈 생각이다. 즉, 완전히 새로운 트렌드만 제시하는 것이 아니라 새로운 트렌드와 이전의 트렌드 리포트에서 언급했던 트렌드를 함께 설명할 것이다. 이전 트렌드 가운데 다가올 트렌드에도 영향을 미칠 것으로 판단되는 것을 선택한 다음 여기에 새로운 사례를 추가하는 등의 살을 붙여 다시 정리했다.

이러한 방식을 통해 그동안 정립해 놓은 트렌드와 더불어 다가오는 시대의 비즈니스 방식에 변화를 몰고 올 새로운 트렌드를 함께 고찰하는 시간이 되기를 바란다.

이 책은 단순히 '미래 트렌드 목록'이라기보다는 다른 사람들이 간과한 패턴과 연관성을 포착하는 데 도움이 되는 새로운 사고의 방법을 제시하고 있다. 그리고 자신의 생각을 우아하게 그리고 설득력 있게 표현하는 방법을 알려준다.

이 책을 읽고 나서 연도별 트렌드에 관해 좀 더 알고 싶다면 내가 만든 사이트 www.rohitbhargava.com/nonobvious에 가입하기 바란다. 그러면 수시로 업데이트한 트렌드 자료와 리포트 내용 가운데 일부를 미리 받아볼 수 있을 것이다.

끝으로 트렌드나 미래 혹은 다르게 생각하기와 관련하여 나름의 아이디어가 있다면 내게도 꼭 들려주기 바란다.

이메일에는 꼭 답장을 할 것이다. 모쪼록 독자 여러분과 대화를 나눌 수 있는 기회가 있기를 즐거운 마음으로 고대하고 있을 것이다. 이 주소 rohit@trustimg.com로 직접 이메일을 보내도 되고 페이스북이나 트위터 같은 소셜 미디어 플랫폼을 이용해도 된다.

이 책을 선택해준 독자 여러분께 감사하며, 부디 이 책이 여러분에게 즐거운 경험을 안겨주기를 바란다.

2016년, 워싱턴 DC에서
로히트 바르가바

"날카롭고 분명한 어조로 내가 가장 좋아하는 주제 가운데 하나인 미래에 관해 다룬 실용서! 저자는 실용적 조언과 흥미로운 사례를 통해 큐레이션 의 힘을 활용하여 기업인의 관점에서 비즈니스의 미래를 예측하고 준비하 는 방법을 알려준다."
– 대니얼 핑크Daniel H. Pink, 《파는 것이 인간이다To Sell Is Human》《드라이브Drive》의 저자

"미래를 내다보는 수정 구슬은 깨버리고 운세를 점치는 찻잎은 이제 내다 버려라. 저자는 비즈니스, 브랜드 그리고 의사결정에 영향을 미칠 미래 트 렌드를 알아내는 방법을 제시한다."
– 샐리 호그셰드Sally Hogshead, 〈뉴욕타임스〉 베스트셀러 《당신을 바라보는 세상의 관점 How The World Sees You》의 저자

"지금까지 이렇게 유용한 책은 별로 없었다. 우리의 사고를 촉진하는 깊은 통찰력과 예리한 관찰력이 온몸으로 느껴지는 매우 가치 있는 책이다. 읽 지 않으면 후회하게 될 책!"
– 시브 싱Shiv Singh, VISA 디지털 · 마케팅 혁신부 글로벌 헤드 겸 수석 부사장, 《소셜 미디 어 마케팅 입문Social Media Marketing For Dummies》의 저자

"저자가 예측한 사실 중에 몇 가지는 현실이 되지 않기를 간절히 바란다. ('셀 피 자신감'이라니! 으으으 싫다!) 안타깝게도 현실은 내 바람과는 무관하게 흘러 간다. 그러나 저자는 이 분야에서 베테랑 중의 베테랑이다. 이 책을 읽으면 그 이유를 알 수 있을 것이다."
– 스콧 스트래튼Scott Stratten, 《언셀링UnSelling》으로 2014년 '올해의 최고 베스트셀러'에 오른 것을 비롯하여 4차례에 걸친 베스트셀러 작가

"비즈니스의 미래를 조명한 실용서이자 통찰력이 돋보이는 이론서라는 두 마리 토끼를 모두 잡은 흔치 않은 책이다."
– 찰스 두히그Charles Duhigg, 《습관의 힘The Power Of Habit》의 저자

"저자는 지난 4년 동안 기업인들이 미래를 준비할 수 있도록 트렌드를 집중 조명함으로써 낯선 트렌드가 큰 흐름을 이루는 데 도움을 줬다. 이 책을 아직 읽지 않았는가? 그렇다면 이제 이 책을 읽을 때다."
– 라이언 홀리데이Ryan Holiday, 《믿어줘, 나 거짓말하고 있어Trust Me I'm Lying》《그로스 해킹Growth Hacker Marketing》의 저자

"비즈니스 및 경영서 중에는 독자에게 물고기를 던져주는 것에 그치고 마는 책이 아주 많다. 그런데 이 책은 물고기를 안겨주는 것에서 한걸음 더 나아가 각자의 상황에 맞게 그 물고기를 요리하는 방법까지 제시한다."
– 버나뎃 지와Bernadette Jiwa, 베스트셀러 작가, 블로거 및 기조 연설자상 수상자

"저자 로히트 바르가바의 '호감 경제학'은 사회 경제 이해의 표준이 됐다. 저자의 최신작인 이 책은 '미래 예측' 그 이상의 의미를 지닌다. 세상을 보는 새로운 방식을 제시함은 물론이고 변화를 일으키는 큐레이션의 위력을 보여준다."
– 스리 스리니바산Sree Sreenivasan, 메트로폴리탄 미술관 최고디지털책임자 "@Sree Show" podcast on CBS @Playit network

"마케팅과 제품 개발의 미래를 만드는 유용한 아이디어와 트렌드를 제시한다. 남들보다 앞서나가고 싶다면 이 책을 읽어라."
– 가이 가와사키Guy Kawasaki, 캔바 수석 전도사 《창업의 기술The Art of the Start, 2.0》의 저자

"다른 사람과는 다르게 사물을 보는 자세, 그것이야말로 창의력의 근간이다. 어떤 분야에 종사하든 이 책에서 말하는 접근법을 채택한다면 성공의 열쇠를 거머쥘 수 있다."
– 존 잔쉬John Jantsch, 《덕트 테이프 마케팅Duct Tape Marketing》《덕트 테이프 셀링Duct Tape Selling》의 저자

"로히트 바르가바는 항공 여행이 잦은 사람들이 마일리지를 모으듯 아이디어(생각, 개념 등)를 수집한다. 트렌드와 전략에 대한 저자의 전염성 강한 열정이 독자 여러분의 기업을 성공으로 이끌 것이다. 저자는 이 책을 통해 시장의 미래 방향을 포착하여, 남보다 앞서 시장 예측의 결과를 활용하고자 하는 기업주, 창업 기업인, 마케팅 전문가, CEO 등에게 문제 해결 방법을 제시하고 있다. 저자는 단순한 그러나 매우 강력한 트렌드 확인의 청사진과 핵심적 사업 전략을 제시한다. 초심자들이 이 원칙을 채택하고 전문가들이 지혜의 정수를 모을 수 있는 간편한 방식을 알려준다. 지금 이 책을 읽으라!"
– 조이 콜만Joey Coleman, 디자인심포니Design Symphony의 최고경험책임자

"'다르게 생각하라'고 권하는 책은 많다. 그러나 실질적으로 그 방법을 말해주는 책은 매우 드물다. 그 드문 책 가운데 하나가 바로 이 책이다. 고객을 설득하든, 팀에게 동기를 부여하든, 아니면 그냥 까다로운 상사의 입맛을 맞추는 것이든 간에 이 책은 이 모든 과업을 성공으로 이끄는 데 도움이 된다. 이미 나는 내 팀원들에게 보여주려고 이 책을 샀다."
– 존 게르지만John Gerzema, 〈뉴욕타임스〉 베스트셀러 작가이자 사회 전략가

"디지털 비즈니스의 세계를 저자만큼 제대로 이해하는 사람도 드물다. 나는 아주 오래전부터 내 고객에게 저자의 아이디어를 소개했었다. 패턴을 읽고 글로벌 트렌드를 예측하고 매일 미래학자처럼 생각하는 방법을 배우려는 사람들이라면 반드시 읽어야 할 필독서!"
– 게르트 레온하트Gerd Leonhard, 스위스 바젤 출신의 작가 및 기조 연설자

"디지털의 미래를 예측할 때 수정 구슬을 쳐들지 않는다. 그보다는 여러분이 이미 알고 있는 사실을 이야기한다. 주변 세상을 이해하는 데는 좀 더 신중하고 좀 더 호기심 충만한 마음가짐이 중요하다고 지적한다. 평생 교육의 중요성을 이해한다면 이 책을 읽어라!"
– 조너선 베처Jonathan Becher, SAP의 최고마케팅책임자

"저자는 미래 예측에 도움이 되는 트렌드 큐레이팅의 비결 혹은 방법을 제시한다. 적극 추천하고픈 책!"
– 로스 도슨Ross Dawson, 퓨처익스플로레이션네트워크Future Exploration Network 회장

"기업의 임원, 마케터, 제품 및 서비스 개발자 등의 '필독서'. 다가오는 미래를 형성하는 주요 트렌드에 관해 이해하기 쉽게 풀어낸 흥미롭고 유용한 책이다. 저자는 트렌드 예측을 둘러싼 가당찮은 속설의 허구성을 드러내고, 변하지 않은 트렌드를 포착하는 실질적인 방법을 제시한다."
– 로히트 탈워Rohit Talwar, 세계적인 미래학자, 패스트퓨처리서치Fast Future Research의 최고경영자

"저자는 매우 관대한 시선으로 미래라는 주제에 접근하면서 중요한 문화적 트렌드와 비즈니스에 관한 유용한 정보를 제공해준다. 무엇이 중요한 트렌드인지 그리고 그 중요한 트렌드에서 기회를 포착하려면 어떻게 해야 하는지를 알려주고 있다. 무엇보다 가치 있는 것은 트렌드라고 하는 것 중 진짜 중요한 것과 중요하지 않은 것을 스스로 가려낼 수 있는 방법을 제시한다는 점이다. 내용도 훌륭하지만 쓰기도 정말 잘 쓴 책이다. 읽는 것만으로도 즐거워지는 책이 어디 그리 흔한가!
– 앤 핸들리Ann Handley, 마케팅프로프스MarketingProfs 최고콘텐츠책임자

"수많은 책이 다르게 생각하는 방법을 알려준다고 약속하는데 그 약속을 실제로 이행하는 책이 바로 이 책이다. 저자의 생동감 넘치는 사고와 비즈니스 전략을 통해 다른 사람이 놓치고 마는 중요한 패턴을 찾아낼 수 있을 것이다."
– 수니 브라운Sunni Brown, 《게임스토밍Gamestorming》《두들 레벌루션The Doodle Revolution》의 저자

IDEA THREE
트렌드 리포트 2

IDEA FOUR
트렌드 활용 지침

"
전문가처럼 원칙을 배우고,
예술가처럼 그 원칙을 깨부숴라.
"

파블로 피카소

IDEA
ONE

트렌드
큐레이션의 기술

시작하며

아이작 아시모프Isaac Asimov는 공상 과학 소설가로만 불리기에는 그 활동 영역이 매우 광범위한 사람이다. 다작 작가로 알려진 아시모프는 세간에 널리 알려진 공상 과학 소설 시리즈에서부터 윌리엄 셰익스피어의 작품을 소개한 두 권짜리 해설서를 포함하여 500권이 넘는 책을 비롯하여 성서 해설서까지 썼다.

물론 아시모프는 공상 과학 소설가로 널리 알려졌으나 정작 본인은 자신을 이러한 틀 속에 가두려 하지는 않았다. 아시모프에게 자신이 쓴 책 가운데 어떤 책을 가장 좋아하느냐고 물으면 "가장 최근에 나온 책이요!"라고 농담처럼 말하곤 했다. 아시모프는 과학자도 아니고 신학자도 아니며 문학 평론가도 아니었다. 다만 다방면에 호기심이 아주 많은 작가였을 뿐이다.

다른 전문가와는 달리 그는 자신이 내놓는 아이디어의 힘이 전혀 다른 분야의 생각이나 지식을 하나로 모아, 여기에 자신만의 통찰력으로 그러한 지식을 통합, 정리, 분석하는 능력에서 비롯된다는 사실을 잘 알고 있었다. 실제로 아시모프는 자신을 '속해자速解者'라고 표현하기도 했다. 최고 전성기 때 1년에 책을 15권이나 낼 정도로 살인적인 스케줄을 소화할 수 있었던 것도 다 이 독특한 특성 덕분이었다. 우리도 아시모프처럼 '빨리 이해하는 사람'이 될 수 있을까?

나는 이것이 가능하다고 생각한다.

이 책의 목적은 아주 단순하다. 다른 사람들이 놓친 것을 보는 방법을 여러분에게 가르쳐주려는 것이다. 나는 이러한 접근 방식을 '뻔하지 않은 것에 주목하는 사고non-obvious thinking'라고 칭한다. 이러한 사고 방법을 배움으로써 여러분은 각자의 비즈니스에 큰 변화를 줄 수 있을 것이다.

이제 비즈니스 트렌드에 이러한 사고 방법을 적용하여 이야기해 보자. 어쨌든 간에 우리는 누구나 트렌드와 그 트렌드를 예측하는 사람에게 이끌린다. 매년 등장하는 트렌드 예측을 한 해를 미리 들여다보는 도구로 여기고, 이러한 예측은 우리의 상상력을 자극하게 된다. 그런데 여기에는 한 가지 문제가 있다. 즉, 이러한 예측 대부분이 어림짐작이나 추측 혹은 나태한 사고에 기반을 둔다는 점이다. 그리고 추측에 기반을 둔 것들은 뻔하지 않은 참신한 예측이라기보다 너무도 뻔한 예측들이다.

이 책은 요즘 나오는 책들이 뻔한 아이디어를 새로운 것인 양 주워섬기는 모습에 환멸을 느낀 결과물이라 해도 과히 틀린 말은 아니다. 자칭 전문가라는 사람들로 가득 찬 요즘 세상에서는 '다르게 생각하는 것'이 그 어느 때보다 중요해졌다.

뻔한 트렌드를 믿고 따르기보다는 세상에 떠도는 생각들을 관찰하여 잘 정리(큐레이팅)하는 것이야말로 사람들이 무엇을 왜 구매하는지 혹은 무언가를 왜 믿는지를 이해하는 데 도움이 된다.

이 책의 목적은 독자 여러분에게 너무 뻔한 예측은 피하고 스스로 트렌드를 예측하는 기술을 가르쳐 주려는 것이다.

진정한 트렌드란 변화하는 현재를 관찰하여 그 내용을 큐레이팅한 결과물이다.

진정한 트렌드는 지금으로부터 20년 동안의 미래를 예측하는 것이 아니다. 이처럼 먼 미래에 대한 예측은 단순한 추측이나 희망적 관측의 범주를 벗어나기 어렵다. 1997년 당시의 트렌드 예측자 가운데 트위터 같은 신종 도구가 등장하리라 예측한 사람이 몇이나 되는가? 단 한 명도 없었다.

그러나 그렇다고 해서 '트렌드 예측'이 영 쓸모없다는 의미는 아니다. 가장 강력한 트렌드 예측은 너무 먼 미래가 아니라 현재를 관찰하는 데서 나온다. 따라서 진정한 트렌드의 힘은 현재를 관찰한 내용을 바탕으로 가까운 미래를 예측할 때 발휘된다. 그리고 '가까운 미래를 아는 것'은 사람들이 생각하는 것보다 훨씬 가치 있는 일이다.

트렌드 큐레이션이 왜 중요한가?

누구나 살면서 어떤 결정을 내려야 하는 상황에 수도 없이 직면하는데, 그러한 결정 대부분이 먼 미래가 아닌 가까운 미래에 관한 것들이다. 사업을 시작하기로 결정한다. 결혼을 하기로 한다. 직업을 바꾸기로 한다. 이 모든 일이 한참 먼 미래가 아닌 가까운 미래에 그렇게 한다는 것이다.

먼 미래를 위한 결정도 가까운 미래를 위한 결정에서 출발한다. 그러므로 세상이 변하는 모습을 실시간으로 관찰하는 것이 지금으로부터 20년 후에 세상이 어떻게 변화할지를 애써 추측하려는 것보다 훨씬 더 가치 있는 일이다.

나는 강연을 할 때마다 나 자신을 일단은 '트렌드 큐레이터'라고 소개한다. '큐레이터'는 흥미롭고 새로운 방식으로 아이디어를 수집하고 그러한 아이디어에서 일정한 패턴을 찾아 세상이 어떻게 돌아가는지를 설명하는 작업에 가장 적합한 용어라고 보기 때문이다.

나는 지난 5년 동안 해마다 비즈니스 세계를 형성할 15개 주요 트렌드를 발표해왔다. 각 리포트는 1년 동안의 연구 및 조사 자료, 대화 내용, 사고 및 저술 내용을 바탕으로 하여 '뻔하지 않은 트렌드 리포트Non-Obvious Trend Report'라는 이름으로 발표해왔다.

그동안 나는 세계적인 기업을 대상으로 비즈니스 전략에 관한 자문을 해줬고, 조지타운 대학에서 마케팅 과목을 가르쳤으며, 세계 29개국에서 개최한 행사에서 강연을 했다.

이러한 경험은 다양한 업종을 경험해볼 기회이자 언론, 문화, 마케팅, 기술, 디자인 및 설계, 경제 등 다양한 부문을 편견 없이 관찰하고 공부할 수 있었던 매우 소중한 기회였다.

그리고 매년 수십 권의 책을 읽고 클라우드 컴퓨팅cloud computing에서부터 암만파의 농법Amish farming method에 이르기까지 다양한 주제를 다룬 잡지를 사서 읽는 것도 잊지 않았다.

나는 항공 여행이 잦은 사람들이 마일리지를 모으듯 그렇게 '아이디어'를 모은다. 이렇게 모은 아이디어는 나중에 요긴하게 쓸 수 있기 때문이다.

이 책을 쓴 이유

다른 트렌드 예측가는 어떻게 생각할지 몰라도 나는 해마다 트렌드 리포트를 발표하는 것으로는 충분치 않다고 본다. 나는 트렌드 큐레이팅이 가치 있는 작업이고 또한 누구나 이 방법을 배울 수 있다고 믿는다. 이 믿음이 진실이라면 그 방법을 정확히 알려주는 것이 중요하다고 생각한다.

이 책은 크게 4개 부분으로 구성되어 있다.

Idea One에서는 트렌드 큐레이션[1] 방법을 설명한다. 이전에는 사적인 워크숍에 참여한 사람들이나 내 강의를 들은 학생에게만 공개했던 내용이다. 이 부분에서는 트렌드 예측에 관한 주요 속설, 트렌드 큐레이터의 다섯 가지 특성, '건초 더미 방법Haystack Method'이라 칭한 트렌드 큐레이팅의 단계별 접근법 등을 다룰 것이다.

Idea Two는 미래 트렌드 리포트에 관한 것으로, 향후 비즈니스 업계를 형성할 새로운 트렌드 아이디어를 제시할 것이다. 각 트렌드 부분에서는 이를 뒷받침하는 사례와 조사 결과를 비롯하여 각자의 비즈니스에 그 트렌드를 활용하는 방법을 설명한다.

Idea Three에서는 비즈니스 업계를 변화시킬 것으로 예측했던 과거의 트렌드에 대한 새로운 관점을 설명한다. 각 트렌드에는 이전에 이어 앞으로도 여전히 의미가 있는 추세인지 아닌지를 가늠한다는 차원에서, 미래에 그러한 트렌드에 어떠한 변화가 있을지를 중심으로 한 내용이 포함된다.

Idea Four에서는 워크숍에 대한 간략한 소개와 함께 트렌드를 실전에

---

1 trend curation, 다양한 추세 정보의 수집, 분석, 재구성을 통해 이러한 정보에 의미와 가치를 부여하는 작업으로서 단순한 추세 관찰 혹은 추세 분석에서 한 단계 더 나아간 개념

서 활용하는 방법을 소개한다. 또 역트렌드anti-trend의 중요성과 '교차 사고 intersection thinking'를 활용하여 기업과 스토리텔링 간의 연결 패턴을 파악하는 방법을 다룰 것이다.

책을 읽는 순서는 독자 여러분이 알아서 정할 일이다. 순서대로 읽어도 좋고 관심 가는 트렌드의 활용이나 큐레이션 기법에 관한 부분을 찾아 가며 읽어도 상관없다. 트렌드 예측, 트렌드를 활용하는 방법, 트렌드 큐레이션 기법의 학습, 참신한 사고 등 어떤 부분에 관심을 두든 간에 이 책은 먼 미래가 아닌 가까운 미래를 시계時界로 한다는 점을 기억하기 바란다.

아시모프가 속독자가 아니라 속해자였던 것처럼 여러분도 속독자가 아닌 속해자가 될 필요가 있다. 이 책이 그 목적을 향해 가는 데 유용한 길잡이가 되기를 바란다.

노르웨이의 억만장자 :
트렌드 예측이 거의
무용지물인 이유

크리스티앙 링네스Christian Ringnes는 노르웨이의 억만장자였다. 그런데 1996 년에 그렇게 돈이 많은 사람한테 한 가지 문제가 생겼다. 주거 공간이 비좁아진 것이었다. 억만장자한테 비좁은 공간이라니 말이 되는가!

노르웨이 최고 갑부 중 한 사람인 링네스는 유명한 사업가이자 미술품 수집가로 알려져 있었고 링네스 집안이 100여 년 전에 시작한 주류 회사는 노르웨이 최대 맥주 회사가 됐다. 고향인 오슬로에 여러 곳의 레스토랑과 박물관을 소유하고 있으며 최근에는 2013년에 개장한 조각 문화 공원 건립에 7,000만 달러를 기부하기도 했다.

그러나 링네스가 정말 좋아하고 또 정말 원하는 것은 '수집가'로서의 삶이었다. 그래서 벌써 수십 년 전에 세계 최대 규모에 속하는 개인 미술관까지 건립했다. 그러나 정말 특이한 부분은 링네스가 미니 술병을 너무 좋아해서 평생 이 술병을 모아왔다는 점이었다. 미니 술병에 대한 집착은 아버지한테서 반쯤 비어 있는 미니 술병을 선물 받았던 7세 때부터 시작됐다. 이 선물을 계기로 미니 술병 수집의 길로 들어섰고 결국은 5만 2,000개가 넘는 술병을 소장한 세계 최대 미니 술병 박물관이 탄생하게 된 것이다.

그러나 안타깝게도 수십 년 동안의 수집 생활은 결국 아내 더니즈의 완강한 반대에 부딪히게 됐다. 더니즈는 집안이 온통 미니 술병으로 너저분하게 어질러져 있는 것을 굉장히 싫어했다고 한다. 오랫동안 참고 참던 더니즈는 마침내 남편에게 최후통첩을 하기에 이르렀다. 술병을 전부 다른 곳으로 옮기든지 아니면 더러는 좀 내다 팔든지 하라고 했다.

수집가라면 다들 그렇듯이 링네스도 자신이 그동안 모은 술병을 내다 판다는 생각은 한 번도 해본 적이 없었다. 그래서 자신의 성격과 재력에 걸맞은 완벽한 해결책을 찾아냈다.

바로 미니 술병 박물관을 짓기로 한 것이다.

인간은 수집한다

현재 오슬로 시내에 소재한 이 '미니 술병 갤러리Mini Bottle Gallery'는 세계에서 가장 이색적인 박물관으로 꼽히면서 북유럽을 방문하는 사람들이 반드시 가봐야 할 세계인의 관광 명소가 됐다. 이 박물관은 미니 술병을 진열할 새로운 공간이 돼줬을 뿐 아니라 내부에 레스토랑까지 갖추고 있어서 행사 장소로도 꽤 인기를 끌고 있다.

내가 링네스와 그의 이야기를 처음 알게 된 것도 이 행사장 겸 레스토랑에서였다. 나는 한 행사에 참석차 오슬로에 있었는데 행사 주최 측에서 이 박물관을 둘러보고 여기서 저녁 식사를 하는 것으로 일정을 잡았던 것이다. 가서 보니 이색 박물관이라는 명성이 전혀 빈말이 아니었다. 술병이 죽 늘어서 있는 현관 복도를 따라 안으로 들어가면 샴페인 분수가 있는 널찍한 로비가 나온다. 주제(테마)별로 꾸며진 방은 그곳 특유의 음악과 조명, 심지어 향기까지 다르게 구성돼 있었다.

이렇게 둘러보다 보니 이곳은 벽면을 채운 진열장에 수집한 술병들을 아무렇게나 늘어놓은 그저 그런 박물관이 아니었다. 훌륭한 박물관들이 다 그렇듯이 이 박물관의 진열실 하나하나가 세심하게 큐레이팅 돼 있었다.

미니 술병은 흥미로운 주제별로 구분하여 진열돼 있었다. '죄의 방Room of Sin'이란 주제를 달고 매춘굴처럼 꾸며진 방은 네덜란드 홍등가의 미니 술병으로 채워져 있었고 '공포의 방Horror Room'에는 술병들이 쥐나 벌레 같은 것들에 온통 둘러싸여 있었다.

이외에 '정글 방Jungle Room' '유명인의 방Room of Famous Persons'을 비롯하여 스포츠, 과일, 새, 서커스 단원, 초자연적인 것 등을 주제로 한 방이 이어졌다. 게다가 전체가 '델프트 블루 하우스Delft Blue KLM House' 시리즈로 온통 도배가 된 방도 있었다. 델프트 블루 하우스는 도자기로 된 건물 모형인데 네덜란드 항공사KLM가 50여 년 전부터 이 안에 술을 담아 승객에게 제공해왔다.

이렇게 각 주제 방에 진열된 술병이 총 1만 2,000여 개가 넘는다. 나머지는 지하 창고에 보관돼 있다가 필요할 때마다 진열실로 올라온다고 한다.

무의미한 잡음을 의미 있는 것으로 만들기

미니 술병 박물관에서는 수집품의 20%만 진열하고 나머지는 전부 지하 창고에 보관한다. 이러한 사려 깊은 큐레이션 덕분에 수집품 관람객의 경험이 더욱 특별하고 가치 있게 느껴진다.

수많은 언론 매체를 통해 얼마나 많은 정보가 쏟아지는지 생각해보라. 쏟아진다는 표현이 딱 어울릴 정도인 숱한 사실들에서 의미 있는 정보를 찾아내는 일이 쉽지는 않다.

감당할 수 없을 정도로 쏟아지는 '사실'들 속에서 의미 있는 정보를 찾으려 할 때 반드시 필요한 기술이 바로 '큐레이션'이다.

큐레이션은 잡음을 의미 있는 정보로 바꾸는 혹은 잡음에 의미를 부여하는 가장 확실한 방법이다.

큐레이션 과정이 없으면 의미는 사라지고 경험은 무의미해진다.

우연히 트렌드 큐레이터가 되다

오슬로에서 집으로 돌아가는 비행기 안에서 나는 큐레이션이 내가 하는 작업에서 얼마나 중요한 역할을 하는지를 깨달았다.

불과 몇 개월 전에 내 첫 번째 트렌드 리포트를 발표한 참이었다. 1년 동안 수집한 수많은 아이디어를 블로그에 올려놓았는데 이것을 한데 모아 정리해보자는 생각에서였다.

그동안은 흥미로운 생각들을 수집해 마구잡이로 모아놓는 식이었다. 여기저기에 대충 적어 놓거나 잡지에서 필요한 부분을 뜯거나 오려내서 폴더에 적당히 끼워 책상 위에 보관하는 식이었다.

첫 번째 리포트를 작성할 때 누구나 다 알만한 뻔한 내용이 아니라 수집한 생각이나 이야기 속에서 의미 있는 패턴을 찾아야겠다는 생각이 들었다. 남들이 아직 알아채지 못한 혹은 아직 주목하지 않은 것을 찾아 이를 유의미한 개념으로 발전시키고 싶었다.

다른 결과물을 얻으려면 다른 입력물이 필요하다.

노르웨이에서 집으로 돌아오는 비행기 안에서 정말 우연히 새로운 입력 방법을 터득하게 됐다. 즉, 1년 동안 온갖 아이디어를 수집한 다음 몇 개월 정도 있다가 분석 작업을 하면 뻔하지 않은 혹은 남다른 출력물을 만들어낼 수 있다는 사실을 깨달았다.

과학계의 숨기고 싶은 비밀

분석적인 사람이라면 당최 논리적이지 못한 것 같은 설명으로는 납득이 쉽지 않을 것이다. 아이디어를 수집한 다음 의미 있는 개념으로 만들기 위해 기다린다는 것이 대체 어떤 의미인가? 적절한 연구란 무엇인가? 트렌드 패널이라든가 트렌드 스포터[2]를 활용한다는 것은 또 어떤 의미인가? 과학은

---

2 trend spotter, 트렌드를 읽는 사람 혹은 트렌드를 예측 및 분석하는 사람

또 이와 무슨 관계가 있는가?

과학은 우리가 생각하는 것만큼 완벽한 방식이 아닐 수도 있다.

2013년 초에 박사 학위 과정을 공부하는 베키 포트Beckie Port라는 학생이 과학적 연구의 '진실'을 밝히기 위해 '심하게 솔직한 연구 방법overlyhonestmethods'을 해시 태그로 사용하여 과학적 방법의 허상을 솔직하게 밝힌 과학자 및 연구자 75명의 사례를 수집하여 발표했다.

트위터를 조사한 결과 포트는 다음과 같은 흥미로운 내용을 찾아냈다.

- "이 표본은 MIT 연구자들이 추출한 것이다. 이 표본에 문제는 없으리라 판단한다. 왜냐고? MIT 연구자들이 했으니까. #overlyhonestmethods" @paulcoxon

- "우리가 사용하는 대표 장치라는 것은 별 것이 아니다. 바로 폭발하지 않는 장치가 바로 우리의 대표 장치다. #overlyhonestmethods" @ajdecon

- "바베이도스를 사례 연구지로 채택했다. 다른 이유는 없다. 그저 연구자들이 바베이도스에서 현장 조사를 하는 것이 좋겠다고 생각했기 때문이었다. #overlyhonestmethods" @mlkubik

- "대학원생과 박사 학위 취득 후 연구생들은 일상적인 용어를 사용해도 되는데 똑똑함을 과시하려는 생각으로 굳이 전문적인 용어를 사용했다. #overlyhonestmethods" @eperlste

흔히 과학적 연구라든가 박사 학위를 따기 위한 연구 등은 로봇처럼 완벽한 사람들이 수행하는 것이라고들 생각한다. 그러나 실제로는 평범한 사람들이 이러한 모든 복잡한 연구를 수행한다는 사실을 기억하기 바란다. 요컨대 사람은 완벽한 존재가 아니다. 그러므로 그러한 연구가 완벽하리라 기대하는 것 자체가 어불성설이다.

과학과 마찬가지로 트렌드 역시 하나의 관찰 결과인 만큼 스프레드시트에 딱 맞춰 정리할 수 있을 정도로 결코 완벽한 것이 아니다. 그러나 그렇다고 해서 트렌드 관찰 및 예측 자체가 영 쓸모없다는 의미는 아니다.

훌륭한 과학은 항상 훌륭한 관찰을 바탕으로 한다. 과학자는 실험 결과를 관찰한 다음 가설을 세우고 증거를 확립하는 방법을 배운다.

트렌드와 과학 사이에는 유사한 점이 꽤 있다. 트렌드를 파악하려면 호기심을 십분 발휘하여 관찰을 하고 그 관찰 결과를 통해 의미 있는 사실을 발견하려는 의지가 필요하다.

이것은 일반적인 '트렌드 발견' 방법과는 다르다. 사실 트렌드 '발견'이라는 말에는 트렌드를 예측하거나 기술하는 사람들에 관한 일반적 속설이 반영돼 있다.

이러한 속설을 하나하나 살펴보도록 하자.

트렌드 발견에 관한 다섯 가지 속설

나는 작가이자 연사로서 스토리를 찾는 일에 많은 시간을 할애한다. 트렌드라든가 미래를 예측하는 사람들을 우리는 보통 트렌드를 발견하는 사람 즉, '트렌드 스포터'라고 말한다.

트렌드 스포터라는 말은 많이 들었을지 몰라도
사실 트렌드 스포터가 하는 일은 딱히 없다.

안타깝게도 트렌드 스포터에 대한 편향된 시각 때문에 트렌드 스포터가 곧 미래를 예측할 수 있는 사람이라는 잘못된 인상이 형성됐다. 트렌드 스포터에 관한 다음의 정의를 살펴보자.

트렌드 스포터가 되려면 해당 분야에서 광범위한 교육과 훈련을 받아야 한다. 트렌드 스포터는 해당 업종의 역사와 비즈니스 작동 방식에 관한 기본 지식을 습득한 후에라야 트렌드를 예측하는 부서에서 일할 수 있다. 그리고 그 부서에서 훈련과 경험을 쌓으면서 서서히 전문 트렌드 스포터로 성장하는 것이다. (Wisegeek.com : 지식 정보 사이트)

'트렌드를 예측하는 부서'에서 일해야 한다는 가설 자체가 얼토당토않은 어리석은 생각이다.

트렌드 큐레이팅과 미래 예측 방법은 올바른 습관을 갖추도록 훈련하는 과정을 통해 얼마든지 배울 수 있다. 따라서 누구나 전문 트렌드 스포터가 될 수 있다.

이 책에서는 트렌드를 발견하여 큐레이팅하는 방법을 상세하게 설명할 것이다. 그러나 먼저 트렌드와 관련된 잘못된 속설부터 논파하는 것이 우선이다. 그래야 트렌드를 잘못 읽는 우를 범하지 않을 것이다.

속설 1 : 트렌드는 '발견'하는 것이다

트렌드를 '발견'한다는 것은 트렌드라는 '완성품'이 존재한다는 사실을 전제로 한다. 이것이 사실이라면 트렌드는 더는 손질이 필요치 않은 완성품인 채로 어딘가에 존재하므로 야생 조류 관찰자가 야생 조류를 찾아내듯 그렇게 찾아내기만 하면 된다.

그러나 현실은 이와는 전혀 다르다. 트렌드 스포터가 할 수 있는 일은 개별적인 사례와 이야기를 찾아내는 것뿐이다. 그렇게 찾아낸 수많은 사실들을 '트렌드'라고 말하는 것은 선반 위에 있는 달걀과 밀가루, 설탕을 놓고 '케이크'라고 하는 것과 다를 바 없다. 발견한 사실들은 트렌드를 형성하는 재료일 뿐 그 자체를 트렌드라 말할 수는 없다. 케이크라 부를 수 있으려면 재료를 요리하는 과정이 필요하듯 트렌드라고 부르려면 각 사실을 큐레이팅하는 과정이 필요하다. 트렌드의 재료를 '발견할' 수 있어도 이 재료를 적절히 조리하는 이른바 큐레이팅 과정을 거치지 않으면 '트렌드'라고 부를 만한 것을 찾아낼 수 없다.

속설 2 : 트렌드는 업계 전문가가 예측한다

트렌드 큐레이팅을 잘 하려면 특정 업계에 관한 전문 지식이 필요하다고들 생각한다. 그러나 여기서 지식의 '사각지대'라는 큰 문제가 발생한다. 특정 분야에 대한 지식과 정보가 축적되면서 전문성이 깊어질수록 다른 분야에는 소홀해지고 전문 영역의 확대가 더욱 어려워진다. 트렌드 큐레이팅에는 한 가지 지식만 필요한 것이 아니다. 세상에 대한 무한한 호기심을 바탕으로 하여 한 가지 분야만 집중적으로 파고들기보다 다방면에 두루 관심을 둬야만 편협성에 빠질 위험에서 좀 더 쉽게 벗어날 수 있다.

속설 3 : 트렌드는 정확한 데이터에 기반을 둔다

연구에는 양적 연구와 질적 연구 등 두 가지 방법이 있다는 사실을 금방 잊어버리고 수치 자료에 지나치게 의존하는 사람들이 있다. 양적 연구는 실험 결과 대신 관찰과 경험을 토대로 주로 구술 데이터를 수집하는 데 초점을 맞춘다. 샴푸의 산도pH를 정확히 알아내려 할 때는 분명히 양적 연구가 필요할 것이다. 그런데 트렌트 큐레이팅에는 양적 연구와 질적 연구가 다 필요하다. 정확한 수치 자료 못지않게 정교한 관찰 자료 역시 중요하다.

속설 4 : 트렌드는 현재의 유행만 반영한다

트렌드와 유행을 정확하게 구분하기는 어렵다. 얼핏 보면 트렌드가 현재 유행을 타는 것에 초점을 맞추는 것 같아도 진정한 트렌드라면 어느 정도 지속성을 유지하는 것에도 주목해야 한다. 이에 비해 유행은 일시적으로 인기 있는 현상이나 개념을 의미한다. 진정한 트렌드는 일시적 유행이나 인기뿐 아니라 지속성의 흐름도 반영한다.

속설 5 : 트렌드는 광범위한 예측이다

진실이 아니라고 하는 것이 더 이상할 정도로 이 속설처럼 현실의 뒷받침을 강하게 받는 것도 또 없다. 언론은 뜬구름 잡는 식의 일반적인 트렌드 예측을 쏟아낸다. 이로 말미암아 '트렌드는 광범위하고 포괄적인 것이어야 한다'는 인상이 형성된다는 것이 문제다. 그런데 진정한 트렌드는 이와는 정반대다. 트렌드는 구체적이고 분명한 그 무엇이다. 모든 상황에 다 적용되는 것이 아니라 특정한 사실을 특정한 방식으로 바라볼 수 있도록 특정한 관점을 제공하는 것이 바로 트렌드다.

지금까지 트렌드 예측에 관한 가장 일반적인 속설 다섯 가지를 설명했다. 끝으로 우리가 접하는 수많은 트렌드 예측에 관한 또 하나의 불편한 진실을 지적하고 넘어가고자 한다.

지금은 클릭 한 번으로 온라인상에 자신의 의견을 얼마든지 올릴 수 있는 세상이다. 그래서인지 우리가 접하는 트렌드 예측 글 대다수가 제멋대로의 추측이나 억측의 범주를 넘어서지 못하는 것이 태반이다. 대다수 트렌드 예측을 이처럼 부정적으로 바라보는 이유가 무엇일지 궁금할 것이다. 왜 이러한 예측 대부분이 쓸모없다고 말하는 것일까?

이제 그 이유를 설명하도록 하겠다.

대다수 트렌드 예측이 쓸모없는 이유

몇 주 전에 내년 트렌드를 예측한 내용을 실었다는 비즈니스 잡지 〈앙트레프레너Entrepreneur〉를 읽었다. 그 주 초에는 비슷한 주제를 다룬 잡지 〈비즈니스위크BusinessWeek〉가 도착했다. 때는 마침 12월이라 트렌드 예측이 성행할 시기였다.

연초만 되면 다이어트를 하겠다고 결심하는 사람이 늘어나는 것처럼 연말이면 너도 나도 다음 해 트렌드를 예측하겠다고 나선다. 그런데 안타깝게도 언론에서 남발하는 이 같은 예측 기사는 거의 애매하고 두루뭉술하게 표현하고 넘어가는 것이 대부분이다.

나는 오래전부터 재미 삼아 이러한 언론의 예측 내용을 수집하기 시작했고 덕분에 매년 연말이면 쏟아져 나오는 예측들이 얼마나 허접스러운지 새삼 확인할 수 있었다.

하나마나한 뻔한 트렌드 예측 가운데 가장 어이없었던 것 몇 가지를 소개하고자 한다. 그래도 내게는 이러한 예측의 출처와 예측한 사람의 이름은 비밀에 부쳐줄 정도의 아량은 있다.

- ◆ "시각적인 것이 대세다."
- ◆ "스트리밍 엔터테인먼트Streaming entertainment"
- ◆ "드론의 시대가 왔다. 정말로!"
- ◆ "콘텐츠 마케팅의 시대가 계속될 것이다."
- ◆ "판타지 스포츠Fantasy Sports"
- ◆ "가상현실Virtual Reality"
- ◆ "스마트 홈 기술이 변화를 주도할 것이다."

나는 이러한 것들을 트렌드의 범주에 넣을 수가 없다. 어떤 것은 아무렇게나 던지는 전문 용어이거나 너무 기본적인 말이다. 또 어떤 것은 너무 일반적이고 포괄적인, 그래서 하나마나한 뻔한 말이다.

현재의 변화를 제대로 파악한 참신한 아이디어는 전혀 없다. 미디어 소비자인 우리는 그래서 트렌드 예측에 대해 의심의 눈초리를 보이게 된다. 트렌드 예측에는 신뢰성의 문제가 수반된다. 그러나 이 문제는 얼마든지 해결할 수 있다. 이 문제를 해결하려면 우선 대다수 트렌드 예측이 실패로 끝나는 주된 이유 네 가지를 살펴보는 일에서부터 시작해야 한다.

이유 1 : 객관성 결여

스마트폰을 파는 사람이 올해는 '스마트폰의 해'라고 떠벌이는 것은 지극히 이기적인 발언이다. 물론 편향적인 트렌드 예측 대부분이 이 경우처럼 쉽게 파악되는 것은 아니며 객관성을 유지하는 것은 누구에게나 어려운 일이다.

편향된 예측은 대부분 자신이 알고 있는 세계와 그 세계에 관한 전문 지식을 토대로 한다. 비즈니스 업계가 특히 더 그러하다. 문제는 객관성이 결여된 예측은 대체로 희망적 관측 혹은 부질없는 기대로 이어진다는 데 있다. 트렌드가 되기를 바란다고 해서 그것이 정말로 트렌드가 되는 것은 아니다.

예 작년 연말 즈음, 내년에는 웨어러블 기술[3] 혹은 '사물 인터넷'이 대세가 될 것이라고 예측하는 내용의 백서와 블로그 포스트 형식의 이메일을 수십 통이나 받았다. 그 대세에 편승하여 비즈니스에 성공하는 데 필요한 전략이나 특정한 제품 유형을 추천한다는 식의 내용이 실려 있었다. 당연한 일이겠으나 이들의 바람과는 달리 그 대부분이 언론의 주목을 받지 못했다.

이유 2 : 창의성 결여

다들 아는 내용을 되풀이하는 것을 트렌드 예측이라고 할 수는 없다. 예를 들어, '올해는 태블릿을 사는 사람이 더 많아질 것이다'라는 말은 너무도 뻔한 내용이며, 창의성이 결여된 이 예측은 아무짝에도 쓸모가 없다. 트렌드 예측이라는 것 대부분이 이처럼 뻔한 사실을 말하는 수준에서 벗어나지 못하는 가장 큰 이유는 어이없을 정도로 간단하다. 즉, 그렇게 하는 것이 더 쉽기 때문이다. 정보에 근거한 사고라든가 창의적인 사고보다 건성으로 하는 '나태한' 사고가 더 쉬운 법이다. 진정한 트렌드는 대다수가 이미 알고 있는 뻔한 사실과는 전혀 다른 것이다. 진정한 트렌드라면 통찰력을 바탕으로 참신한 아이디어로 현재의 변화를 제대로 담아낸 것이어야 한다.

---

3 wearable technology, 착용형 스마트 기기 관련 기술

예 약 15년 전에 처음으로 등장한 '디지털 네이티브digital natives'는 인터넷 환경에서 성장하여 인터넷 이전의 세상은 전혀 모르는 새로운 세대를 지칭하는 의미로 탄생한 용어다. 생각보다 이 용어의 역사도 오래고 편재성도 어느 정도 확보된 상태인데도 작년에 발표된 몇몇 트렌드 예측 글에서는 '디지털 네이티브'의 등장이 아주 새로운 현상인 듯 취급하고 있었다. 이 얼마나 나태한 사고인가! 건성건성, 대충대충!

이유 3 : 증거 결여

자신의 주장을 뒷받침하는 특정한 사례도 없이 트렌드라고 주장하는 것은 마이크를 사고 노래 한 곡을 배웠다고 자신을 음악가라고 주장하는 것과 다를 바 없다.

안타깝게도 트렌드 예측이라는 것 대부분이 한 가지 이야기나 한 가지 사례에 근거하고 있다. 다수 사례와 이야기는 그 트렌드가 왜 중요한지를 이해시키는 데 매우 강력한 설득 도구로 작용한다. 이것이야말로 트렌드를 증명하는 필수 요소다. 트렌드를 뒷받침할만한 아무런 증거 없이 혹은 겨우 한 가지 사례밖에 제시하지 못한 상태에서 특정 현상을 트렌드라고 주장한다는 것은 결국 그것이 추측에 근거한 트렌드 이상은 아니라는 의미다.

예 출판 웹 사이트 미디엄닷컴Medium.com이 활성화되고 양질의 글과 기사를 자유롭게 올리는 언론인과 작가들이 늘어났다. 그러자 사람들이 좀 더 긴 콘텐츠를 선호하는 이른바 반트위터 현상이 주된 트렌드가 될 것이라는 예측을 내놓기 시작했다. 그러나 웹 사이트 하나가 인기를 끈 것만으로는 트렌드를 운운하기에 충분치 않다. 결국은 이러한 예측은 당연히 빗나가고 말았다.

이유 4 : 적용성 결여

대다수 트렌드 예측에서 부족한 점은 이를 실생활에 적용하는 방법에 대한 논의가 결여돼 있다는 것이다. 트렌드를 기술하는 것만으로 '트렌드론'이 완성되는 것은 아니다. 즉, 무언가를 기술하는 것만으로는 진정한 트렌드 예측이라고 하기 어렵다.

그것이 무엇을 의미하는지 또 자신의 상황에서 그 트렌드를 활용하여 무엇을 할 수 있는지를 함께 제시해야 한다. 다시 말해, 활용성이 수반되는 트렌드여야 한다.

예 작년에 최고 수준의 광고 대행사들이 연합하여 〈애드버타이징 에이지Advertising Age〉라는 잡지에 이듬해의 트렌드를 예측하는 내용의 사설을 게재했다. 빅 클라이언트에게 PR의 가치를 강조하기 위해서였다. 그러나 안타깝게도 상위 10개 예측은 '빅 데이터가 중요하다, 그러나 빅 통찰력은 결정적으로 중요하다'와 같은 알맹이 없는 내용이 대부분이었고, 진정한 통찰력이라든가 그 트렌드를 활용하는 방법 혹은 구체적으로 무엇을 해야 하는지에 관해서는 언급이 없었다.

다르게 생각하기

이쯤 되면 트렌드와 관련한 속설이 난무하고 예측이 실패하는 이유가 분명한데 그렇다면 과연 진정한 트렌드 예측은 어떻게 해야 하는지가 궁금할 것이다.

어떻게 해야 '뻔하지 않은' 트렌드를 내놓을 수 있는지에 대한 내 의견을 피력하자면 이렇다.

다음 두 개 장에서는 이러한 참신한 사고에 관해 좀 더 상세히 다룰 것이다. 자신의 비즈니스와 경력에 관한 전망뿐 아니라 이에 관한 새로운 아이디어를 창출하려면 기존과는 다른 시각에서 트렌드에 접근하는 것이 필요하다.

자, 그럼 이제 시작하도록 하자.

트렌드 큐레이터의 마음가짐 :
트렌드 큐레이터의
다섯 가지 특성

2006년에 스탠퍼드 대학의 저명한 심리학과 교수 캐럴 드웩Carol Dweck이 꽤 흥미로운 책을 하나 내놓았다. 사실, 길게 설명할 필요가 있을까 싶을 정도로 그 기본 논리는 매우 단순했다.

수십 년 동안 동기, 성취, 성공에 관해 연구해온 드웩은 성공하는 사람 따로 있고 실패하는 사람 따로 있는 이유가 뭘까 생각하다 마침내 그 해답의 실마리를 찾게 됐다. 모든 것이 '마음가짐mindset'에 달렸다는 것이 드웩의 결론이었다.

드웩은 학생들을 대상으로 한 실험, 프로 운동선수와의 인터뷰, 기업인에 대한 조사 등 다양한 연구 작업에서 얻은 결과를 바탕으로 사람들을 '고정형 마음가짐fixed mindset'을 가진 부류와 '성장형 마음가짐growth mindset'을 가진 부류 등 크게 두 가지 유형으로 나눴다.

드웩의 주장은 이랬다. 고정형 마음가짐을 가진 사람들은 자신의 능력과 재능은 날 때부터 정해져 있어서 절대로 변하지 않는다고 믿는다. 그래서 자신이 '잘하는 것'과 '못하는 것'을 명확히 구분해 놓고, 할 수 없다고 생각하는 일에는 아예 눈길을 주지 않는다. 말하자면 자신에게 주어진(더 정확하게 말하면 '주어졌다고 믿는') 능력의 한계 내에서만 뭔가를 하려고 한다.

성장형 마음가짐을 가진 사람들은 성공과 성취는 노력과 의지의 결과물이라고 생각한다. 이 사람들은 노력을 통해 자신의(그리고 다른 사람의) 잠재력을 얼마든지 계발할 수 있다고 믿는다. 이런 마음가짐이기에 도전을 두려워하지 않고 무엇이든 배우려는 의지도 강하다.

누구나 짐작하듯 나 역시 '성장형 마음가짐'의 힘을 믿는다. 그래서 이러한 마음자세를 항상 견지하려고 노력한다. 미래를 예측하는 일과 관련해서도 이 성장형 마음가짐이 매우 중요하다.

> **'마음가짐론'과 관련하여 가장 마음에 드는 부분은 누구에게나 자신을 변화시키는 능력이 있다는 사실이다. 우리는 그저 성장형 마음가짐을 갖추고 그것이 우리를 어떻게 변화시키는지 즐거운 마음으로 지켜보기만 하면 된다.**

트렌드를 관찰하고 분석하는 능력은 악기를 연주하는 것처럼 연습을 통해 얼마든지 터득할 수 있는 '기술'이다. 그렇다면 과연 충분히 연습만 하면 프로 기타리스트도 될 수 있고 추세 분석 전문가도 될 수 있을까? 꼭 그렇지만도 않다.

어떤 분야든 전문가 수준에 오르려면 타고난 재능이라든가 적성 같은 것을 무시할 수는 없다. 수천 명의 학생과 기업인을 대상으로 진행한 연구 결과 트렌드 큐레이션에 필요한 기술은 노력을 통해 얼마든지 터득할 수 있다는 사실을 알게 됐다. 이 기술을 익히면 세계를 바라보는 관점이 넓어지고 궁극적으로 이것이 미래의 성공을 견인하는 주요 동력으로 작용하게 된다.

성장형 마음가짐과 배우려는 의지 외에 트렌드 큐레이션 능력을 계발하는 데 도움이 되는 다섯 가지 특성이 있다. 그러면 세상을 떠나기 전까지 세간에 거의 알려지지 않았던 저 유명한 미술품 수집가의 이야기를 시작으로 트렌드 큐레이터의 다섯 가지 특성을 하나하나 살펴보도록 하자.

의외의 큐레이터

2012년에 한 노인이 89세를 일기로 세상을 떠났다. 평생 우체국 직원으로 일하다 은퇴한 이 노인은 놀랍게도 평생 훌륭한 현대 미술품을 조용히 수집해왔다. 이 사람이 바로 허버트 보겔Herbert Vogel이었고, 그는 아내 도로시와 함께 미술계의 전설로 남게 됐다.

허버트 보겔이 세상을 떠나고 나서 여러 가지 이야기들이 들려왔다. 보겔 부부는 뉴욕에 있는 방 하나짜리 작은 아파트에서 살았는데, 그 비좁은 집에 5,000여 점이나 되는 미술품이 쌓여 있어 이를 모두 실어가기 위해 대형 화물 트럭이 다섯 대나 등장했다고 한다.

보겔 부부가 수십 년 동안 모아온 이 수집품은 국립미술관National Gallery of Art으로 옮겨질 예정이었다. 보겔 부부는 항상 자신들이 좋아하는 작품을 사 모으는 것 외에는 한 일이 없다고 말했다.

미술품에 대한 부부의 이러한 열정은 아직 세상이 알아보지 못한 젊은 예술가를 찾아내 이들을 후원하는 일로 이어졌다. 이를 통해 보겔 부부는 결국 평범한 수집가의 범주를 넘어서게 됐다. 훗날 한 미술 평론가가 '믿을 수 없을 정도로 굉장한 수집품'이라 평했듯이 팝 아트 화가 로이 리히텐슈타인Roy Lichtenstein과 포스트 미니멀리즘의 대가 리처드 터틀Richard Tuttle을 비롯한 수많은 예술가의 작품이 포함된 보겔 부부의 수집품들은 전 세계 미술관이 다들 탐낼 만큼 굉장히 훌륭한 것들이었다.

보겔 부부처럼 누가 시켜서가 아니라 본능에 이끌려 아름다운 작품을 수집하는 모습은 훌륭한 큐레이터의 자질과도 선이 닿아 있다.

큐레이셔니즘의 부상

미술관의 큐레이터는 작품을 주제별로 묶어 분류하거나 전시한다. 미니 술병 박물관처럼 이색적인 전시이든 메트로폴리탄 미술관Metropolitan Museum of Art의 경우처럼 대규모 전시든 간에 큐레이션의 목적은 개별 작품을 적절히 배열 및 구성하여 하나의 이야기를 만들어내는 것이다. 즉 전시된 작품 전체가 하나의 이야기를 구성하도록 하는 것이다.

큐레이터는 독립돼 있는 아름다운 것들에 의미를 부여하는 사람이다.

나는 큐레이터가 하는 일에 깊은 인상을 받았다. 그리고 이렇게 생각하는 사람이 나만은 아닐 것이다. 미술 업계에서도 눈치 채기 시작했을 정도로 비즈니스 업계도 큐레이션의 중요성에 주목하고 있다.

2014년에 미술 평론가이자 작가인 데이비드 블레이저David Balzer는《큐레이션론Curationism》이라는 책을 발표했다. '창조론creationism'을 염두에 둔 듯한 재기 넘치는 제목의 이 책은 '큐레이션' 개념이 미술계를 넘어 거의 모든 분야에 쓰이게 된 상황에 주목하고 있다.

블레이저는 이 책에서 큐레이터가 '가치를 부여하는 사람'으로 진화하는 모습을 설명한다. 큐레이션론의 등장으로 각 작품이 의미하는 바를 생각하지도 않은 채 아무렇게나 마구잡이로 진열해놓는 식이었던 그동안의 전시 관행에 변화를 불러일으킬 수 있다고 보고 있다. 요컨대 '작품을 충분히 이해한 연후에 의미를 담아 전시하는' 관행이 필요하다는 것이다. 큐레이션의 가치는 충분히 시간을 들여 곰곰이 생각하면서 필요한 정보를 수집하는 과정을 통해 자신이 감상하는 작품 혹은 수집하는 작품의 진정한 의미를 이해하는 데서 나온다.

수집과 숙고의 조합이야말로 효과적으로 아이디어를 배열하여 미래를 예측하는 방법을 배우는 데 핵심적인 요소다. 사실 비즈니스 업계가 시간을 들여 숙고하는 시간이 허용될 만큼 여유로운 분야는 아니다. 그래도 이러한 '사치'를 누리는 데 도움이 되는 다섯 가지 특성을 제시해 보고자 한다.

이제 이 다섯 가지 특성을 차례로 살펴보도록 하자.

트렌드 큐레이터의 다섯 가지 특성

큐레이터의 출신 배경은 매우 다양하다.

미술과 디자인에 초점을 맞추는 사람이 있는가 하면 역사와 인류학에 관심을 보이는 사람도 있다. 또 전문적 훈련을 받거나 관련 분야의 학위가 있는 사람도 있고 보겔 부부처럼 열정 하나만으로 그 자리에 선 사람들도 있다. 출신이나 배경이 어찌됐든 '수집품에 가치를 부여할 수 있는' 훌륭한 큐레이터로 성장할 수 있었던 이들에게는 몇 가지 공통적인 특성이 있었다.

전문가나 연구자 혹은 학자여야 큐레이션을 할 수 있는 것은 아니다. 앞으로 소개할 이 다섯 가지 특성을 배워서 익히면 큐레이션 능력이 향상될 것이고 이를 통해 더 좋은 아이디어를 찾아내고 이러한 아이디어를 통해 현재의 변화를 제대로 포착할 수 있을 것이다.

지난 5년 동안 비즈니스 전문가, 기업인, 대학생 등을 대상으로 한 강의나 워크숍에서 이 특성을 소개하고 가르쳤다. 그리고 이 과정에서 누구나 이

1 호기심이 많다. 항상 이유를 궁금해 하고, 이 세상 모든 것에 대해 더 많이 알려고 하고, 조사와 질문을 통해 지식을 넓히려고 한다.

2 관찰력이 뛰어나다. 다른 사람이 무시하거나 그 중요성을 깨닫지 못하는 것들을 세세하게 관찰하고 알려고 한다.

3 변덕스럽다. 특정한 생각을 과도하게 분석하려 하거나 혹은 편견이나 고정관념에 얽매이지 않고 자유롭게 생각하려고 한다.

4 신중하다. 충분히 시간을 들여 의미 있는 관점을 만들어내고 여러 대안을 신중하게 검토한 후에 결론에 이른다.

5 세련되게 표현한다. 단속적인 개념들을 적절하게 통합 정리하여 아이디어나 생각을 이해하기 쉽게 기술하려고 한다.

러한 기술을 습득할 자질을 갖추고 있다는 사실을 알게 됐다. 문제는 그 자질을 얼마나 활성화할 수 있느냐다. 즉, 충분히 배우고 익히며 그러한 자질을 키워나갈 의지가 있느냐가 관건이다.

이제 본격적으로 각 특성을 상세하게 알아 보도록 하자.

호기심이 많다

브야니 헤르율프손Bjarni Herjulfsson은 당대 최고의 탐험가가 될 수도 있었다. 그런데 그만 그 기회를 놓치고 말았다.

그래도 이 불운한 사람의 이야기는 후세 사람들에게 호기심의 결여가 얼마나 어이없는 결과를 낳는지를 잘 보여준 사례가 됐다.

986년에 헤르율프손은 선원 한 명과 함께 그린란드를 찾아 노르웨이에서 항해를 시작했다. 항해 도중에 풍랑을 만난 배가 이리저리 떠돌다 낯선 땅을 보게 됐다. 유럽인으로는 처음으로 북아메리카 대륙을 보게 된 것이었다. 함께 떠난 선원이 뭍으로 올라가 둘러보자고 했으나 헤르율프손은 이를 묵살하고 원래 항로로 돌아갔다.

몇 년이 지난 후 친구인 레이프 에릭손Leif Eriksson에게 그 이야기를 들려줬다. 헤르율프손의 이야기에 귀가 솔깃해진 에릭손은 마침내 그 땅을 찾아 항해에 나섰다.

학교 다닐 때 크리스토퍼 콜럼버스보다 약 500년 앞서 북아메리카를 발견한 최초의 유럽인은 에릭손이라고 배웠을 것이다. 반면에 헤르율프손을 기억하는 사람은 거의 없다. 이 이야기는 호기심, 아니 더 정확하게는 호기심의 결여가 불러온 안타까운 결말을 보여주고 있다. 요컨대 호기심은 발견의 필수 요건이다.

> 호기심이 많아지면 사물이나 사건이 왜 그렇게 되는지에 관해 질문이 많아지고
> 범상치 않은 상황이나 주제에 대해 매우 궁금해 하며 파고들려고 한다.

인간은 본래 호기심이 많은 동물이다. 그런데 문제는 집중력을 잃지 않으면서 계속해서 그 호기심을 유지할 수 있느냐다.

유명한 셰프이자 요리 연구가인 페란 아드리아Ferran Adrià에게 제일 좋아하는 아침 메뉴가 무엇이냐고 물었더니 아주 간단한 대답이 돌아왔다. "날마다 다른 과일을 먹는 것을 좋아한다." 매일 다른 과일을 먹는 것이 아니라 매일 다른 생각을 할 수 있다면 어떻게 될지 한 번 생각해 보라.

호기심이 있다는 것은 당장은 쓸모없어 보여도 다양한 생각들을 받아들여 세상에 관한 지식을 넓혀나가려는 의지가 강하다는 것을 의미한다. 이제 호기심을 키우는 몇 가지 방법을 소개한다.

실질적 조언 : 호기심을 키우는 세 가지 방법

★ 똑똑한 미디어를 소비하라

안타깝게도 우리는 섬에서 때로는 우리 뒷마당에서 결코 좋아할 수 없는 사람들이 볼썽사나운 짓거리를 하는 모습을 보여주는 리얼리티 쇼를 비롯하여 이른바 '뇌가 텅 빈 멍청한 미디어brainless media'에 둘러싸여 있다. 또 멍청한 미디어는 재미는 있으나 호기심이 아니라 무기력증을 유발한다. 멍청한 미디어보다는 '똑똑한 미디어brainful media'인 다큐멘터리 단편 영화나 테드닷컴TED.com에서 17분짜리 강연을 듣는 것이 호기심을 키우는 데 훨씬 도움이 된다.

호기심은 설사 편치는 않더라도 다른 사람의 시선으로 세상을 바라보는 데 도움이 된다. 내가 잘 모르는 것에 대해서는 각종 전문 잡지를 통해 배운다. 서점의 잡지 코너를 그냥 둘러보거나 www.magazines.com 같은 웹 사이트를 방문하는 것만으로도 많은 정보를 얻을 수 있다. 예를 들어, 〈모던 파머 Modern Farmer〉〈모델 레일로더 Model Railroader〉〈하우스뷰티풀 House Beautiful〉은 분야가 완전히 다른 세 종류의 잡지다. 책장을 슬슬 넘기면서 광고나 사진을 슬쩍 보는 것만으로도 다른 세상에 대해 많은 것을 알 기회가 생긴다.

★ 질문을 하라

몇 달 전에 페인트 업계가 주최한 강연회에 연사로 초청받았다. 그런데 페인트 산업은 내가 잘 모르는 분야였다. 그래서 그냥 가서 의례적으로 진행하고 빨리 나오고 싶은 마음이 굴뚝같았다. 그러나 그러한 유혹을 꾹 누르고 회장 안을 돌아다니면서 사람들에게 이런 저런 질문을 했다. 그러자 30분도 안 돼서 페인트를 배합하는 방법이라든가 어떤 첨가제를 사용하는지 등에 대해 알게 됐다. 그리고 페인트 업계에서는 현재 플라스틱 통이냐 철제 통이냐를 놓고 논쟁 중이라는 사실, 또 컴퓨터 컬러 매치 시스템이 새롭게 등장했다는 사실도 알게 됐다. 준비된 말만 하고 자리를 뜨는 편한 길 대신에 계속 머물면서 사람들에게 질문을 많이 하고 돌아다닌 덕분에 업계 사람들에게 좀 더 유용한 발언을 할 수 있었다.

도움이 되는 읽을거리

★ 역사 소설

역사 소설 작가는 세상 사람들에게 도움이 될 만한 역사적 사실을 찾아내 이를 소설의 형식을 빌려 재구성한다. 에릭 라센Erik Larsen의 《백색 도시의 악마The Devil in the White City》(1893년 시카고 세계 박람회 살인 사건에 관한 이야기)와 사이먼 윈체스터Simon Winchester의 《교수와 광인The Professor and the Madman》(옥스퍼드 영어 사전에 관한 이야기) 같은 소설은 색다른 방식으로 사고해볼 기회를 제공한다.

★ 편집본(모음집)

흥미롭고 새로운 주제에 관해 생각해볼 수 있도록 실제 이야기나 수필을 한데 모아 놓은 책이 많이 있다. 이렇게 짤막한 이야기나 주제를 모아 묶은 책은 장편보다 호기심을 자극하는 데 훨씬 도움이 된다. 예를 들어, 존 브록만John Brockman이 편집한 《이것이 당신을 더 스마트하게 할 것이다This Will Make You Smarter》 시리즈 혹은 심리학 애호가인 데이비드 맥레이니의 《착각의 심리학You Are Not So Smart》을 읽는 것은 시간을 많이 들이지 않고도 호기심을 키우는 데 도움이 되는 완벽한 방법이다.

관찰력이 뛰어나다

몇 년 전에 뉴욕에서 있었던 한 만찬 행사에 초대받았다. 장소는 아주 멋진 레스토랑이었는데 식사를 다 마치고 나자 종업원이 와서 디저트 주문을 받았다. 두 가지 중에 하나를 고르라는 것이었다.

디저트 주문을 받고 나서 10분도 채 안 돼 주문을 받은 종업원을 제외한 6명의 종업원이 나를 포함하여 30명이 앉아 있는 테이블로 와서는 누가 무엇을 주문했는지 묻지도 않고 각 손님이 주문한 디저트를 정확하게 내려놓는 것이 아닌가!

디저트를 각 손님 앞에 정확하게 내려놓는 모습을 보면서 주문을 받았던 종업원이 그 짧은 시간에 6명의 종업원에게 각 손님의 선택 사항을 어떻게 전달했는지가 정말 궁금했다.

그런데 조금 관찰을 해보니 주문 받은 그 종업원이 어떤 방법을 썼는지 금방 이해가 됐다. 두 가지 디저트 가운데 첫 번째를 선택한 손님에게는 접시 위에 숟가락을 올려놓았다. 그리고 두 번째 디저트를 선택하면 접시 오른쪽에 숟가락을 놓는 식이었다.

그래서 디저트를 가져온 종업원들은 숟가락이 어디에 놓여있는지만 확인하면 손님의 주문 사항에 따라 디저트를 정확하게 놓을 수 있었던 것이다. 이 사례 하나만 봐도 관찰이 얼마나 중요한지 확실하게 깨달을 수 있다.

관찰력 증진은 대다수 사람이 종종 간과하는, 세부적인 부분을 볼 수 있도록 스스로 훈련하는 것을 의미한다.

아마도 이러한 숟가락 비법은 그리 대단한 것이 아니며 다들 알고 있다고 생각할지도 모르겠다. 그러나 실제로 이러한 묘책을 고안하고 활용한 적이 있는지 가슴에 손을 얹고 한번 생각해보라. 상황을 자세히 관찰하기만 해도 우리가 거의 주목하지 않았던 작은 과정이 얼마나 중요한지를 새삼 깨닫게 된다.

관찰을 잘 하라는 것은 큰 것만을 바라보라는 의미는 절대 아니다. 그보다는 오히려 작은 것에 관심을 기울이는 훈련을 해야 한다.

관찰만으로 다른 사람이 보지 못하는 상황에 대해 그리고 전에는 몰랐던 기업이나 절차, 사람 등에 대해 많은 것을 알 수 있다. 이것이 바로 관찰을 생활화하는 것의 힘이다. 이제 관찰 능력을 키우는 데 도움이 되는 세 가지 방법을 고찰해 보도록 하자.

실질적 조언 : 관찰력을 키우는 세 가지 방법

★ 아이들에게 이 세상에 대해 설명해 보라

관찰 습관을 기르는 가장 좋은 방법 가운데 하나는 자녀에게 주변 세상의 일을 설명해주는 것이다. 최근에 내 아이들이 일반 자동차는 그렇지 않은데 왜 공사용 차량이나 공사 구간 표시용 교통 표지판은 오렌지색이냐고 물었다. 이 질문에 정확한 답변을 해주지는 못했으나 그래도 평소에는 그냥 관심 없이 흘려버렸던 부분을 다시 한번 생각해보는 계기가 됐다. (그 이유가 궁금한 사람을 위해 한마디 하자면, 오렌지색이 멀리서도 눈에 잘 띄었기 때문이라고 한다.)

★ 행동의 절차에 주목하라

통학 버스가 각 정거장에서 아이들을 내려주는 일에서부터 커피숍에서 매일 아침 주문을 받고 또 주문을 이행하는 일에 이르기까지 어떤 상황에서든 절차에 따라 일이 진행된다.

절차들 간의 상호 작용 과정을 지켜보면 우연히 일어나는 일은 거의 없다는 사실을 알게 될 것이다. 주의를 기울여 지켜보면서 다음과 같이 자문해보라. 상호 작용의 전형적인 유형을 확인할 수 있는가? 처음 하는 사람과 늘 하는 사람은 행동에 어떤 차이가 있는가? 이렇게 일생생활의 일정한 패턴을 지켜보는 것은 다른 상황에서도 관찰 기술을 활용하는 습관을 기르는 데 큰 도움이 된다.

★ 관찰을 게을리 하지 마라

하루 종일 스마트폰만 붙들고 지내는 사람이 많다. 이렇게 되면 관심이 온통 이쪽에만 쏠리면서 주변을 돌아보며 생각할 여유가 없어진다. 통근이나 장보기와 같은 일상적인 일을 할 때 자동 장치에 기대 편하게만 하려하지 말고 이제 그만 스마트폰을 내려놓고 주변을 관찰하는 습관을 기르자.

도움이 되는 읽을거리

★ 조 내버로의 《행동의 심리학》

신체 언어를 이해하거나 거짓말을 탐지하고 싶다면 전직 FBI 수사관 조 내버로Joe Navarro의 조언이 꽤 유용할 것이다. 2008년에 출간돼 베스트셀러가 된 《행동의 심리학What Every Body Is Saying》에서 저자는 신체 언어의 의미를 알아내서 이를 인간의 행동을 이해하는 데 활용하는 방법을 제시한다. 상황 인식에 관한 연구 내용과 함께 특정한 사람이나 상황이 안전한지 아니면 위험한지를 판단하는 방법을 알려주는 이 책은 누구나 읽어봐야 할 필독서다. 그리고 관찰 능력을 기르는 데도 큰 도움이 된다.

변덕스럽다

변덕스러운 것이 뭐가 좋은가 싶겠으나 변덕이 꼭 나쁜 것만은 아니다.

'변덕'이라는 단어를 들으면 사람이든 생각이든 너무 쉽게 그리고 너무 빨리 버리고 다른 것으로 갈아타는 상황처럼 부정적인 것만 연상되기 쉽다. 그러나 의도적으로 변덕스러워지는 방법을 배우는 것이 도움이 될 때도 있다.

표면적으로는 이러한 주장은 직관에 반하는 것처럼 보일 수도 있다. 좋은 생각이 떠올랐다면 충분히 시간을 들여 철저히 분석하고 이 아이디어에 대한 자신의 관점을 정립하는 것이 당연하지 않은가? 그런데 분석도 말고 깊이 생각하지도 말라니 이것이 말이 되는가! 아이디어를 있는 대로 다 비축해 두었다가 나중에 꺼내 곱씹어 보는 것이 바로 아이디어 큐레이터가 할 일이다. 물론 어떤 아이디어에 접했을 때 곧바로 분석에 들어갈 수도 있으나 항상 그럴 필요는 없다. 일례로 최근에 보고 나서 저장해 놓았던 세 가지 흥미로운 이야기 몇 가지를 여기에 소개한다.

- 코카콜라는 애틀랜타 본사 전 직원의 음성 메일 서비스를 중단하기로 했다.
- 버진 그룹의 리처드 브랜슨Richard Branson은 직원들이 원하는 만큼 휴가를 쓸 수 있게 했다.
- 입양아의 엄마가 떼를 쓰는 아이 때문에 안절부절 못하고 당황해하며 가게를 나서는데, 이때 트레이더조Trader Joe's의 직원이 그 엄마에게 꽃을 선물했다. 자신 역시 입양아였던 이 직원은 아이를 입양해 키우는 그 엄마에게 고마움을 표하고 싶었던 것이다.

이 세 가지의 이야기를 각각 접했을 때만 해도 전체적인 관점에서 이 이야기들을 한데 모아 고찰해볼 생각은 하지 않았다. 그런데 연말에 트렌드 예측 작업을 하면서 이 이야기들을 꺼내 검토해보고는 각 이야기가 직원과 경영주의 관계 혹은 직원에게 더 큰 권한 부여 등과 관련이 있다는 사실을 깨달았다. 이 세 가지 이야기는 공통된 주제로 연결돼 있었다. 그러나 이야기들을 일단 마음의 '저장고'에 비축해 놓았다가 나중에 꺼내 분석하는 쪽을 선택하지 않고 이야기를 접했을 때 곧바로 분석에 들어갔다면 이러한 연관성을 발견하기 어려웠을 것이다.

생각이나 이야기에 관한 한 '변덕'을 부리라는 것은 숙고와 분석을 하지 말라는 것이 아니라 일단은 다 저장해두라는 말이다. 이제 그러한 습관을 기르는 데 도움이 되는 방법을 몇 가지 제시하겠다.

실질적 조언 : 좀 더 변덕스러워질 수 있는 세 가지 방법

★ 오프라인 정보 저장 방식을 이용하라

요즘은 에버노트Evernote 같은 훌륭한 메모 앱이나 브라우저 플러그인 덕분에 다양한 방법으로 온라인상에 정보를 정리해둘 수 있다. 그러나 온라인 메모는 날아가 버릴 위험이 있고 또 이렇게 정리해 놓은 것으로는 정보 간의 연관성이 한눈에 파악되지 않는 단점이 있다. 그래서 나는 이런 방법 대신에 기사를 출력하거나 잡지에서 해당 부분을 찢어내서 트렌드별로 구분해 놓은 폴더에 끼워 책상 위에 보관하는 방법을 사용한다. 이렇게 하면 나중에 한꺼번에 꺼내 관심 트렌드별로 분석하기가 훨씬 쉬울 뿐 아니라 정보를 접한 그 순간에 너무 깊게 생각하고 분석하지 않게도 해준다.

★ 타이머를 사용하라

사람들은 누구나 무언가를 보거나 발견하게 되면 곧바로 분석에 들어가려고 한다. 변덕을 부린다는 것은 일종의 타이머를 설정하듯 의도적으로 그과정을 뒤로 미루는 것이라 할 수 있다. 새로운 유형의 미디어를 소비할 때 이러한 타이머를 사용하면 신속한 평가를 통해 일단 분석을 보류한 채 또 다른 것에 눈을 돌릴 수 있다.

★ 매직펜으로 적어라

1년 동안 모아 놓은 각각의 기사와 이야기에는 매직펜으로 주제가 무엇인지 정도만 간략하게 적어놓는다. 이렇게 매직펜을 사용하는 이유는 굵은 글씨면 눈에도 잘 띌 뿐더러 글씨가 굵으면 공간을 많이 차지하므로 더 길게 쓰고 싶어도 쓸 수가 없어서 되도록 간단하게 적을 수밖에 없기 때문이다. 또 이야기를 접하는 그 순간에 가장 유용한 관찰 사항에 집중하고 나머지는 남겨뒀다가 나중에 다시 검토해보는 데 도움이 된다.

도움이 되는 읽을거리
★ 존 마에다의 《단순함의 법칙》

존 마에다John Maeda는 디자인과 첨단 기술 부문의 거장으로서 수많은 기업과 경영자들이 그의 조언에 따라 좀 더 멋진 제품을 만드는 일에 몰두했다. 저자는 《단순함의 법칙The Laws of Simplicity》에서 디자이너의 관점으로 세상을 바라보는 방법을 제시한다. 즉, 좀 더 분명하게 보고 생각할 수 있도록 잡음을 줄이는 방법을 알려준다. 서비스로서의 소프트웨어의 힘 혹은 구글의 가치를 논할 때는 이런 말을 했다. "멀리 떼어놓을수록 '많은' 것이 '적은' 것처럼 보인다." 이 말은 정보와 생각에도 똑같이 적용된다. 이야기나 생각을 접했을 때 바로 분석하려 하기보다 시간적 여유를 가지고 천천히 지켜보다가 나중에 고찰해야 그것을 더 잘 이해할 수 있다.

신중하다

블로그 활동을 시작한지 10년째인 지난 2014년에 나는 중대한 결정을 내렸다. 독자의 의견을 받지 않기로 한 것이다. 이러한 결정은 독자와의 소통과 대화라는 블로깅의 기본 원칙에 어긋나는 것으로 비쳤다(수많은 독자가 이메일로 이렇게 지적했다). 내 자신이 독자의 의견에 일일이 답할 만큼 한가한 사람이 아니어서도 아니고 다른 뭔가 특별한 이유가 있어서도 아니었다.

그 이유는 아주 단순했다. 처음 블로그를 시작했을 때부터 10년 동안 독자가 남기는 의견 글의 수준이 갈수록 떨어지고 있다고 느꼈기 때문이다. 생산적인 토론을 유발하는 글에 진지한 의견들이 올라오던 시절도 있었으나 시간이 지날수록 단순한 격려의 글이나 스팸(광고성 글)이 주를 이루게 됐다.

익명으로 의견을 올릴 수 있고 반사적 반응 글을 올리기가 쉬웠기 때문에 진지한 글 대신에 무의미한, 더 나아가 쓰레기 수준의 글이 줄줄이 달리고 있었고 사람들도 그러한 사실을 인식하기 시작했다. 그래서 의견 달기 기능을 막아버렸다.

안타깝게도 인터넷상에는 이런 식의 '대화'가 넘쳐난다.

**신중함이란 어떤 관점에 대해 시간을 충분히 들여 곰곰이 생각해보고
그 생각을 공유하는 것을 의미한다.**

온라인 댓글의 성격이 이렇게 안 좋은 쪽으로 바뀌는 와중에도 이러한 환경을 바꾸어보려는 플랫폼이 하나 있었다. 2012년에 링크드인은 링크드인 인플루언서LinkedIn Influencers라는 시험 프로그램을 시작했다. 이 특별한

블로그에서는 톰 피터스나 빌 게이츠 같은 세계적인 명사가 올린 글에 진지한 댓글이 달리면 이들이 20대 때 자신들의 모습을 되돌아보며 적절한 답변을 해주었다. 유명인사가 올린 글에 대해서는 사용자들이 훨씬 진지하게 반응하기 마련이다. 생각 없이 아무렇게나 의견을 올린다거나 하는 일은 좀처럼 없었고, 더 깊이 생각해보고 한층 구체적인 내용의 댓글을 올리게 된다. 댓글 전부가 전문가 수준이었고 블로거가 워낙 대단한 사람들인지라 댓글의 수준이 좋아질 수밖에 없었다. 빌 게이츠가 내가 단 댓글을 실제로 읽어본다고 생각해보라. 낯이 여간 두껍지 않고서야 내 이름을 떡하니 달고 말도 안 되는 엉터리 댓글을 달 엄두가 나겠는가!

진지하게 생각하는 습관을 들이라고 설명하면서 온라인 댓글을 그 예로 드는 것은 너무 무게감이 떨어지는 것 아니냐고 할지 모르겠다. 그러나 온라인 댓글이야말로 생각할 시간을 충분히 갖는 것이 얼마나 중요한지를 인식하기에 안성맞춤인 도구다.

이제 트렌드 큐레이팅과 우리가 매일 소비하는 미디어에 대해 좀 더 진지하게 생각하는 데 유용한 몇 가지 방법을 제시하겠다.

실질적 조언 : 신중함을 키우는 세 가지 방법

★ 잠깐 기다려라

인터넷의 장점이자 단점은 모든 것이 실시간으로 이루어진다는 부분이다. 어떤 생각이 떠오르면 그 생각을 곧바로 공유할 수 있다. 어떤 것에 대해 제일 먼저 의견을 달지 않으면 자신이 너무 늦었다고 생각하기 쉽다. 그러나 사실은 그렇지 않다. '실시간' 소통이라는 말은 어떤 생각이 머릿속에 떠오르자마자 그것을 바로 댓글로 달고 또 그것을 바로 읽어야 한다는 의미가 아니다. 소셜 미디어 상에 글을 쓰는 그 순간만이 아니라, 즉 한번 뱉어내고 그

것으로 그만인 내용이 아니라 그 이후로도 어느 정도 생명력을 유지할 수 있는 글이 되도록 머릿속에 떠오른 생각을 가다듬은 다음에 올려야 한다. 그러자면 어떤 댓글을 달지 적어도 15분(혹은 이보다 더 길게) 동안은 생각해봐야 한다.

★ 쓰고 또 써라

오랫동안 글쓰기를 해왔던 사람들은 글을 더 잘 쓰려면 많이 쓰는 수밖에 없다고 말한다. 아무리 재능이 뛰어난 작가라도 머릿속에 처음 떠오른 생각을 그냥 쓰는 것이 아니라 여러 번 쓰고 수정하며 가다듬는 과정을 거친다.

★ 정적에 익숙해져라

청중 앞에 서는 연사는 정적의 순간에 적응하는 방법부터 배워야 한다. 물론 쉽지 않은 일이다. 그러나 정적이 흐르는 이 시간을 효율적으로 사용한다면 자신이 하는 말 중에서 청중이 특히 기억해줬으면 하는 내용을 더욱 강조하는 기회로 삼을 수 있다. 연설뿐 아니라 대화를 할 때도 마찬가지다. 이 정적의 순간을 청중에게 자신의 의견을 명확히 전달할 단어 혹은 말을 고르는 시간으로 활용하라.

도움이 되는 읽을거리

★ 마리아 포포바의 웹진 〈브레인 피킹스〉

자신을 '재미 수렵채집인'이라고 표현하는 마리아 포포바Maria Popova는 세계에서 가장 인기 있는 웹진(온라인 잡지) 가운데 하나인 〈브레인 피킹스Brain Pickings〉에 글을 쓰고 있다. 이 사이트에는 창의적 리더십에서부터 우정의 가치에 이르기까지 문학, 미술, 역사 등 다양한 분야에서 다양한 주제의 글이 올라온다. 포포바는 매년 많은 시간을 들여 좋은 글을 발표하고 독자들은 광고 없이 이 사이트를 운용할 수 있도록 기부금을 모아주는 식으로 이 노고에 보답해준다. 포포바의 글쓰기 방식을 보면 어떻게 그렇게 훌륭한 글을 매주 발표할 수 있는지 충분히 이해가 간다.

세련되게 표현한다

하버드 의대 부교수인 제프 카프Jeff Karp는 '바이오 영감'[4]을 바탕으로 의학적 문제에 대한 새로운 해법을 찾아내는 일에 몰두하고 있다. 이른바 '카프 연구소Karp Lab'는 해파리 촉수에서 영감을 얻어 만든 암 환자의 혈중종양세포 탐색 장치와 호저 깃에서 착안하여 만든 수술용 스테이플을 비롯하여 혁신적인 연구 결과물을 수없이 내놓았다.

특정한 식물의 씨앗으로만 번지는 산불부터 자연 냉난방 시설이 갖춰진 다공 구조의 흰개미 굴에 이르기까지 자연에는 우리가 눈여겨볼 만한 세련된 해법으로 가득하다. 《과학의 세계에서 볼 수 있는 세련미Elegance in Science》의 저자 이언 글린Ian Glynn은 세련미 넘치는 증거나 이론은 그 대부분이 단순하고, 독창적이고, 간결하고, 설득력이 있다는 특징이 있으며 기대 이상으로 고품질일 때가 종종 있다고 주장한다.

세련미 개발의 핵심은 바로 이러한 단순성이라고 생각한다. 아인슈타인이 이런 말을 했다. "너무 단순해도 안 되지만 그럼에도 가능한 한 단순한 것이 좋다."

---

4 bio-inspiration, 문제를 해결하기 위해 생물 혹은 자연에서 얻는 영감

천재적인 시인의 작품을 보면 사물을 아름답게 표현한다는 것이 무엇인지 확실히 알 수 있다. 그러나 비즈니스 업계에 종사하는 사람들은 좋은 시를 접하며 유유자적할 여유가 별로 없다. 개념을 정확히 그리고 아름답게 기술하는 능력을 배울 기회를 놓친다는 점에서 그 부분이 안타깝다.

시인은 가능한 한 단어의 사용을 절제하기 때문에 훌륭한 시에는 단순성, 감정, 아름다움이 녹아 있다. 시인은 세련미의 대가大家이며 언어에 대한 집착이 대단하고 절제미를 누구보다 잘 이해한다. 따라서 적게 말할수록 더 많은 것을 말할 수 있다는 것을 알고 더 적은 단어에 더 많은 의미를 담으려 하는 사람이 바로 시인이다.

그렇다고 하루아침에 시인이 될 수는 없는 노릇이며 그렇게 할 필요도 없다. 다만, 시에 적용되는 이러한 원칙들을 이해하면 자신의 생각을 좀 더 우아하게 표현하는 능력을 키우는 데 도움이 된다.

예를 들어, 가장 마지막으로 시를 접했던 그때로 돌아가 보자. 학창 시절에 읽었던 시일 수도 있고 어린 시절에 잠자리에서 읽었던 닥터 수스Dr. Seuss의 동화책일 수도 있다.

특히 닥터 수스는 좋은 생각을 단순하고 아름답게 표현하는 능력이 뛰어났다.

- ◆ "너는 너야, 이보다 확실한 진실은 없어. 이 세상에 너보다 더 너 같은 사람은 아무도 없어."
- ◆ "아무리 작아도 사람은 사람이야."

◆ "어떤 것이든 악취를 풍기지 않는 것이 없다. 그것이 다 없어질 때까지는 계속 악취가 난다."

우리는 이렇게 잘 기술된 아름다운 글을 읽기 좋아한다. 그리고 그런 글을 읽으면서, 어렵지 않게 머릿속에 큰 그림을 그릴 수 있게 해주는 글쓴이의 재능에 찬사를 보낸다. 그러나 단순하고 간결해 보인다고 해서 쓰는 것도 그렇게 간단하다고 생각하면 오산이다. 아주 단순한 이야기를 쓰려고 노트를 펴놓거나 컴퓨터 화면 앞에 앉아 있으면 글쓰기가 그리 쉬운 작업이 아니라는 것을 새삼 느끼게 된다.

그러나 자신의 생각을 간단하게 정리하고 좀 더 아름답게 표현하는 능력은 누구에게나 있다. 우리는 그저 그러한 능력을 발휘하는 방법을 배우기만 하면 된다.

실질적 조언 : 세련미를 키우는 세 가지 방법

★ **이미 알고있는 것에서 출발하라**

2012년에 소개한 '체인지소싱Change Sourcing'은 내가 가장 좋아하는 트렌드 가운데 하나이다. 체인지소싱은 사회적 변화를 위한 크라우드펀딩에 관심을 보이는 사람들이 점점 더 많아지는 추세를 나타내는 말이다. 크라우드펀딩은 미디어에서 뜨거운 관심을 받았던 주제이기도 하다. 체인지소싱이라는 명칭 아이디어는 사람들이 이미 알고 있는 크라우드펀딩 개념에서 나온 것이다. 이는 사람들이 이미 아는 사실에 대해 단순하고 아름다운 명칭을 사용하여 전혀 새로운 방식으로 접근한다는 의미다. 그 결과 체인지소싱은 그해 트렌드 목록 가운데 사람들의 입에 가장 많이 오르내린 말이 됐다.

★ **간결성을 유지하라**

이전에 내가 소개한 트렌드를 보면 트렌드 명칭이 대부분 두 단어를 넘지 않는다는 사실을 알 수 있을 것이다. 아름다움과 간결성은 서로 맥을 같이할 때가 있으며 이러한 경우에는 가능한 한 사용하는 단어의 수를 줄이는 것이 바람직하다. 트렌드를 정의하거나 트렌드 큐레이팅 작업을 할 때는 단어의 수에 구애받지 않고 일단 정확하게 기술해야 할 것이다. 그러나 시작은 그렇다 쳐도 최종적인 트렌드 명칭과 정의에 사용하는 단어는 그 수를 최대한 줄여 절제미를 보일 필요가 있다.

★ **시작詩作의 원칙을 사용하라**

시인이 시를 쓸 때 사용하는 몇몇 원칙은 트렌드 큐레이팅 작업에도 도움이 된다. 내용을 있는 그대로 전달하는 것이 아니라 은유와 비유를 사용하는 것이 여기에 해당한다. 또 대칭성을 나타내고자 단어의 운을 맞추거나 두운법을 사용하는 것도 여기에 해당한다. 이 책 트렌드 리포트에 보면 '착한 브랜딩Branded Benevolence' 혹은 '불완전성Unperfection' 같은 트렌드 명칭을 고안할 때 이러한 법칙을 활용했다는 것을 알 수 있을 것이다. 호감 경제학Likeonomics도 내가 소개한 트렌드인데, 같은 제목의 책까지 발표할 정도로 마음에 드는 명칭이었다.

도움이 되는 읽을거리

★ **앨런 라이트만의 《아인슈타인의 꿈》**

물리학자이자 시인인 앨런 라이트만Alan Lightman은 MIT에서 과학과 인문학 교수를 겸직한 첫 번째 인물이다. 아인슈타인의 꿈을 소재로 시간과 공간에 관한 흥미로운 가설을 세련되게 풀어나가는 이 책은 아주 오래 전부터 내가 가장 좋아하는 책 가운데 하나였다. 《아인슈타인의 꿈Einstein's Dreams》은 분명히 시집은 아니다. 그러나 이 책은 시간의 작용을 가장 세련되게 기술하고 있을 뿐 아니라 시적인 글쓰기가 얼마나 유용한지를 잘 보여준다.

이 다섯 가지 특성을 꼽은 이유

이미 살펴봤듯이 나는 아이디어 큐레이팅 기술을 습득하는 데 도움이 되는 특성 다섯 가지를 제시했다. 그런데 독자들로서는 무작위로 대충 선택한 것이 아닌가 싶기도 할 것이다. 큐레이터의 특성으로 이 다섯 가지를 꼽은 이유가 무엇일까? 사실 나도 큐레이션 기술을 훈련하는 과정에서 비로소 알게 된 것이다.

과거에 나는 미술계의 전문 큐레이터와의 인터뷰 내용이 담긴 글을 읽으면서 이들이 큐레이션 기술을 어떻게 습득했는지 생각해봤다. 그리고 트렌드 예측가, 미래학자, 혁신가 등이 쓴 책을 십여 권 사서 읽었다. 그리고 내 행동을 주의 깊게 관찰하고 이전 장에서 설명했다시피 내 강의를 듣는 학생들과 워크숍에 참여한 기업인을 대상으로 이러한 습관의 효과를 시험해봤다.

이렇게 해서 최종적으로 유용성, 서술성(기술성), 학습의 용이성, 효율성 등의 측면에서 가장 높은 점수를 받은 다섯 가지 특성을 선정한 것이다.

이제 트렌드 큐레이팅론을 하나하나 전개하기에 앞서 마지막으로 이 다섯 가지 특성을 다시 한 번 정리하고 넘어가고자 한다.

1 호기심이 많다. 모든 일과 사물의 작동 방식에 대해 항상 궁금해 하고 평범하지 않은 상황이나 주제도 기꺼이 수용하는 자세를 가져야 한다.

2 관찰력이 뛰어나다. 다른 대다수 사람이 종종 놓치는, 세부적인 사항을 볼 수 있도록 훈련해야 한다.

3 변덕스럽다. 어떤 생각이 떠오르거나 접했을 때 곧바로 분석하여 이해하려고 하지 말고 생각의 초점을 빨리빨리 이동시켜야 한다.

4 신중하다. 어떠한 관점이나 생각에 대해 충분히 숙고하고 이를 진지하게 표현해야 한다.

5 세련되게 표현한다. 어떠한 개념을 설명할 때 남들이 이해하기 쉽도록 아름답고 단순하게 표현하는 능력을 키워야 한다.

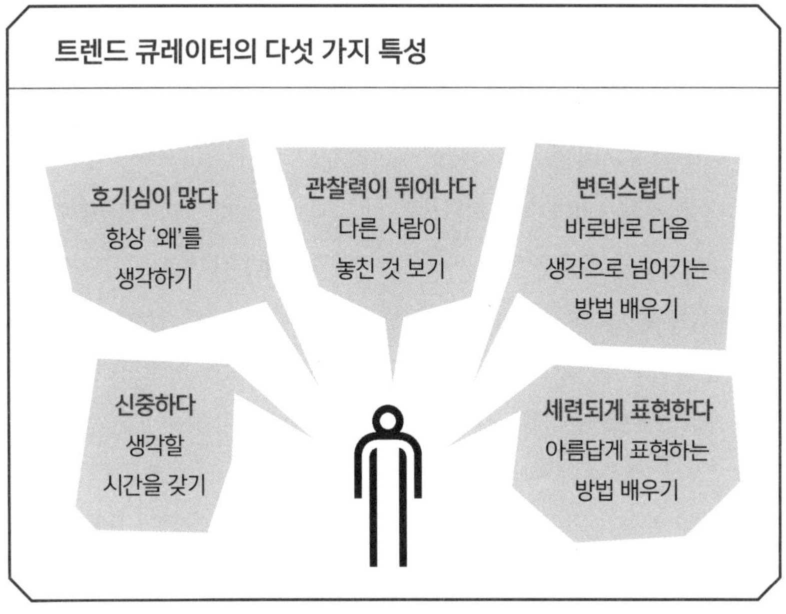

건초 더미에서 바늘 만들기 :
트렌드 큐레이팅의 방법

1982년에 출간된 《메가트렌드Megatrends》라는 책 한 권이 정부와 기업인 그리고 일반인의 미래관에 큰 변화를 불러일으켰다.

이 책의 저자 존 나이스비트John Naisbitt는 처음으로 산업 사회에서 정보 사회로의 변화를 예측했던 사람들 가운데 한 명이었는데, 인터넷이 등장하기 10여 년 전에 이런 예측을 했다. 또 위계 중심의 상하 구조에서 네트워크 중심의 수평 구조로의 변화 그리고 글로벌 경제(경제의 세계화)의 등장도 예측했다.

미국인 특유의 낙관론이 다소 거슬리기는 하나 이 책에서 소개한 10대 트렌드 거의 전부가 시대를 훨씬 앞서나가는 예측이었기에 이 책이 처음 발표됐을 때 비평가 중에는 '수정 구슬에 버금갈 정도로' 엄청난 예언서라 칭하는 사람이 있을 정도였다. 이 책은 전 세계적으로 1,400만 부 이상이 팔렸고, 지난 40년 동안 출간된 미래 예측서 가운데 여전히 이 부문의 베스트셀러 자리를 지키고 있다.

이 책이 출간된 이후 수십 년 동안 나이스비트는 각종 언론 매체와 인터뷰할 때마다 항상 똑같은 질문을 받았다. 이렇게 미래를 예측하는 능력을 어떻게 키웠는가? 다른 사람들도 그 방법을 배울 수 있는가?

나이스비트는 미래를 예측하는 힘은 현재를 관찰하는 능력에서 나온다고 믿었다.

인터뷰 자료를 살펴보면 친구와 가족은 나이스비트를 '사람, 문화, 조직 등에 대한 호기심이 매우 강한 사람'이라고 말했다.

2006년에 〈USA 투데이〉는 나이스비트를 과학 잡지 〈사이언티픽 아메리칸Scientific American〉에서부터 불교 잡지 〈트라이시클Tricycle〉에 이르기까지 수많은 신문과 잡지를 두루 섭렵할 정도로 무한 호기심과 끝없는 향학열의 소유자라고 표현했다.

존 나이스비트는 '아이디어 수집가'였고 87세의 고령임에도 이러한 자세는 지금도 여전하다. 나는 여기에서 영감을 얻어 나이스비트가 사용했던 것과 비슷한 광폭 렌즈로 세상을 들여다보면서 이른바 '건초 더미에서 바늘 만들기(이하 '건초 더미 방법')'라 칭한 나만의 트렌드 큐레이팅 방법을 고안했다.

건초 더미에서 바늘 만들기

진부한 표현이기는 하나 '트렌드 찾기'는 '건초 더미에서 바늘 찾기'에 빗댈 수 있을 것 같다. 이 말은 앞에서 설명했던 트렌드 찾기에 관한 속설 하나를 연상시킨다. 그러나 트렌드라는 것은 건초 더미 속의 바늘처럼 누군가가 찾아내주기를 기다리며 이미 완성된 형태로 아이디어 더미 속에 얌전히 묻혀 있는 것이 아니다. 따라서 트렌드 찾기는 건초 더미에서 '바늘 찾기'가 아닌 '바늘 만들기'로 이해해야 한다.

> **건초 더미 방법은 우선은 이야기와 아이디어를 수집한 다음(건초 더미 쌓기) 그 가운데 두드러지는 트렌드(바늘)를 찾아내는 과정이라 할 수 있다.**

이 방법의 핵심은 정보를 수집한 다음에 이 정보들을 특정한 기준에 따라 묶어 놓는 것이다. 건초 더미 방법은 한마디로 정보의 수집 그리고 수집한 정보의 집단화로 정의할 수 있다. 정보 수집에서 '바늘' 역할을 하는 것이 바로 통찰력이다. 수집한 정보와 이야기에서 의미를 찾고 이러한 의미를 하나의 트렌드로 규정하는 데 필요한 것이 바로 이 통찰력이다.

트렌드는 완성된 형태로 존재하는 것이 아니기 때문에 트렌드 큐레이터는 바늘을 '찾는' 사람이 아니라 '만드는' 사람이다.

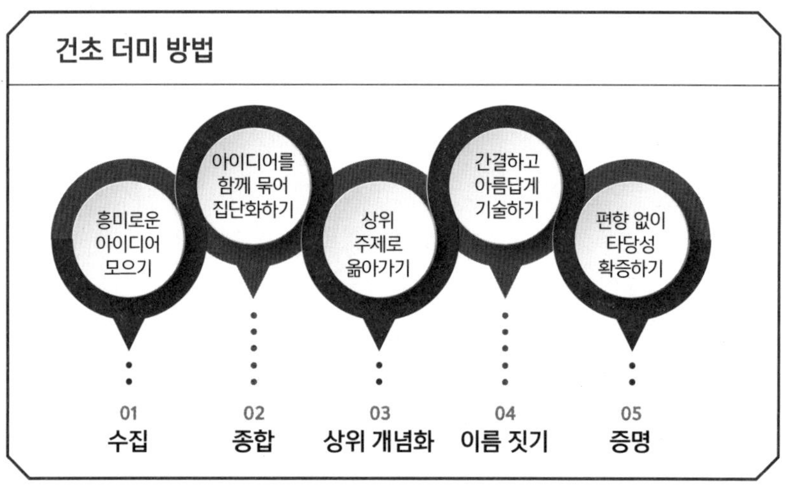

이 방법을 혼자서도 해볼 수 있도록 이처럼 비유적으로 설명해봤다. 그러나 이것만으로는 부족하다. 그러므로 일단 건초 더미 방법을 구성하는 다섯 가지 핵심 요소를 중심으로 살펴보도록 하자.

아이디어 큐레이팅을 시작한 이유

건초 더미 방법은 사실 개인적인 좌절감에서 탄생한 방법이다.

2004년에 나는 한 대형 마케팅 대행사의 소셜 미디어 기반 실무를 담당하는 팀의 일원이었다. 이러한 작업은 업계 최초로 이루어진 것이기도 했다.

소셜 미디어 기반 업무의 기본 취지는 대기업 고객이 소셜 미디어를 활용할 수 있게 하겠다는 것이었다. 그때는 아직 페이스북이나 트위터가 등장하기 전이었기 때문에 '소셜 미디어'라고 하면 주로 블로그를 지칭하는 것이었다. 우리 팀의 목적은 영향력 있는 블로거와의 협력 작업을 모색하는 것이었다. 의도는 좋았으나 이 계획에는 한 가지 문제가 있었다. 팀원 중에 블로그 활동에 대해 잘 아는 사람이 한 명도 없었다.

그래서 생각해낸 것이 팀원 모두가 각자 블로그 활동을 직접 해보자는 것이었다. 같은 해 6월에 나도 마케팅, 홍보PR, 광고 전략 등에 관한 글을 올리려고 '인플루엔셜 마케팅 블로그Influential Marketing Blog'라는 블로그를 개설하여 활동을 시작했다. 첫 번째로 올린 글은 웹디자이너에게 최적인 화면 크기에 관한 것이었다. 그런데 블로그 활동을 시작한 지 며칠 만에 큰 문제가 하나 생겼다. 더 이상 뭘 써야 할지 몰랐던 것이다.

필요에 따라 서둘러서 블로그를 만들기는 했으나 직장에 매여 있으니 한가하게 블로그 활동을 할 시간적 여유가 없었다. 그러니 새로운 생각과 이야기를 계속 올리는 일이 어떻게 가능하겠는가?

그래서 아이디어를 수집하는 방법을 바꿔야겠다고 생각했다.

처음에는 수집한 아이디어를 블로그에만 올리다가 이후 노트에도 적고 내게 보내는 이메일에도 적어놓았다. 그러다가 매일 브레인스토밍을 통해 아이디어를 포착하기 시작했다. 그렇게 해서 얼마 후부터는 책에서 인용하고 잡지에서 해당 자료 부분을 뜯어내는 등 다양한 방식으로 수집한 아이디어(그리고 고객의 아이디어도 포함!)를 바탕으로 블로그에 많은 글을 올렸다.

맥그로힐McGraw-Hill에 관해 쓴 내 첫 번째 책은 이렇게 시작한 4년 동안의 블로그 활동이 계기가 됐다. 블로그 활동 때문에 아이디어를 수집하게 됐고 이를 통해 명성과 독자를 얻었다. 더 중요한 것은 이것이 건초 더미 방법의 첫 단계가 됐다는 점이다.

1단계 – 수집

수집은 다양한 경로에서 다양한 형태로 이루어지는 콘텐츠나 사람들 간의 상호작용 과정에서 이야기와 아이디어를 모으는 단순한 작업이다.

매일 보는 매체(미디어)가 정해져 있는가? 그 매체를 하루도 빠지지 않고 매일 보는가? 아니면 가끔 트위터를 훑어보거나 링크를 타고 이리저리 따라가면서 글을 읽는 쪽인가? 매체의 소비 유형이 어떻든 간에 이를 통해 흥미로운 이야기나 아이디어를 많이 접하게 된다. 문제는 그렇게 접한 이야기나 아이디어를 수집하느냐 아니면 그냥 흘려보내느냐다.

아이디어 수집의 핵심은 흥미로운 것들을 접했을 때 나중에 다시 찾아

보고 탐구해볼 수 있도록 이것들은 모아놓는 습관을 들이는 것이다. 내 경우는 항상 가방에 작은 몰스킨 노트를 넣어 가지고 다녔고 책상 위에 폴더를 두고 신문이나 잡지에서 오려 내거나 출력한 자료를 정리했다.

트렌드 리포트 작성 작업은 매년 1월에 시작해서 12월에 끝내는 것으로 하고 있다. 덕분에 내가 수집하는 각 아이디어의 시작점과 끝점을 명확히 확인할 수 있다. 1월부터 12월까지라는 식으로 달력상의 시간표에 꼭 맞출 필요는 없으나 나중에 자신이 수집해놓은 것들을 고찰하여 더 상위의 개념을 발견하려면 이렇게 기간을 정해 놓는 것이 도움이 된다.

아이디어의 출처 아이디어를 얻는 곳

1 행사나 모임에서 나누는 대화 (질문을 많이 하라)
2 강사의 연설이나 TED 강연 (중요한 부분은 메모하라)
3 오락물 (TV 프로그램이나 영화)
4 책 (논픽션 작품과 소설)
5 박물관 (알려지지 않은 곳일수록 더 좋다!)
6 잡지와 신문 (자신이 잘 모르는 분야나 자신의 전문 분야 이외의 것을 다룬 것이 좋다)
7 여행 (꼭 멀리가거나 외국으로 갈 필요는 없다)

이상의 목록을 읽어보면 다들 아는 내용이 아닌가 하는 생각이 들지 모르겠다. 그러나 이러한 출처를 통해 얻은 정보 자체로는 트렌드를 파악에 필요한 아이디어를 입수하기 어렵다. 다양한 출처에서 흥미로운 아이디어를 발견하고 이러한 아이디어를 부지런히 수집하는 훈련을 통해서만이 가치 있는 아이디어를 수집하는 기술을 터득할 수 있다.

비결과 요령 : 아이디어 수집하기

★ 폴더를 만들어라

아이디어를 적은 쪽지, 잡지나 신문에서 오려낸 기사, 인터넷상의 자료를 출력한 것, 각종 회의의 안내용 소책자, 기타 책에서 흥미 있는 아이디어가 담긴 지면 자료 등을 폴더에 모아놓는다. 이 폴더를 활용하면 모아 놓은 자료를 나중에 쉽게 찾아볼 수 있다. 온라인상에 폴더를 만들어도 된다. 그리고 온라인 폴더와 오프라인 폴더 둘 다 만들어 사용해도 상관없다. 어떤 식이든 간에 나중에 곱씹어 볼 수 있도록 아이디어를 모아 두는 공간이 필요하다.

★ 항상 요약 · 정리하라

1년 단위로 아이디어를 수집하다 보면 처음에 왜 그 아이디어가 중요하다고 생각했는지를 잊어버리기 쉽다. 기억을 일깨우려면 수집한 아이디어에 대한 자신의 생각이나 의견을 짤막하게 적어두거나 중요한 부분에 밑줄을 치는 등의 방법으로 강조 표시를 해놓는 습관을 들이는 것이 좋다. 수집한 아이디어를 나중에 검토할 때 이러한 메모나 강조 표시가 있으면 처음에 그 아이디어에 왜 흥미를 느꼈는지를 기억하는 데 상당한 도움이 된다.

★ 결론이 아니라 개념에 초점을 맞춰라

앞서 설명했다시피 훌륭한 큐레이팅의 핵심 특성은 변덕스러워지는 능력, 즉 새로운 생각에 대한 초점을 바로바로 바꾸는 능력이다. 수집한 아이디어 하나하나에 집착하여 곧바로 어떤 결론을 내려하는 자세는 곤란하다. 무언가를 찾아서 모아 놓은 다음에는 그것에 대한 생각은 일단 접어두고 바로 일상으로 돌아가는 것이 가장 좋다. 관점이란 사실, 시간과 인내의 산물이다.

2단계 – 종합

종합이란 개별 아이디어와 별개의 생각들을
더 상위의 아이디어를 바탕으로 함께 묶는 것을 말한다.

아이디어를 열심히 수집한 다음에는 전체적인 의미를 파악할 수 있도록 이렇게 수집한 아이디어를 한데 묶어 정리하는 작업이 필요하다. 이렇게 아이디어를 수집하는 단계에서 종합하는 단계로 나아감으로써 이야기와 아이디어에 의미를 부여하는 작업의 첫 단추를 채우게 되는 셈이다. 이 과정에서는 탐색적 질문을 하는 것이 큰 도움이 된다. 내가 자주 사용하는 질문 목록은 다음과 같다.

아이디어 종합에 필요한 질문 아이디어의 집단화

1 이 이야기의 상위 집단이나 인구통계학적 집단이 존재하는가?
2 이 아이디어의 기저에 깔린 인간의 욕구 혹은 행동은 무엇인가?
3 이 이야기가 흥미 있는 이유는 무엇인가?
4 이 현상이 다른 업종에 어떤 영향을 미치는가?
5 이 이야기에 흥미를 느끼게 된 요소 혹은 특성이 무엇인가?

아이디어 종합 단계에서 특히 명심해야 할 사항은 산업 부문이나 업종을 집단화의 기준으로 삼아서는 안 된다는 것이다. 금융에 관한 이야기를 한데 묶거나 페이스북에 관련된 이야기를 같은 범주로 묶기가 쉽다. 그러나 이러한 기준으로 집단화하는 것은 의미가 없다.

아이디어의 종합은 산업 부문이나 인구통계학적 기준이 아니라

통찰력과 인간의 욕구 혹은 동기화를 토대로 하는 것이다.

예를 들어, 2012년 트렌드 리포트를 준비하면서 광고 전략에 관한 이야기를 수집할 때 도미노 피자Domino's Pizza, 앨리 뱅크Ally Bank (온라인 은행), 아비바Aviva (세계 6위의 보험 회사) 등 세 곳의 마케팅 사례를 모았다. 각 사례는 음식업, 은행업, 보험업 등 각기 다른 업종에서 나온 것들이었다.

업종은 달랐으나 세 기업 모두 인간적인 부분, 즉 휴머니티에 초점을 맞춘다는 공통점이 있었다. 그래서 이 세 기업의 사례를 한데 묶고 분류 카드에는 '좀 더 인간 중심적인 기업'이라고 표시했다.

이 단계에서는 특정 개념을 기술하는 근사한 이름을 생각하거나 포괄적인 연구 작업을 수행하는 일이 중요한 것이 아니다. 여기서는 나중에 다시 분석할 수 있도록 아이디어를 소집단으로 분류하는 작업, 즉 소개념들을 한데 묶어 집단화하는 작업이 필요하다.

비결과 요령 : 아이디어 효과적으로 종합하기

★ 인간의 욕구에 초점을 맞춰라

상위 개념인 인간의 감정에 초점을 맞추면 해당 사례의 근거 그리고 그 사례가 중요한 이유를 이해하는 데 도움이 될 때가 있다. 예를 들어, 인간의 기본적 욕구인 '소속욕'이 댓글 달기에서부터 온라인 커뮤니티 가입에 이르기까지 온라인상의 수많은 활동을 촉진한다. 기저에 깔린 기본적 욕구를 기준으로 아이디어를 분류하는 능력이 향상될수록 아이디어를 종합하기가 수월해진다.

★ 뻔한 것을 인식하라

뻔하지 않은 아이디어를 찾으려 할 때 뻔한 것을 인식하고 나아가 이를 포용하는 것이 도움이 될 때가 있다. 사례를 분류할 때 사물을 한데 묶어두었다가 나중에 여기서 뻔하지 않은 참신한 아이디어를 발견하려 할 때 이른바 뻔한 아이디어(예를 들어, 새로운 착용형 제품에 관한 다양한 이야기)를 활용할 수 있다.

★ 직관을 따르라

관찰력을 키우는 훈련을 하다 보면 딱히 이유를 설명할 수는 없는데도 어떤 아이디어나 이야기가 중요하다거나 사례로 적합하다는 느낌이 오기 시작한다. 아이디어 간의 연관성을 찾아내려 할 때 이 직관을 중시하라. 그러면 이후 단계에서 이러한 아이디어 조각을 연결하여 좀 더 가치 있는 상위의 트렌드 개념을 만들어낼 수 있다.

3단계 – 상위 개념화

상위 개념화는 각 아이디어 집단을 관통하는 공통 주제를 찾아내 이를 바탕으로 상위 아이디어나 트렌드를 규정하는 것을 의미한다.

아이디어를 수집하고 종합하는 과정에서 매번 직면하는 문제가 있다.

트렌드 후보들이 너무 많다는 것이다.

큐레이팅 작업을 할 때 수집한 아이디어를 다 모아 놓으면 트렌드로 규정될만한 화제가 70개에서 100개 정도는 된다. 그것들을 모두 트렌드로 이해하여 책 한 권에 다 담기에는 분량도 너무 많고 작업도 너무 복잡해진다.

그래서 이 단계에서는 트렌드라고 할 만한 경향성을 찾아내기 위해 상위 개념을 기준으로 수집한 정보를 몇 개의 집단으로 분류한다.

사실, 더 넓은 관점에서 각 아이디어를 묶어줄 상위 개념을 찾으려 하다 보면 상위 개념의 범위가 너무 확대되어 본의 아니게 너무 일반적인 그래서 너무 뻔한 개념에 이를 수 있기 때문에 이 단계의 작업이 가장 까다롭다고 할 수 있다. 그러므로 여기서는 다양한 사례를 포괄할 수 있는 선에서 상위 개념을 정하는 것이 좋다.

예를 들어, '2014 트렌드 리포트'를 준비할 때 우연히 의약품을 가장 싸게 파는 약국을 알려주는 굿알엑스GoodRx라는 매우 흥미로운 스타트업을 알게 됐다. 이는 보건의료 부문에서 환자의 권익을 향상하는 방향으로 변화가 생기고 있음을 보여주는 증거이자 이전에 출간한 책《e-환자 2015ePatient 2015》에서 언급했던 환자의 권익 향상에 관한 아주 간단하면서도 완벽한 사례라 할 수 있다. 이와 함께 매장 내 고객에게 더 나은 쇼핑 경험을 제공하기 위한 앱을 개발하는 데 관심을 보이는 메이시스Macy's 같은 유통업체와 쇼핑 시간과 돈을 절약하게 하는 방법을 찾아내려고 노력하는 렌트더런웨이Rent the Runway 같은 의류 대여 업체에도 주목했다.

　　표면적으로는 약값을 절약하는 도구, 백화점의 앱, 의류 대여용 크라우드소싱 도구 등 이 세 가지에 별로 공통점이 없어 보인다. 그래서 처음에는 이 세 가지를 따로 분류했다.

　　그런데 트렌드 종합 작업을 하는 과정에서 이 세 가지 모두 고객의 '쇼핑 경험 최적화'라는 목적을 공유하고 있다는 사실을 알게 됐다. 그래서 이를 하나로 묶어 '쇼핑 최적화Shoptimization'라 명명한 트렌드로 분류했다. 그리고 패션업에서부터 유통, 보건의료업에 이르는 전 업종에서 제품이나 서비스를 구매하는 고객의 편의를 도모하기 위해 어떤 기술을 어떻게 활용하는지를 설명했다.

　　이 다음 단계에서는 트렌드의 이름을 짓는 기법에 관해 다룰 것이다('쇼핑 최적화' 명칭에 관한 뒷이야기 포함). 일단 지금은, 처음에는 공통점이 없어 보여 서로 다른 집단으로 분류될 수 있던 업종이나 아이디어의 공통점을 찾아보는 과정이 상위 개념화 단계의 핵심이라는 사실만 기억하면 된다.

　　사실 아이디어를 종합하는 것이나 상위 개념을 찾는 것이나 큰 차이는 없다. 실제로 이 두 가지 작업을 동시에 할 때도 있다. 이야기를 종합하는 과정에서 자연스럽게 관점이 확대되어 상위 개념이 드러나는 일이 꽤 있기 때문이다.

　　그래도 각 단계에서 하는 작업의 성격이 엄연히 다르므로 이 두 가지 작업을 계속 단계를 나눠 진행하는 쪽을 택했다. 그래도 이 방법에 익숙해지면 두 작업을 거의 동시에 할 수 있게 될 것이다.

비결과 요령 : 종합한 아이디어에서 개념을 확장하여 상위 트렌드 찾아내기

★ **적절한 단어를 사용하라**

아이디어를 여러 집단으로 분류한 다음에 각 집단의 특성을 한두 단어로 요약해 놓으면 해당 집단의 공통 주제가 쉽게 눈에 들어온다. 예를 들어, 2014

년 트렌드 리포트를 준비하면서 기업가 정신과 관련된 아이디어를 수집할 때 주문형 서비스업 생태계의 부상浮上을 설명하면서 '빠른'이라는 단어를 사용했다. 여기서의 주제어는 '속도'였고 결국 이 주제를 바탕으로 '즉각적 창업Instant Entrepreneurship'이라는 트렌드를 규정할 수 있었다.

★ 업종별 아이디어를 혼합하여 묶어라

아이디어를 종합하는 과정에서 한 업종에 치중하는 것을 경계하는데도 결과적으로는 특정 업종에 국한된 트렌드가 나올 때가 있다. 그래서 이러한 상황을 피하기 위해 주로 한 업종에 집중된 아이디어 집단이라 해도 다른 업종에도 눈을 돌려 이와 같이 묶을 수 있는 아이디어가 없는지 찾아본다. 이렇게 하면 더 넓은 관점에서 생각할 수 있고 처음에 아이디어를 종합할 때 무의식중에 범할 수도 있는 업종별 편향을 제거하는 데 도움이 된다.

★ 수익 흐름에 초점을 맞춰라

비즈니스 세계에서는 특정한 트렌드의 기본 동인이 해당 비즈니스의 수익 창출과 관련된 경우가 있다. 이러한 흐름을 따르다 보면 전에는 보지 못했던 연관성이 드러날 때가 있다. 새로 등장한 전자책 정기 구독 서비스와 클라우드 기반 소프트웨어의 성장에 관한 것을 조사하는 과정에서 정기 구매형 상거래[5] 트렌드를 발견할 수 있었던 것이 바로 여기에 해당한다. 이 두 사례 모두 기업이 일반적 판매 대신에 정기 구매 회원에 치중하는 쪽으로 사업 모형을 전환한 경우다.

---

5 Subscription Commerce, 잡지 정기 구독처럼 판매자가 보통 한 달에 한 번씩 소비자에게 맞는 특정 제품을 선별하여 정기적으로 배달해주는 서비스

4단계 – 이름 짓기

트렌드 이름 짓기는 분류해 놓은 아이디어의 주제를
이해하기 쉽고 기억하기 쉽게 표현하는 것이다.

트렌드의 명칭을 붙이는 일은 아이의 이름을 짓는 것과 비슷한 점이 있다. 아이의 이름을 지을 때면 듣기 좋고 부르기 좋으면서도 다른 사람들의 놀림감이 되지 않는 이름을 생각하려고 한다.

물론 트렌드의 이름은 특정한 관점을 반영해야 하므로 아이의 이름을 짓는 일과 똑같을 수는 없다. 트렌드 명칭으로 가장 바람직한 것은 단순하면서도 기억하기 쉬워야 한다.

그래서 개인적으로 이 단계를 가장 좋아하나 이는 창의력이 요구되는 가장 까다로운 작업인 것도 사실이다. 트렌드의 명칭을 생각할 때는 너무 생경한 용어라 사람들이 금방 잊을지라도 너무 일반적이지 않은 용어를 생각해내는 능력이 매우 중요하다.

이렇게 너무 뻔하지 않은 이름을 생각해내려 하다가 정말 괜찮은 개념을 생각해낼 때도 있다.

비즈니스 업계에서 호감도가 어떻게 성공의 열쇠가 되는지를 설명한 내 두 번째 책이 여기에 가장 맞춤한 사례다. 이 책이 바로《호감이 전략을 이긴다Likeonomics》인데 나는 여기서 우리가 좋아하는 사람들과 사업을 해야 하는 이유를 설명했다.

2006년에 나는 블로그에 콘텐츠를 소셜 미디어에 최적화할 수 있는 방법에 관한 글을 올린 적이 있다. 나는 이것을 '소셜 미디어 최적화Social Media Optimization'라 이름 붙였으며 이를 간단히 SMO라고 했다. 이 아이디어에서

10여 개의 SMO 서비스 회사가 탄생했고 이 용어가 위키피디아에 등재까지 됐다.

트렌드의 명명이 제대로 되면 이러한 결과로 이어질 수 있다. 뛰어난 아이디어는 사람들의 상상력을 자극하여 이러한 아이디어를 자기화할 수 있다. 물론 그렇게 하기가 쉽지는 않다. 사실 트렌드의 이름을 붙이는 일은 트렌드를 규정하거나 연구하는 것에 버금가는 작업이다. 나는 트렌드 명칭을 정할 때 수많은 대안을 놓고 고민을 한다. 포스트잇에 여러 가지 이름을 적어 놓고 하나하나 비교해본다. 그리고 독자와 고객의 의견을 듣는다. 이러한 작업 끝에 최종적으로 트렌드 명칭이 나온다.

트렌드 명칭을 위한 질문 효과적인 트렌드 명칭인지를 확인하는 방법

1 이 트렌드 명칭이 이미 잘 알려진 것이거나 널리 사용되는 용어는 아닌가?
2 간단명료한 단어인가?
3 구구절절 설명하지 않아도 무슨 의미인지 바로 이해가 되는가?
4 책의 제목으로 사용해도 무리가 없는가?
5 상투적이거나 너무 많이 사용하지 않는 참신한 용어인가?
6 인기 있는 화제나 주제를 기반으로 하는가?

그래서 이러한 과정을 거쳐서 어떤 트렌드 명칭이 나왔는가? 이러한 트렌드 명칭은 이어지는 트렌드 리포트에서 확인할 수 있다. 그러나 일단 여기서는 이전의 트렌드 리포트에 나온 몇 가지 트렌드와 함께 그 명칭이 탄생하게 된 배경을 소개할 생각이다.

◆ 무지막지한 투명성Brutal Transparency, 2011

'무지막지하게 솔직한brutally honest'이라는 말과 맥을 같이하는 이 명칭은 소비자와의 신뢰 구축을 위해 가혹하리만치 극단적인 투명성을 추구하는 경향을 표현한 것이다.

◆ 귀중한 종이 자료Precious Print, 2013

디지털화가 가속화하는 세상에서 디지털 형태의 콘텐츠에 대한 반동으로 종이 출력물의 가치를 더 높게 평가하는 사람들이 늘고 있는 현상을 표현한 명칭이다. precious(귀중한)라는 단어는 이와 같은 정서를 표현하는 데 가장 적합한데다 print와 두운까지 맞춰 이러한 트렌드를 나타내는 완벽한 명칭이 탄생한 것이다.

◆ 생산성에 대한 집착Obsessive Productivity, 2014

이른바 라이프 해킹[6]운동이 일어나면서 어떻게 하면 모든 일, 모든 순간의 효율성을 더 높일 수 있는지에 관한 이야기가 쏟아져 나왔다. 그런데 나는 이러한 현상을 보면서, 모든 것에서 최대한의 효율성을 끌어내려는 일에 너무 강박적으로 매달리게 된 것이 아닌가 하는 생각이 들었다. 그래서 대개 사람들이 부정적인 이미지를 떠올리는 '집착'이라는 단어와 긍정적인 것을 연상시키는 '생산성'이라는 단어를 합쳐 이러한 트렌드의 명칭으로 삼았다.

트렌드의 명칭을 만드는 방법은 그야말로 손에 꼽을 수 없을 정도로 많

---

6 life-hacking, 일상생활의 모든 것에서 효율성과 생산성을 높이기 위한 방법이나 기술

다. 그중에서도 내가 트렌드를 명명할 때 주로 사용했던 기법 몇 가지를 소개하면 다음과 같다.

비결과 요령 : 설득력 있는 트렌드 명칭 만들기

★ 결합

간단히 말해 결합은 각기 다른 두 단어 혹은 두 개념을 하나로 합치는 것이다. 호감 경제학Likeonomics이 바로 그러한 예로서 호감도likeability와 경제학economics이라는 두 단어를 결합해 만들었다. 쇼핑 최적화Shoptimization는 쇼핑shopping과 최적화optimization가 합쳐진 말이다. 이러한 기법을 활용하면 기억하기 좋고 머리에 쏙 들어오는 명칭을 만들 수 있다. 그러나 신경 써서 잘 만들지 않으면 너무 작위적이라는 느낌이 강하게 들 수 있다. 그래서 작위적인 냄새가 물씬 나는 신뢰 경제학Trustonomics이라는 말 대신에 '호감 경제학'이라고 정한 것이다. 결합적 명칭은 전체적으로 발음하기 쉽고 원래 단어들과 가능한 한 비슷하게 들리는 것이 가장 좋다. '호감 경제학'이나 '쇼핑 최적화' 모두 원래 단어들과 비슷하게 들리기 때문에 크게 작위적이라는 느낌이 들지 않는다.

★ 두운법

이 기법을 활용한 대표적인 브랜드 명칭이 바로 코카콜라Coca-Cola와 크리스피크림Krispy Kreme이다. 같은 자음으로 시작하는 두 단어를 합치는 이 방법은 파트너십 퍼블리싱Partnership Publishing(협력 출판)이나 코-큐레이션Co-Curation(공동 큐레이션)이라는 명칭을 만들 때 사용했다. 결합과 마찬가지로 서로 상관이 없어 보이는 두 단어를 억지로 끌어다 붙이면 억지스럽고 작위적인 명칭이 될 수 있다. 그러나 잘만 사용하면 꽤 훌륭한 트렌드 명칭을 만들어낼 수 있다.

공통점이 있거나 이미 알려진 기존의 아이디어에 약간의 변형을 가하여 비슷하지만 새로운 느낌의 명칭을 만드는 기법이다. 2015년 트렌드 가운데 이 기법을 사용하여 만든 트렌드 명칭이 바로 스몰데이터Small Data다. 이는 데이터 및 데이터 모음의 중요성을 의미하는 빅데이터big data에서 착안하여 만든 명칭이다. 이미 잘 알려진 혹은 일반적으로 사용하는 용어에 약간의 변형을 가하면 사람들의 이목을 끌기가 훨씬 수월하다.

5단계 – 증명

현재의 경향을 하나의 트렌드라고 규정하는 것이 타당하다는 점을 입증할 충분한 사례와 구체적인 연구 결과가 있는지를 확인하는 단계다.

이 시점에 이르기까지 트렌드 큐레이팅 과정을 지켜보면서 '이와 관련한 연구 자료가 뭐 있었나?' 싶을지도 모르겠다. 사실 과히 틀린 말도 아니다. 그러나 그렇다고 해서 관련 자료나 연구가 중요하지 않다는 것은 아니다.

건초 더미 방법의 핵심은 장기간 수집한 이야기와 아이디어를 분석하여 그러한 아이디어에서 유의미한 패턴을 찾아내는 것이다. 그렇기는 해도 이 과정의 마지막 단계는 트렌드 아이디어의 타당성을 입증하는 일이고 그러한 차원에서 적절한 연구 자료를 입수하는 일이 매우 중요하다.

부분적으로는 트렌드를 어떤 용도로 활용할 것이냐에 따라 연구 자료가 어느 정도나 필요한지가 결정된다. 트렌드의 이해관계자와 청중이 분석적이거나 과학적일수록 자신이 규정한 트렌드의 타당성을 입증하는 구체적인 자료가 더 많이 필요할 것이다.

나는 트렌드의 타당성을 입증하려 할 때 아이디어, 영향력, 지속성 등 세 가지 차원에서 타당성을 인정할 증거가 충분한지에 초점을 맞춘다.

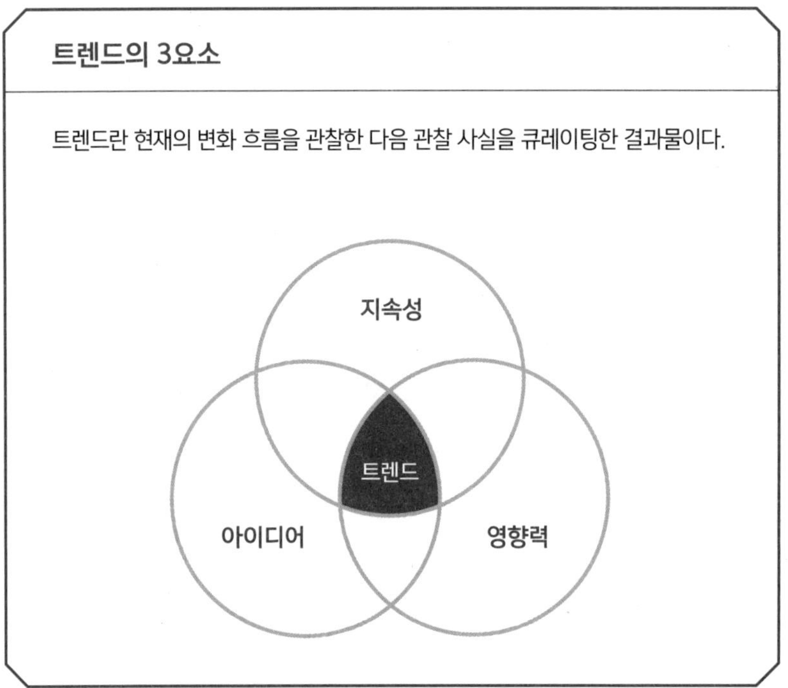

이 세 가지 요소를 하나하나 살펴보자.

1 아이디어 가장 좋은 트렌드 아이디어는 문화, 비즈니스, 행동 등의 변화를 너무 단순하지 않게, 그러면서도 간단명료하게 기술하는 것이다.

2 영향력 사람들로 하여금 자신들의 행동을 변화시키게 하거나 기업
으로 하여금 자사 제품이나 서비스의 판매 방식에 혹은 판매할 제품
이나 서비스 자체에 변화를 주기 시작한다면 트렌드가 영향력을 발
휘하는 것이라 할 수 있다.

3 지속성 기업과 소비자의 행동에 계속 영향을 미쳐서 이러한 경향이
가까운 미래로 이어질 가능성이 있어야 한다.

나는 지난 5년 동안 내 트렌드 아이디어를 평가하고 이 트렌드의 타당
성을 입증하는 데 사용한 방법이 과연 올바른지를 확인하려 할 때 이 세 가
지 요소를 주요 잣대로 사용해왔다. 그리고 매번 최종적으로 트렌드 목록을
선정할 때 다음과 같은 질문을 통해 그 타당성을 확인하려 했다.

타당성을 입증하는 데 필요한 질문 트렌드 평가 방법

1 트렌드 아이디어가 정말로 새로운 혹은 참신한 것인가?
2 이 트렌드 아이디어와 관련한 연구 결과를 발표한 사람이 있는가?
3 언론 매체에서 이 트렌드에 주목하거나 관련 사례를 언급하기 시작하는가?
4 이 트렌드에 관한 사례가 충분히 있는가?
5 가까운 미래까지 이러한 경향이 계속될 가능성이 있는가?

이 질문을 하다 보면 그동안 열심히 정리, 분석하고 심지어 명칭까지
지어놓았던 트렌드 아이디어가 이러한 기준에 부합하지 않는다는 사실이
드러날 때가 있다. 참으로 안타깝기는 하나 이제 건초 더미 방법을 진행하는

여러 단계 중에서, 애써 규정한 트렌드를 폐기해야 하는 가장 고통스러운 단계에 이른 것이다. 그러나 아깝기는 해도 타당성이 없는 트렌드 아이디어는 과감히 버려야 한다.

그렇다고는 해도 쉽지는 않은 일이다. 그 아이디어에 대한 애착이 강해진 연후에는 이를 포기하기가 여간 고통스러운 것이 아니다.

게다가 트렌드 이름 짓는 법까지 열심히 설명해놓고 이제 와서 타당성이 없으니 버리라니! 그러면 차라리 타당성 입증부터 먼저 하고 나서 명칭을 지으라고 하지 왜 순서를 바꿨느냐 싶을 것이다. 나중에 버릴지도 모르는데 명칭을 짓는 수고를 대체 왜 하겠는가 말이다.

딱히 틀린 말은 아니다. 그러나 정말 중요한 트렌드인지 아닌지 확인하기 전에 먼저 그 명칭부터 지어야 할 때가 있으니 어쩌겠는가! 트렌드 명명 작업을 하다 보면 그 트렌드를 더 잘 이해하게 되고 또 그 트렌드의 타당성을 입증하는 방법까지도 알게 된다. 물론 그렇게 되기까지는 충분한 훈련과 연습이 필요하지만 말이다.

> **애써 찾아낸 트렌드가 타당성이 없다고 판단되면 과감히 버리고 다른 것을 찾아야 한다. 타당성을 입증하는 증거가 없으면 대중에게 영향을 미칠 수 없고 그러한 영향력이 없는 트렌드는 진정한 트렌드라고 할 수가 없다.**

비결과 요령 : 트렌드 아이디어의 타당성을 입증하는 방법

★ **다양성에 초점을 맞춰라**

트렌드 아이디어가 실제로는 트렌드가 아닐 수도 있다는 사실을 확인하는 가장 빠른 방법은 그 아이디어에 대한 사례가 다양한 업종이나 부문, 상황에서 나타나느냐 아니면 단 한 곳에서만 확인할 수 있느냐다. 물론 후자인 경우는 진정한 트렌드라고 볼 수 없다. 예를 들어, 몇 년 전에 휴대폰 문자 송수신과 트위터의 급성장을 보면서 '단문 소통'이 하나의 트렌드가 아닐까 생각한 적이 있었다. 그러나 이러한 현상은 소셜 미디어에 국한된 현상이었기 때문에 이를 트렌드로 인정하지 않고 이 아이디어를 과감하게 폐기했다.

★ 편향을 경계하라

자신이 종사하는 업종이나 판매하는 제품 혹은 자신이 다니는 직장과 관련이 있는 트렌드일 때 판단력이 가장 흐려진다. 트렌드 규정과 관련하여 이러한 편향이 특히 문제가 된다. 이 경우 트렌드 큐레이팅의 목적이 특정한 제품이나 믿음을 뒷받침하려는 것일 수 있기 때문이다. 게다가 너무 단순한 혹은 완전히 잘못된 트렌드 대다수가 이러한 편향적 시각에서 비롯된다. 업종 편향이나 이기적인 목적에 바탕을 둔 트렌드는 결코 진정한 트렌드일 수가 없다.

★ 권위 있는 출처를 사용하라

특정한 트렌드의 타당성을 입증하기 위해 관련 사례나 자료를 찾을 때는 가능한 한 권위 있는 출처를 찾는 것이 훨씬 도움이 된다. 구체적으로 말하자면 사람들이 잘 아는 사례를 이용한다든가 유명한 조직이나 학술 기관의 연구 자료를 입수하는 것이 좋다. 트렌드를 뒷받침하려고 제시한 자료의 출처가 미덥지 못하면 사람들이 그 주장을 받아들이기 쉽지 않을 것이다.

인간의 기본적 욕구와 결부시키는 방법 혹은 기업의 성공 사례와 분기별 수익을 증거로 제시하는 등 트렌드의 타당성을 입증하는 방법은 굉장히 많다.

건초 더미 방법으로 트렌드를 예측할 때는 소비자 행동에만 혹은 세계 경제에만 초점을 맞춘다거나 하지는 않는다. 그보다 이 방법은 미디어, 문화, 비즈니스 혹은 자신과 특별히 관련이 있는 기타 주제의 패턴을 관찰하고 확인하는 데 도움이 된다.

이 건초 더미 방법을 실전에 적용하기 전 마지막 단계로서 과거에 소개한 트렌드 가운데 하나를 예로 들어 이 방법을 어떻게 적용하는지 상세히 살펴보도록 하자.

사례 연구 : 트렌드를 큐레이팅하는 방법

내가 트렌드 리포트에 소개했던 '조작적 중독'이라는 트렌드를 중심으로 아이디어의 수집, 종합, 상위 개념화, 이름 짓기, 증명 등 건초 더미 방법을 수행하는 5단계 과정을 차례로 살펴보도록 하자.

트렌드 – 조작적 중독

★ 1단계 – 아이디어 수집

2014년 2월부터 수집했던 이야기 가운데 모바일 게임 '플래피 버드Flappy Bird'의 개발자 응우옌동Dong Nguyen에 관한 것도 있었다. 응우옌동은 수백만 건의 다운로드를 기록하며 큰 인기를 끈 플래피 버드를, 중독성이 너무 강하다는 이유로 아이튠즈와 안드로이드 앱 스토어에서 갑자기 내려버렸다.

그 정확한 이유는 잘 몰랐으나 누구도 예상치 못했던 이 선택이 매우 중요해 보였기 때문에 이 이야기를 저장해 놓았다. 그리고 그해 후반기 즈음에는 실리콘 밸리의 제품 개발자들이 '중독성을 키우는 상품'을 만들어내는 방법을 다룬 책《훅Hooked》을 읽었다. 그런데 응우옌동 자신이 의도하고 한 일은 아니었겠지만 그 방법이라는 것이 응우옌동이 했던 것과 똑같았다. 그 래서 이 책에 관한 것도 저장해 놓았다.

★ 2단계 – 종합·분류

그동안 수집한 이야기를 종합하는 과정에서 패턴이 보이기 시작했고 그 패 턴은 중독(습관적) 행동과 관련이 있는 것 같았다. 플래피 버드에 관한 이야 기는 중독에 이르게 하는 게임 설계에 관한 것이었다. 그리고 니르 이얄Nir Eyal이 쓴《훅》은 제품 설계, 특히 사람들의 습관을 형성하는 제품의 설계에 관한 이야기였다.

이 이야기를 종합하는 과정에서 습관적 행동을 유발하는 제품 설계라 는 부분에 초점을 맞췄다. 그리고 이 두 이야기를 하나로 묶어 분류한 다음 에 색인 카드에 '중독적 설계Addictive Design'라고 적어 놓았다.

★ 3단계 – 상위 개념화

처음에 적어 놓았던 약 75개의 트렌드 후보 목록을 다시 살펴보니 이 '중독 적 설계'와 관련이 있다 싶은 것이 몇 가지 있었다. 이 가운데 특히 눈에 띄는 것 가운데 하나가 교육 부문에서 발견한 이른바 '게임화 기법'을 활용하는 트렌드였다. 이는 게임의 요소를 가미하여 전 연령대가 새로운 기술이나 지 식을 쉽게 배울 수 있게 하는 방법이었다.

배지를 사용해 학습을 장려하는 칸아카데미Khan Academy, 흥미로운 주 제의 학습 재료를 조금씩 꾸준히 제공하여 학습의 습관화를 유도하는 스타 트업 큐리어스Curious 등에 관한 기사를 한데 묶고 이 집단의 색인 카드에 다 소 뻔한 표현인 '게임화된 학습Gamified Learning'이라고 표시했다.

마지막으로 여기에 마이클 모스Michael Moss가 쓴《배신의 식탁Salt Sugar Fat》이라는 책을 하나 더 추가했다. 이 책은 식품 업계에서 벌어지는 습관 혹은 중독의 문제를 다루고 있다. 이 책은 오레오와 치토스 같은 제품이 이른바 지복점bliss point, 至福點이라고 하는 중독성에 버금가는 상태를 어떻게 만들어냈는지를 설명하고 있다. 이 책 외에 같은 주제를 다룬 다른 기사 몇 가지를 추가한 다음 '습관적으로 먹는 음식Irresistible Food'이라고 표시해 놓았다.

'게임화된 학습'과 '중독적 설계' 그리고 여기에 '습관적으로 먹는 음식'까지 한데 묶어 놓고 보니 인기 있는 앱이나 비디오 게임의 범주를 넘어 이 세 가지를 포괄하는 상위 개념이 있다는 점이 눈에 들어왔다. 유형을 불문한 모든 제품 그리고 그 제품을 사용하는 소비자의 모든 경험 속에 단순한 설계나 인터페이스의 차원을 넘어 의식적으로 '중독적' 요소를 심는 과정이 내포돼 있었다.

그래서 이 세 가지 개념을 종합하여 '유비쿼터스 중독Ubiquitous Addiction'이라는 상위 개념을 생각해냈다.

★ 4단계 – 이름 짓기

식품 제조와 온라인 게임이라는 각기 다른 업종에서 충분히 많은 사례를 수집해놓은 상태였다. 이제 이 사례들을 한데 묶어 줄 상위 트렌드 개념이 필요했다.

사실, 트렌드 아이디어를 종합하고 분류하는 과정에서 만들어낸 개념이 최종 트렌드 명칭이 될 때도 있다. 그러나 아쉽게도 이번에는 상황이 좀 달랐다. 일단 '중독적 설계'는 설명의 범주가 너무 좁은 다소 편협한 개념 같았고 '게임화된 학습'이라는 개념은 그 반대로 너무 일반적이고 진부하다는 느낌이 들었다. 그리고 대충 붙여본 '유비쿼터스 중독'이라는 상위 개념은 발음 자체가 쉽지 않았다.

그래서 이보다 좀 나은 다른 명칭을 생각해내야 했다.

그런데 《훅》의 저자 니르 이얄에 관한 또 다른 인터뷰 기사를 보고 마침내 최종 트렌드 명칭을 만드는 실마리를 찾았다. 이 인터뷰에서 이얄은 자신은 '행동 조작자behavioral engineer' 역할을 했을 뿐이라며 다소 자조적인 표현을 썼다. '설계'보다는 '조작'이라는 개념이 이 사례들을 관통하는 트렌드를 설명하는 데 훨씬 적합해 보였다.

그래서 '조작'이라는 단어를 사용한 대안적 명칭 몇 가지를 만들어 시험해본 결과 최종적으로 조작적 중독Engineered Addiction이라는 개념이 탄생했다.

★ 5단계 – 증명하기

이 과정의 마지막 단계는 트렌드라고 규정한 이 현상이 과연 진짜 트렌드인지 확인하는 것이다. 이번 트렌드의 경우는 이전 단계를 거치면서 각기 다른 업종에서 사례를 모으고 정리하는 과정을 통해 이미 트렌드의 타당성을 입증하는 증거를 상당수 확보한 상태였다.

그러나 이 정도로는 충분치 않다는 생각에 의도적으로 중독성 요소를 심어 놓은 제품이나 소비자 경험에 대한 또 다른 사례와 증거를 찾기 시작했다. 그러다가 소셜 미디어 중독 현상을 다룬 〈하버드 스터디Harvard Study〉와 15년 넘게 라스베이거스에서 슬롯머신 설계에 관한 현장 연구를 진행했던 MIT의 저명한 인류학자 나타샤 도우 쉘Natasha Dow Schüll이 쓴 책에 주목하게 됐다.

쉘은 《중독을 조장하는 설계Addicted By Design》에서 카지노들이 여러 가지 방법으로 슬롯머신의 설계 및 고객의 슬롯머신 사용 경험이 중독적 행동을 조장할 수 있도록 운영하고 있다고 설명했다. 이러한 추가 증거 자료를 통해 '조작적 중독'이라는 트렌드의 타당성을 확인할 수 있었다.

이렇게 해서 조작적 중독은 2015 트렌드 리포트에 수록됐고 그해 가장 많이 회자한 개념 가운데 하나가 됐다.

잘못된 미래 예측 피하기

지금까지 트렌드를 규정하는 방법을 설명했다. 이제 마지막으로 트렌드 예측의 가장 큰 함정 가운데 하나인 터무니없는 예측을 피하는 방법을 제시하겠다.

트렌드를 예측하는 능력이 누구에게나 있다는 믿음에는 지금도 변함이 없다. 그러나 이러한 믿음을 비웃기라도 하듯 잘못된 예측이 범람하는 것이 현실이다. 그리고 여기에는 또 그만한 이유가 있다.

경제학자라는 사람들이 세계 경기 침체를 예고하는 징후들을 제대로 포착하지 못한다. TV 기상 예보에서는 비가 온다고 했으나 결국 비는 오지 않는다. 그리고 비즈니스 동향을 예측하는 사람들은 미래의 산업 동향에 대해 누구나 알만한 뻔한 사실 아니면 완전히 불가능한 상황만을 제외한 여러 것들에 대해서도 애매한 말로 두루뭉술하게 넘어가기 일쑤다.

전문가 혹은 권위자의 예측 가운데 적어도 50%는 항상 틀린다.

언론인 댄 가드너Dan Gardner는 2011년에 《앨빈 토플러와 작별하라 Future Babble》라는 매우 흥미로운 책을 통해 오류투성이인 미래 예측에 관한 강박적 집착에 대해 쓰고 있다. 저자는 전문가라는 사람들이 우리를 잘못된 길로 인도하고 득보다는 실을 더 많이 양산하는 상황을 파헤쳐 보이려 했다.

이 책은 UC 버클리 하스스쿨(캘리포니아 대학 버클리 캠퍼스 경영대학원)의 심리학자 필립 테트록Philip Tetlock의 연구 결과를 소개하고 있다. 테트록 연구팀은 오랜 기간 다양한 부문의 전문가를 인터뷰한 결과 2만 7,450건의 미래 예측 내용을 수집했다. 그런 다음 익명의 다수 출처를 통해 이 자료를 분석한 결과 어이없게도 '전문가의 예측이 대충 넘겨짚은 추측과 정확성에서 별반 차이가 없다'는 결론에 이르렀다.

가드너는 테트록의 연구 결과 가운데 자신의 예측이 틀렸다는 말을 들은 전문가의 반응이 천차만별이었다는 사실이 특히 흥미로웠다고 강조한다.

미래 예측에서 최악의 성적표를 받아든 전문가는 대부분이 예측의 불확실성을 받아들이지 못하는 성향을 보였다. 이 사람들은 자신의 예측 능력을 과신하는 경향이 강했고 예측이 틀렸을 때도 대충 맞지 않았느냐는 식으로 반응하면서 자신의 생각을 좀처럼 바꾸려 하지 않았다. 가드너는 《앨빈 토플러와 작별하라》에서 이러한 유형의 전문가를 '고슴도치'라고 표현했다.

반면에 고정 관념에 매몰되지 않은 전문가도 있었다. 이들은 불확실성을 수용하고 예측이 잘못될 수도 있다는 사실을 자연스럽게 받아들였다. 가드너는 이러한 유형의 전문가를 '여우'라고 표현하며 자신의 미래 예측 능력을 과신하지 않으며, 이에 대해 자기 비판적이고, 예측이 잘못될 수도 있다는 점을 순순히 인정하는 사람들이라고 했다.

가드너의 '고슴도치 대 여우'론을 접한 사람들은 자연히 자신은 둘 중 어디에 속하는지 궁금해진다. 그런데 자신의 예측이 정확한지 아닌지 어떻게 알 수 있을까?

트렌드를 올바로 규정하는 기술

나는 이미 미래를 예측하는 방법은 누구나 배울 수 있다고 했다.

그러나 또 한편으로는 미래 예측과 관련된 일반적 회의론과 잘못된 확신의 맹점을 지적한 가드너의 의견에도 일정 부분 동의한다. 트렌드 큐레이팅 능력을 키우려 한다면 예측이 틀릴 수도 있다는 점까지 인정하고 들어가야 한다. '여우'는 불확실성을 의연히 받아들이고 예측이 빗나갈 때도 있다는 사실을 잘 알고 있다.

나도 틀릴 때가 있고 이 부분은 여러분도 마찬가지일 것이다.

그렇다면 누구나 틀릴 수도 있는데 이 복잡한 과정을 거치면서까지 굳이 트렌드 예측에 관한 책을 쓰는 이유는 무엇인가?

실패에 대한 두려움을 핑계로 아무것도 시도하지 않는 것은 결코 바람직하지 않다. 트렌드 예측이 완벽할 수 없다는 사실을 알면서도 꿋꿋이 이 작업을 하는 첫 번째 이유가 바로 이것이다. 그리고 두 번째 이유는 이 책을 쓴 진짜 목적과 관련이 있다. 사실 이 책은 트렌드 예측 자체가 아니라 트렌드 예측 능력과 방법을 배우는 것에 관한 것이다.

트렌드 예측법을 배우는 과정에서 예측 그 자체보다 훨씬 가치 있는 것을 배울 수 있다. 즉, 이 과정에서 호기심과 관찰력을 키울 수 있고 주변 세상을 더 잘 이해할 수 있게 된다.

트렌드를 포착하고 큐레이팅하는 방법을 배우는 과정에서 이와 같은 태도의 변화를 경험할 수 있다는 것이 가장 큰 이득이다.

오스카 와일드는 "아무도 예측하지 못하는 것을 예측하는 사람이야말로 진정한 지성인이다."라고 말한 바 있다. 이 책의 목적은 다른 사람이 놓치는 것을 보고, 일반인과는 다르게 생각하고, 변화하는 현재를 담은 아이디어를 새롭고 독특한 방식으로 큐레이팅함으로써 현대적인 유형의 지성인을 만드는 것이다.

지금까지 트렌드 리포트를 만들 때 사용했던 기법과 절차를 설명했다. 이제 구매나 판매 방식 혹은 믿음에 변화를 일으킬 주요 트렌드에 관한 예측 내용을 하나하나 살펴보도록 하자.

IDEA TWO

트렌드
리포트 1

단순히 '미래 트렌드 목록'이라기보다는 다른 사람들이 간과한 패턴과 연관성을 포착하는 데 도움이 되는 새로운 사고의 방법을 제시하려고 한다. 더불어 자신의 생각을 우아하게 그리고 설득력 있게 표현하는 방법을 알아보자.

트렌드 요약

◆ 문화 및 소비자 행동
우리 자신을 바라보는 시각 그리고 인기 있는 문화 패턴에 관한 트렌드

e-충동구매

전략적 다운그레이드

긍정적 에이징
(2013년에 큐레이팅)

◆ 마케팅 및 소셜 미디어
기업이 소비자의 충성도와 몰입도를 높이고자 노력하는 방식에 관한 트렌드

비투비언드

성격 지도

유용성을 입은 브랜드
(2014년에 큐레이팅)

◆ 미디어 및 교육
학습과 엔터테인먼트에 영향을 미치는 콘텐츠와 정보에 관한 트렌드

주류가 된 다문화주의

소비할 권리

고정 관념 탈피
(2014년에 큐레이팅)

◆ 기술 및 디자인
우리의 행동에 영향을 미치는 기술 혁신과 제품 디자인에 관한 트렌드

가상현실을 통한 공감

자료의 범람

디자인 중심
(2013년에 큐레이팅)

◆ 경제 및 창업 정신
미래의 일과 수익에 영향을 미치는 사업 모형, 스타트업, 경력에 관한 트렌드

인소싱 인큐베이터

자동화된 일상

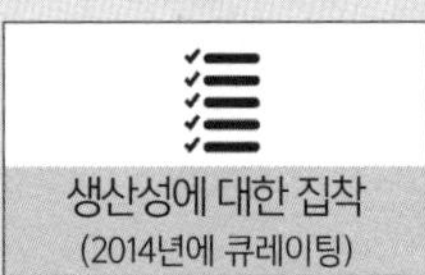

생산성에 대한 집착
(2014년에 큐레이팅)

E-mpulse Buying
e-충동구매

전자 상거래가 성행하면서 충동구매의 시대는 끝났다는 의식이 팽배해졌다. 그러나 현실은 묘한 방향으로 흘러가 충동구매에 버금가는 또 다른 형태의 구매 행동에 관심이 집중되고 있다. 즉, 모바일 기기를 통한 쇼핑이 활성화되면서 감정적 구매를 유발하는 실시간 마케팅의 길을 새로 열렸다.

2014년 끝 무렵에 〈월스트리트 저널〉은 '충동구매자가 사라지다'라는 제하의 기사를 통해 미래의 암울한(기업의 입장에서 보면) 쇼핑 형태를 예견했다. 그러면서 인테리어 디자이너 엘리자베스 호프만Elizabeth Hoffman 같은 소비자의 쇼핑 행동을 소개했다.

기사는 가격에 민감한 알뜰 소비자 사이에서 호프만처럼 장볼 품목을 미리 적어 쇼핑에 나서는 경우가 늘고 있다고 지적했다. 호프만은 마케팅 기법상의 전략적 상품 진열이라든가 매장 내에서 이뤄지는 각종 판매 유도책에 현혹되지 않으려고 노력했다. 그래서 꼭 사야할 것이 있을 때만, 그것도 살 것을 꼭 적어서 매장에 가기로 마음먹었다. 그리고 장보기 목록에 있는 것만 사고 그 이외 다른 것에는 눈길도 주지 않는 방법으로 충동구매를 피하려 했다. 엘리자베스 호프만과 같은 쇼핑 스타일을 '계획 쇼핑'이라고 한다. 그런데 경제가 안 좋은 시기에는 너나 할 것 없이 허리띠를 졸라매느라 다들 그렇게 하지 않느냐며 호프만의 이야기를 대수롭지 않게 여기기 십상이다. 그러나 충동구매가 사라지고 있는 것은 이러한 알뜰 쇼핑 스타일 때문이 아니라 우리 주머니에 항상 지니고 다니는 물건 때문인지도 모른다.

예전에 식료품점이나 약국 계산대 앞에서 차례를 기다리는 동안 바로 옆에 진열된 사탕이나 껌을 집어 장바구니에 집어넣는 식으로 충동구매를 했던 기억이 다들 있을 것이다. 그런데 스마트폰 때문에 이러한 시절도 다 간 듯싶다. 요즘은 계산대 앞에서 기다리는 동안 다들 스마트폰을 꺼내 이메일을 확인하거나 모바일 게임을 즐긴다. 그러느라고 껌이나 사탕이 널린 진열대에는 눈길조차 주지 않는다.

스마트폰이 이른바 '모바일 눈가리개' 역할을 하며 충동적으로 뭔가를 사는 행위를 막아준다. 게다가 무인 자동 계산대의 등장 그리고 인터넷으로 미리 주문한 상품을 나중에 매장에서 혹은 매장 밖 매대에서 가져가는 새로운 쇼핑 스타일의 등장으로 충동구매의 싹이 완전히 사그라질 환경에 처했다고도 할 수 있다.

그러나 충동구매가 완전히 사라질 것이라는 비관적 예측이 이처럼 난무하는 한편 스마트폰을 포함한 모바일 기기는 전에는 가능하지 않던 아주 새로운 형태로 충동구매를 조장할 길을 열어놓았다. 모바일 눈가리개로서 충동구매의 싹을 자를 것이라던 모바일 기기가 이번에는 새로운 형태의 충동구매를 조장한다니 참으로 아이러니하지 않은가! 요즘은 유통업체가 다양한 경로로 소비자에게 다가가려 하면서 '옴니채널'[7]이 새로운 전장戰場이

---

7 omnichannel, 온·오프라인 유통 채널에 IT·모바일 기술을 융합한 유통 전략

되고 있다. 그래서 유통 업체들 간에 옴니채널을 두고 불꽃 튀는 경쟁이 벌어지고 있다. 이러한 현상에 주목하여 이른바 e-충동구매에 초점을 맞추게 된 것이다. 이미 언급했듯이 충동구매의 종언을 부추긴 모바일 기기가 이제 새로운 형태로 충동구매의 부활을 이끌어낼지도 모르는 상황이 됐다.

요컨대 원클릭 쇼핑의 활성화 및, 충동구매의 부활을 꿈꾸는 업계의 노림수 중심에 모바일 기기가 있다.

충동구매여 다시 한 번!

충동구매가 사라지는 것에 전전긍긍하며 이의 부활을 노리는 대열의 최선봉에 선 것이 초콜릿이나 과자 브랜드가 아닐까 한다. 최근에 허쉬Hershey's의 유통 혁신 담당 이사 프랭크 지미네즈Frank Jiminez는 〈워싱턴 포스트〉와의 인터뷰에서 이 같은 현실의 압박감을 다음과 같이 토로했다. "쇼핑 스타일이 달라지고 있고 충동구매가 사라질 위기에 처했다. 계산대가 없어지는, 아니 계산대의 존재가 무의미해지는 상황을 생각만 해도 가슴이 답답하다."

허쉬로서는 이 부분에 사활이 걸렸다 해도 과언이 아닌 만큼 이 문제가 초미의 관심사일 수밖에 없다. 허쉬는 대표 상품인 키세스Kisses와 스모어smore의 필수 재료인 허쉬 초콜릿 바는 말할 것도 없고 킷캣Kit Kat, 요크York, 리세스Reese's 등을 포함하여 세계에서 가장 사랑받는 초콜릿을 만들고 있다. (스모어는 미국인의 캠핑에 빠지지 않고 등장하는 필수 아이템으로 크래커 사이에 구운 마시멜로와 녹여 말랑해진 초콜릿을 끼워 먹는 음식이다.)

2015년에 허쉬는 전에는 생각지도 못했던 장소인 주유소에 자판기를 설치하거나 무인 매장을 활용하는 등 새로운 형태의 자판기를 설치 방안을 시험해보기도 했고 '충동에 관한 여덟 가지 진실'에 관한 연구를 지원하기도 했다. (여기에 관심이 있는 사람을 위해 소개하자면 그 여덟 가지는 기쁨delight, 탐닉indulge, 재충전recharge, 구제rescue, 갈망spoil, 매혹charm, 열망aspire, 획득score 등이다.)

허쉬는 또 아마존이 새롭게 선보인 대시 버튼Dash Button 프로그램의 채택을 신중하게 고려하고 있다. 대시 버튼은 인터넷과 연동된 버튼을 가정에 설치하고 필요할 때 버튼을 한 번 누르는 것으로 주문이 끝나는 매우 편리한 서비스다.

'충동구매여 다시 한 번!'을 외치는 기업이 한둘이 아니다. 오레오와 리츠 크래커 제조사인 몬델리즈 인터내셔널Mondelez International은 페이스북과 손잡고 오프라인 매장 앞에 할인 매대를 설치하는 것과 같은 방식으로 충동구매를 촉진하는 이른바 온라인 '핫존hot zones'을 시범 운용하고 있다.

앞으로도 모바일 기기와 소셜 미디어, 쇼핑 간의 연결성이 더욱 확대될 것이다. 일부 국가에서는 이미 그런 환경이 조성되고 있다.

지갑이 필요 없는 쇼핑 환경

중국에는 구매 방식에 획기적인 변화를 일으킬 앱이 이미 존재한다.

위챗WeChat (웨이신, 微信)은 중국의 인기 있는 모바일 앱인데 다른 국가에서는 이것을 그저 밀레니얼 세대를 위한 메시징 앱 정도로 치부하고 넘어간다. 처음에는 평범한 메시징 도구로 출발했을지 몰라도 출시 후 5년이 채 넘지 않은 지금은 중국 소비자의 구매 행태를 획기적으로 변화시키는 환상적 모바일 플랫폼으로 거듭났다.

위챗 사용자는 메시징 서비스 외에 택시 부르기, 친구와 밥값 나눠 내기, 비행기 탑승 수속하기, 결제하기, 음악 찾기, 피트니스 트래커[8] 정보 검색하기 등의 서비스를 이용할 수 있다. 한 가지 앱으로 이 많은 것을 어떻게 다 할 수 있을까? 이 플랫폼에 기업들이 '공식' 계정을 개설할 수 있는데 2015년 말 기준 이러한 공식 계정이 1,000만 개 이상 개설돼 있는 것으로 파악되었다. 공식 계정이 있는 기업은 플랫폼 사용자가 이용에 동의한 주소 및 개인 정보를 자사의 제품이나 서비스를 제공하는 데 활용한다.

2015년에 일본에서 가장 인기 있는 모바일 앱은 라인Line이었다. 라인은 메시징과 영상, 전화 등의 서비스는 무료로 제공하는 대신 사용자가 '스티커'(문자 메시지 송수신에 사용되며 이모티콘보다 좀 더 자세하게 표현된 작은 그림)를 구매하여 공유하는 것에서 수익을 낸다. 2015년 3월에 라인 사용자는 4만 종이 넘는 라인 스티커 중에서 매일 20억 개를 사용했으며, 라인은 출시 후 첫 7개월 동안에만 이 스티커로 3,000만 달러의 수익을 올렸다.

라인과 위챗 모두 업계를 주도하는 잘 나가는 모바일 플랫폼이다. 그런데 이보다 중요한 사실은 이들이 소비자가 언제든 이용할 수 있는 통합 결제 시스템의 미래를 제시하고 있다는 점이다. 아마존이 축적된 자사의 고객 자료를 기반으로 기업에게 원클릭 주문 서비스 시스템을 제공하는 것과 마찬가지로 위챗과 라인은 자사 플랫폼을 사용하는 수많은 기업과 유통 업체에 이와 유사한 서비스를 제공할 수 있다.

다른 모바일 플랫폼도 라인과 위챗이 승승장구하는 모습을 지켜보며 이 같은 새로운 사업 모형을 모방해보려 애쓰고 있다. 같은 해에 페이스북, 트위터, 핀터레스트Pinterest, 스냅챗Snapchat 등도 사용자의 신용 카드를 등록하여 원클릭 구매가 가능하도록 한 일종의 '모바일 지갑'을 선언하고 나섰다.

---

8 fitness tracker, 운동량 측정 등을 비롯한 건강 정보 관리 기기

애플 페이Apple Pay, 삼성 페이Samsung Pay, 안드로이드 페이Android Pay 등도 모두 이와 같은 모바일 결제 서비스로 소비자를 끌어들이려 하고 있다. 세낭가Senanga 같은 스타트업은 모바일 결제와 온라인 광고를 통합하는 새로운 도구를 개발하고 있다.

‘모바일 지갑’을 지향한 이러한 혁신적 노력들이 원클릭 쇼핑의 미래를 더 앞당기며 e-충동구매 환경을 조성하고 있다. 지갑을 꺼내거나 서명을 하지 않고도 오프라인이나 온라인에서 확인한 상품을 바로 구매할 수 있는 세상에서는 결국 가격표를 어디다 붙여야 하느냐는 문제만이 남는다.

이 문제 또한 매우 흥미로운 해결책을 이미 찾아낸 것 같지만 말이다.

어디서든 스캔으로 구매 끝!

필리핀 항공사인 세부 퍼시픽Cebu Pacific이 비가 오기 시작해야만 볼 수 있는 매우 독특한 광고를 했다. 광고 대행사 오길비 아시아Ogilvy Asia가 만든 이 광고는 인도 위에 광고주가 표시하고자 하는 광고 문구를 찍어 넣은 다음에 해당 글자 위에 발수제撥水劑를 뿌려두어 비가 올 때 발수제가 뿌려진 곳의 글자만 두드러져 광고 문구가 나타나게 하는 방법이었다. 이 광고는 홍콩에서 진행했는데 비가 오자 인도 위에 QR 코드와 함께 ‘지금 필리핀은 아주 맑습니다!’라는 문구가 나타났다. 더 상세한 내용을 알고 싶은 사람은 이 코드를 스캔하면 된다. 이 광고 결과 세부퍼시픽 항공사의 예약이 37%나 증가했다.

이처럼 비교적 평범한 수준의 기술을 활용한 오프라인 광고로 소비자의 구매 결정 시간을 단축하는 예는 이 사례 외에도 아주 많다.

영국의 포와 테크놀로지Powa Technologies는 광고에 스캔투바이[9] 코드를 삽입하는 도구인 이른바 '포와태그'를 개발했고 현재 1,000여 개 브랜드와 협력 체계를 구축하고 있다. 시각적 검색 엔진으로 유명한 슬라이스Slyce는 소비자가 제품의 사진을 찍어 올리면 판매자와 가격 정보를 바로 알 수 있는 솔루션을 개발했다. 홈디포Home Depot의 프로젝트 컬러Project Color 앱은 소비자가 선택한 페인트 색상을 실제로 집 벽에 칠했을 때 어떻게 보이는지를 '가상'으로 보여주어 즉각적으로 구매 결정을 할 수 있게 도와준다.

딜리버리 에이전트Delivery Agent라는 한 스타트업은 t-상거래[10] 구현을 목적으로 e-충동구매의 영역을 TV 부문으로 확대하여 소비자가 TV를 시청하다가 원하는 상품이 있을 때 리모컨으로 구매할 수 있는 시스템을 구축했다. 컴캐스트Comcast도 차세대 동영상 스트리밍 플랫폼 X1을 통해 리모컨으로 바로구매를 할 수 있는 기능을 시험하겠다고 선언했다.

옥외 광고에서부터 모바일 기기와 TV를 통합한 광고 모형에 이르기까지 이 모든 움직임의 공통 화두는 장소와 시간에 구애됨이 없이 소비자가 눈으로 본 것은 무엇이든 버튼을 누르거나 코드를 스캔하는 간단한 작업으로 곧바로 구매를 완료할 수 있게 한다는 것이다.

이 트렌드의 중요성

전자 상거래의 등장과 더불어 모두가 모바일 기기에 중독적으로 집착하는 현상이 포착되자 온라인 쇼핑과 자동 결제 시스템이, 기업의 입장에서 볼 때

---

9 scan-to-buy, 스캔으로 구매와 결정이 이루어지는 시스템
10 t-commerce, TV를 통한 전자 상거래

고수익의 원천이었던 충동구매 행동을 결국은 위축시키리라는 예측이 지배적이었다.

그런데 이러한 우려는 점차 희망으로 바뀌었고, 혁신 지향적인 유통 업체와 스타트업은 소비자의 e-충동구매를 조장하는 방법을 찾아내는 일에 더욱 초점을 맞출 것이다. 모바일 지갑이 현실이 되고 소비자의 위치 자료를 효과적으로 활용하는 기업이 늘어나면서 사고 싶다는 생각이 드는 순간 시간상으로나 절차상으로나 간편하게 바로 구매할 수 있는 방식을 활용하려는 소비자도 늘어날 것이다.

모바일 기기를 사용하며 거리를 걷는 소비자든 집안에서 소파에 누워 리모컨을 만지작거리는 소비자든 간에 이러한 혁신은 충동구매 부활의 촉진제로 작용할 것이다.

다만, 혁신적이고 추세에 민감한 유통 업체만이 이 새로운 유형의 충동구매 현상을 제대로 활용할 수 있을 것이다.

이 트렌드는 누구에게 도움이 되는가?

이 트렌드는 유통업계를 중심으로 회자하고 있으나 이외 다른 업종도 이러한 경향에 주목해야 한다.

예를 들어, B2B 고객은 일반 소비자에 비해 구매 결정에 이르는 시간이 더 길기는 하나 구매 주기에 관한 실시간 정보를 더 많이 입수할 수 있을 것이다.

충동구매 경향이 더 강한 저가 상품이나 즉시 사용 상품을 판매하는 업체가 이러한 트렌드의 득을 많이 볼 것이다.

이 트렌드를 활용하는 방법

★ 시각화에서 수익을 창출하라

사람들이 여러분이 판매한 상품의 시각적 이미지를 공유하는가? 웹 사이트에 자사 상품이나 서비스의 시각적 이미지가 함께 제시되는가? 시각적 검색 엔진이 진화함에 따라 QR코드나 가상 구매 버튼 같은 도구를 통해 시각적 이미지에서 수익을 창출할 수 있게 해주는 새로운 유형의 애드테크[11] 업체의 움직임이 활발해질 것이다. 원래는 보충적 역할을 하는 수준이었던 시각적 콘텐츠가 지금은 고수익 창출의 원천이 될 수도 있다. 이 가능성을 시험해볼 절호의 기회를 맞은 것이다.

★ 세계 각국의 소비자 행동을 관찰하라

팔이 안으로 굽는다고 했던가! 미국을 활동의 중심지로 삼는 쪽에서는 미국 소비자가 첨단 기술에 가장 민감하고 사고도 전향적이라고 생각하기 쉽다. 그러나 모바일 구매와 e-충동구매에 관한 한 현실은 그렇지가 않다. 오히려 모바일 구매 행동은 중국이나 일본 같은 아시아 국가나 스칸디나비아 반도에 속한 유럽 국가의 소비자 쪽이 훨씬 앞서 있다. 이들 국가의 소비 행동을 유심히 관찰하면 미래의 소비자 행동을 예측하는 데 큰 도움이 된다.

---

11 ad-tech, 광고와 기술의 결합을 의미하는 신조어로서 광고 효과를 측정하고 이용자가 남긴 기록을 기반으로 구매 행태를 예측해 사용자에게 유효한 광고를 제공하는 모든 기술

Strategic Downgrading
전략적 다운그레이드

인터넷을 기반으로 한 디지털화가 가속화할수록 소비자는 성능이 향상된 제품이나 서비스를 일부러 거부하고 더 단순하고, 더 싸고, 기능은 더 축소된 상품에 눈을 돌리기 시작한다.

카일 윈스Kyle Wiens는 첨단 기술 업계에 한방을 먹이며 세상을 구한 현대판 슈퍼맨이다.

윈스가 빼든 무기는 달랑 별모양 스크루드라이버 하나인데 우연찮게 사람들의 공분을 자아낸 한 언론인의 기사가 여기에 기름을 부은 격이 됐다. 윈스는 혼자서 지난 몇 년 동안 소비자에게는 자기가 산 물건은 직접 고쳐 사용할 권리가 있다고 주장하면서 이른바 '자가 수리 운동'을 펼치며 고군분투해온 터였다.

애플 상품 전문 웹 사이트 컬트오브맥닷컴cultofmac.com은 윈스를 '아이팟에 도전장을 낸 급진주의자'라고 표현했다. 유명 블로그 사이트 보잉보잉 Boing Boing은 윈스를 '21세기 문화 영웅'이라고 칭했다.

윈스는 최근에 문예 평론지 〈애틀랜틱The Atlantic〉, 경제 월간지 〈하버드 비즈니스 리뷰Harvard Business Review〉, 경제 일간지 〈월스트리트 저널〉, IT 잡지 〈와이어드Wired〉 등에 사설을 게재한 것을 비롯하여 세계 유수의 언론 매체에 자주 글을 올리는 유명 기고가이기도 하다.

그런데 아이픽스잇iFixit을 운영하는 이 남자에게 왜 그렇게 관심이 많을까? (아이픽스잇이라니! 만화 제목 같은 회사명이기는 하나 그것은 중요치 않다.) 그리고 그 별모양 드라이버는 또 뭐란 말인가!

별모양 나사는 대다수 애플 기기에 사용되는 부품으로 '기계 분해 금지'용으로 고안된 것이라고 보면 된다. 흡사 다섯 잎 클로버처럼 생긴 이 나사는 애플 기기 사용자가 수리 혹은 업그레이드를 위해 기계를 분해하는 것을 방지하려는 목적에서 나온 것이다. 그래서 고장 난 애플 기기는 거의 다 쓰레기통 안으로 들어간다.

윈스는 자가 수리와 업그레이드를 금지하는 애플이야말로 '자가 수리 운동'의 주적主敵이라고 표현한다. 아이픽스잇은 별모양 드라이버를 만들어 온라인으로 판매한 최초의 업체였다.

자가 수리 운동은 윈스의 성격이 고스란히 반영된 행동이라고 보면 된다. 자신이 산 제품은 마음대로 고치고 업그레이드를 할 수 있어야 한다는 평소의 소신을 행동으로 옮긴 것이다.

이러한 생각은 논리적으로 합당한 소비자의 권리를 대변하는 게 아닌가 싶은데도 이러한 주장은 결국 10억 달러짜리 법정 다툼으로 비화했다. '소유권'이라는 말 자체에서 자신이 구매한 제품을 진짜로 소유하느냐 아니냐의 문제가 파생될 수 있다.

내 트랙터의 진정한 소유자는 누구인가?

2015년 말에 있었던 한 소송 때문에 농기계 제조업체인 존디어John Deere가 이러한 논쟁의 중심에 서게 됐다. 회사 측은 농부는 트랙터를 소유하는 것이 아니라 '수명이 다할 때까지 트랙터를 사용할 수 있는 일종의 묵시적 라이센스(사용권)를 보유하는 것일 뿐'이라는 점을 강조했다.

사측의 주장을 뒷받침하는 일부 조항에 격분한 윈스는 평소에 하던 대로 언론에 호소하기 시작했다. 윈스는 〈와이어드〉에 실린 특집 기사에서 이 첨단 기술 장비(존디어 트랙터)가 농부에게는 '악몽' 같은 존재라고 표현했다. 그리고 라디오 방송국 NPR과의 인터뷰를 통해 잘못된 법률에 문제가 있다고 주장했다. "컴퓨터와 트랙터에 관한 지금의 법률은 1990년대 DVD 불법 복제가 판치던 시절에 LA 지역 연예 사업 부문 전문 법조인을 중심으로 제정된 것이다. 이제 이 법률을 손볼 때가 됐다."

아닌 게 아니라 세계 각국이 법제화를 통해 이러한 문제를 해결하려는 움직임을 보이고 있다.

그런데 문제는 농부들로서는 이러한 노력의 결과물이 나올 때까지 기다릴 시간이 없다는 것이다. 그래서 궁여지책으로 기술 수준이 좀 떨어지는 예전의 트랙터를 찾게 된 것이다. 다시 말해 이들은 전략적 다운그레이드를 선택한 것이다. 이러한 다운그레이드 행동에 관한 글을 썼던 농기계 경매 전문가 그렉 피터슨Greg Peterson은 단순한 예전 모델에 관심을 보이는 사람들이 늘고 있으며, 농업 부문에서도 가격 요소가 중요해지면서 비용 절감을 고려하여 값비싼 신형 농기계부터 일순위로 외면하는 현상이 벌어지고 있다고 지적했다.

이처럼 구형 제품을 선호하는 현상이 농업 부문을 넘어 다른 업종으로까지 번지고 있다.

스마트 하지 않은 기기

첨단 기술 제품이라고 하면 무조건 최신형이 제일 좋은 것이라고 생각한다. 컴퓨터의 속도는 더 빨라지고, 카메라의 화소는 점점 늘어나고, 배터리의 수명은 점점 더 길어진다. 우리가 아무리 별모양 드라이버로 기계를 분해하고 수리하는 방법을 배우려고 애써도 구형 제품을 끝까지 사용할 수 있는 그런 환경이 아니다.

이렇게 번쩍번쩍 광나는 신제품이 소비자를 유혹하고 있다. 그런데 따라가기 벅찰 정도로 기술 업그레이드가 잦아지고 덕분에 기술 주기가 엄청나게 빨라지는 추세에 피로감을 느끼며 이러한 추세에 제동을 걸기 위해 더 이상 신제품에 관심을 두지 않거나 기본적 기능만 갖춘 아주 단순한 기계를 사용하던 시절로 돌아가고 싶어 하는 소비자가 늘고 있다.

예를 들어, 2015년에 출시된 일명 '블랙폰Blackphone'은 불필요한 기능은 모두 제거하고 보안 기능을 최우선시한 스마트폰이다. 또 스위스의 스타트업 푼크트Punkt는 웹 브라우징이나 터치스크린 기능도 없고 카메라도 없이 오로지 긴 배터리 수명, 고음질, 소음 제거 등의 기능에만 충실한 '스마트폰 같지 않은 스마트폰'을 개발하여 출시했다.

인터넷 검색만 해봐도 이와 비슷한 이야기가 줄줄이 나온다. 디지털 기기의 과도한 연결성에 지친 사람들이 휴식을 원하면서 그동안 서랍 안에 처박아 뒀던 구형 제품에 눈을 돌리는 현상을 다룬 블로그 글도 한둘이 아니다.

착용형 스마트 기기가 이러한 다운드레이드 대열에 합류하게 된 것은 '쓸모가 없다'는 이유가 가장 크다. 한때 손목에 차는 피트니스 트래커에 밀려났던 시계가 다시 제자리를 찾고 있다. 착용형 트래커 클립이 시계 대신 서랍 속으로 들어가고 있다.

별로 필요도 없는데 시시콜콜한 자료까지 다 측정되는 것에 피로감을 느끼고 전에 손목에 찼던 그 (스마트한 기능이 없다는 의미에서) '멍텅구리' 시계를 다시 찾는 사람들이 점점 늘고 있다.

수많은 스마트 기기의 다운그레이드 추세는 배터리 수명이 너무 짧다거나 기능이 너무 복잡하다는 것이 큰 이유가 된다. 또 종이책의 부활 같이 출판업계에 부는 다운그레이드 바람은 개인의 선호도나 취향에서 비롯된 것일 수 있다.

종이책의 가치

종이책이 사라지리라는 예측은 거의 매년 주기적으로 나온다. 2008년부터 전자책의 분기별 판매가 꾸준히 증가했는데 2014년에 들어 주춤하는 모양새였다. 2015년에는 흥미로운 결과를 담은 연구 보고서가 속속 등장하면서 출판업계가 갑자기 이러한 추세에 변화가 생겼다고 발표하기 시작했다.

시장 조사 기관인 닐슨Neilsen은 '출판업계와 소비자 동향 조사' 자료를 분석한 결과 '디지털 문화에 익숙한 세대에게는 어울리지 않아 보이는데 이상하게도 종이책을 선호하는 10대가 꾸준히 증가하고 있다'고 지적했다. 출판업계 동향에 관한 콜로라도 대학의 연구 결과 종이책이 집중이 더 잘된다는 이유로 대학생들이 종이로 된 교재를 더 선호한 것으로 나타났다.

연구자들은 이렇게 밝혔다. "소비자는 정서적 및 감각적으로 종이책에 애착을 느끼고 이 '물건'을 애지중지하는 경향을 보인다."

소비자가 종이책을 찾는 주된 이유 세 가지가 일단 보기 편하고, 종이의 촉감이 좋고, 책장에 모아 둘 수 있다는 점이었다는 사실도 이러한 주장을 뒷받침하고 있다.

종이책의 부활에 대한 가장 희망적인 관측으로는 2015년 9월에 나온 '예상치 못한 반전 : 전자책의 판매는 주춤하고 종이책은 아직도 선전 중'이라는 제목의 〈뉴욕타임스〉 기사를 들 수 있다.

이 기사는 전미출판인협회Association of American Publishers, AAP의 조사 자료를 인용하여 2015년 상반기에 전자책의 판매는 10% 감소한 반면에 지난 5년간 종이책 서점의 수는 20% 증가했다고 전했다(전미서적상협회American Booksellers Association 자료).

사실 AAP 소속 출판사가 내놓은 전자책만 판매가 감소한 것이고 전체적으로는 판매가 증가했다는 부분을 얼버무리고 넘어간 측면은 있으나 여기서 중요한 것은 이것이 종이책의 부활을 뒷받침하는 매우 신빙성 있는 증거 자료라는 점이다.

오이스터Oyster는 넷플릭스Netflix의 회원제 사업 모형을 본떠 월정액으로 전자책을 무제한 읽을 수 있게 했으나 단 2년 만에 이 서비스를 중단했다. 한편, 온라인 상거래의 대표 격인 아마존이 몇 달 전에 처음으로 시애틀에 오프라인 서점을 열었다는 사실은 '종이책 대 전자책' 논쟁이 우리가 생각했던 것보다 훨씬 더 거세질 것임을 예감하게 한다.

전자책은 읽고 싶은 책을 바로 읽을 수 있고 또 밑줄을 쳐서 강조한 부분이나 메모를 다른 독자와 공유할 수 있다는 것이 큰 장점이다. 반면에 종이책은 이른바 전략적 다운그레이드의 한 축이 되고 있다. 종이책에서 느낄 수 있는 감촉과 냄새는 그 무엇으로도 대체가 안 된다.

출판계의 이 전략적 다운그레이드에서 얻을 수 있는 몰입감은 음반계의 레코드판(LP판)이나 게임계의 고전 게임에서 느끼는 것과 맥을 같이 한다.

복고 열풍

영국의 존루이스John Lewis에 따르면 레코드 재생기의 판매가 작년 한 해에만 240% 증가했다고 한다.

이러한 추세에 부응하기 위해 전 세계의 음반 매장들도 매장 내에 레코드 재생기를 갖춰 두기 위해 재빨리 움직이고 있는 모양새다.

레코드판의 판매량은 20년 이래 최고치를 기록하고 있다. 일부 음악 애호가는 자신들이 레코드판을 더 좋아하는 것은 전략적 다운드레이드도 뭣도 아니고 그저 레코드판으로 듣는 약간은 불완전한 음색을 사랑하기 때문이라고 말할지도 모른다. 그러나 그러한 방식의 음악 듣기 자체가 향수에 젖은 행동이며 이러한 선택을 하는 사람들이 늘고 있다는 사실 자체가 중요한 것이다.

구형 콘솔이나 모바일 장치를 이용하는 복고형 게임이 부활한 것도 이와 같은 맥락이다. 복고풍 모바일 게임 캔디 크러쉬Candy Crush의 인기는 식을 줄 모른 채 매일 9,300만 명이 이 게임을 하면서 80만 달러의 수익을 창출하고 있다.

음반 업계와 게임 업계에 부는 이 같은 복고 바람의 이유가 옛 것에 대한 향수 때문만은 아니다. 나이를 불문하고 모든 사람이 너무도 실감나는 3인칭 슈팅 게임이나 음 하나 틀리지 않는 완벽한 디지털 음악을 뒤로 하고 완벽하지 않은 옛 것에서 더 큰 만족감을 얻는다.

그리고 경기 시간이 단축된 스포츠를 예전보다 더 즐기는 경향도 이와 같은 맥락에서 이해할 수 있다.

시간 단축형 스포츠

낙관적인 수치 자료와는 별개로 골프의 쇠퇴가 두드러진다. 미국골프재단 National Golf Foundation에 따르면 2003년에 3,060만 명에 이르렀던 골프 선수가 불과 10년 후인 현재는 2,470만 명으로 감소했다고 한다. 골프 업계가 더 우려하는 부분은 34세 미만의 신인 골프 선수의 수가 30%나 감소했다는 사실이다.

비용과 시간(총 18홀을 다 돌 경우 최대 6시간이 걸림)이 가장 큰 장벽이라고들 한다.

그러나 이제 사태의 심각성을 깨달은 골프 업계 내에서 젊은 층을 겨냥하여 이 같은 '시간'상의 장벽을 허무는 방안을 마련하고 있다. 경기 시간 단축을 위해 18홀의 절반인 9홀로 경기를 끝내는 이른바 '9홀 타임Time For Nine'이 여기에 해당한다.

미니 크리켓인 트웬티20T20이 점점 인기를 끄는 것도 이와 맥을 같이 한다. 하루에 경기가 끝나는 ODIOne Day International는 오버[12] 수가 50인데 T20은 오버 수가 20이다. 또 ODI는 7~8시간, 테스트[13]는 5일이 걸리는 데 비해 T20은 2~3시간이면 경기가 끝난다.

이처럼 정통 경기 스타일을 고수하던 스포츠들이 파편화한 미디어 환경에 적응하면서 젊은 층이나 노인 층 모두가 관전하기도 또 참여하기도 편한 형태로 '스포츠의 다운그레이드'를 추진하고 있다.

---

12 over, 볼러가 공을 올바르게 던져서 6회의 투구를 하여 이루어지는 한 세트
13 Test, 최고 수준의 국가대표 간 경기

GMO 거부

전략적 다운그레이드의 마지막 사례는 식품 산업에서 찾을 수 있으며 현대 사회가 직면한 가장 끔찍하고 위험한 일 가운데 하나로서 모든 사람이 절대로 일어나지 않기를 바라는 최악의 시나리오에 바탕을 둔다.

북극해 인근의 노르웨이 스발바르 제도에 있는 스발바르 국제 종자 저장고Svalbard Global Seed Vault에는 약 100만 여 종에 달하는 세계 각국의 곡물 씨앗이 1억 개 이상 보관돼 있다.

'최후의 날 저장고'라고도 불리는 이 '현대판 노아의 방주'의 사명은 세계적인 대재앙에 대비하여 종자를 보관해 두어 생존자들이 이 종자를 다시 사용할 수 있게 하는 것이다.

문제가 되는 것은 이러한 목적에서 나온 종자 보관 시나리오가 아니라 인구 증가로 식량 공급에 차질이 빚어질지 모른다는 우려에서 나온 방안들이다.

요컨대 이러한 문제의 중심에는 이른바 GMO라 불리는 유전자변형 개체가 있다. 미국에서는 언론의 영향과 GMO를 생산하는 업체의 정부 로비 덕분에 이러한 작물이 안전하다는 확신 하에 공공연하게 이를 사용하고 있다.

이러한 상황은 불과 몇 달 전인 최근에 유럽 국가의 3분의 2가 GMO를 금지하는 법률을 확정한 사실과 극명한 대조를 이룬다. 비교적 식품 안전도가 높은 국가에서는 국가적 차원에서 GMO의 안전성에 의문을 표하고 있음에도 불구하고 여전히 안심하지 못한 국민 대다수가 더 안전하다고 생각되는 이전의 작물에 눈을 돌리고 있다.

비非 GMO 작물의 재배 및 이를 지지하는 사람들을 중심으로 일고 있는 '종자 교환seed swap' 운동이 그 좋은 예다. 그리고 '구석기 다이어트paleo diet'처럼 더 단순한 식생활을 지향하는 새로운 형태의 다이어트도 꾸준히 인기를 얻고 있다.

이 모든 행동은 식품 산업에 관한 한 기술이 인류에 이로운 방향이 아니라 오히려 해로운 방향으로 작용하는 현실에 대한 우려를 반영한다. 그래서 성장 호르몬의 사용이나 유전적 조작 없이 좀 더 단순하고 인간적인 방식으로 작물을 재배하자는 이른바 '농업 부문의 다운그레이드'를 선호하는 사람들이 늘고 있다.

이 트렌드의 중요성

이처럼 다양한 업종에서 감지되는 추세 변화의 핵심은 우리가 개인으로서 또 소비자로서 한때 최상 혹은 최고는 아니라고 치부했던 이른바 다운그레이드 버전의 제품이나 경험을 선택하고 있다는 점이다. 최근 경험했던 이러한 '구시대적(?)' 경험은 우리에게 정말로 중요한 것이 무엇인지 다시 생각해볼 기회가 됐다는 데 큰 의미가 있다.

기술이 지나치게 발전하고, 스포츠는 경기하는 시간이 너무 길어지고, 농작물은 과도하게 조작될 수 있는 시대다.

이러한 환경에서 소비자의 선택과 권한 강화라는 차원에서, 지금까지 계속 누르고 있던 '혁신'이라는 버튼에서 이제 손을 떼고, 더 안전한 먹을거리가 있고 또 촉감을 즐기며 책을 읽을 수 있던 과거로 돌아가고자 하는 사람들이 점점 늘어날 것이다.

이 트렌드는 누구에게 도움이 되는가?

수많은 기업이 업계에서 뒤처지지 않기 위해 혁신의 고삐를 늦추지 않는 현실을 감안하면 전략적 다운그레이드는 일반적 추세에 역행하는 것처럼 보인다. 따라서 제품이든 산업이든 간에 항상 미래를 바라보며 혁신에 매진하는 기업만이 살아남을 것 같은 생각이 든다. 그러나 기술적 혁신을 통해 더 나은 제품을 만드는 일도 물론 가치가 있겠으나 이제 사람들이 더 이상의 변화와 진보를 원치 않고 이전의 방식과 경험에서 더 큰 가치를 찾게 되리라는 사실도 명심해야 한다.

이 트렌드를 활용하는 방법

★ '클래식 모드'를 제공하라

마이크로소프트가 새로운 운영 체계(업그레이드 버전)을 내놓고 있는데 인터페이스를 적절히 변형시키면 이전 버전의 '클래식 뷰classic view'를 사용할 수 있다. 삼성 스마트폰 갤럭시에는 '초절전모드' 기능이 추가돼 있다. 배터리 잔량이 한계치 이하가 되면 화면이 흑백으로 전환되면서 꼭 필요한 기본 기능 외에 거의 모든 기능이 자동으로 꺼져 배터리를 절약하는 기능이다. 마이크로소프트나 삼성이나 소비자가 줄곧 업그레이드만 부르짖는 것이 아니고 때로는 '다운그레이드'를 원하기도 한다는 점을 인지하고 있는 셈이다. 문제는 자사 제품이나 서비스에 '클래식 모드'를 어떻게 제공할 것이냐 하는 부분이다.

★ 시대정신에 부응하라

시대정신이란 특정 시점의 문화를 반영하는 대중적 사조思潮로서 새로운 문화 경향을 이야기할 때 종종 나오는 말이다. 언론이 새로운 트렌드를 찾아내고 학자들은 이에 관한 연구 결과를 열심히 발표하여 이러한 트렌드를 활용할 방안을 제시해준다. 예를 들어, LP판이 다시 인기를 얻기 시작한 것이 LP판을 판매하는 매장에는 큰 기회가 됐다. 시대정신은 사람들이 앞으로 무엇을 원할지를 가늠케 하는 주요 예측 인자일 수 있다. 그러므로 기업은 이러한 시대정신에 주목하고 이에 걸맞게 반응해야 한다.

Optimistic Aging
긍정적 에이징

예전에는 나이가 드는 것을 무조건 거부하는 경향이 강했다. 그러나 요즘의 노인 세대는 나이가 들어간다는 사실을 낙관적으로 바라보려고 한다. 그러면서 경제적인 여유, 존경 받는 위치에 선다는 것, 제3의 인생을 즐길 수 있는 시간 등 노인이 되는 것의 장점을 찾는 일에 더 집중하려는 경향을 보인다.

2015년 아카데미 작품상의 진정한 승자는, 많은 사람이 기억은 하고 있으나 오랫동안 은막을 떠나 있다가 컴백한 중견 배우들이 아닐까 한다. 마이클 키튼은 이 영화로 부활의 신호탄을 쏴 올리며 이제 영화계에서 완전히 사라진다 해도 아무도 이상해하지 않을 그 나이에 인생의 제2막을 힘차게 걸어 올렸다.

그런데 놀랍게도 이러한 현상이 점차 확산되는 추세다. 실베스터 스탤론, 아놀드 슈워제너거, 리암 니슨, 브루스 윌리스, 케빈 코스트너 등 1990년대를 풍미했던 액션 배우들이 벌써 60대의 나이임에도 아직까지 건재하며 노익장을 과시한다.

넷플릭스가 자체 제작한 인기 드라마 〈하우스 오브 카드House of Cards〉에서 케빈 스페이시와 호흡을 맞춘 여배우 로빈 라이트는 적지 않은 나이에

골든 글로브 시상식에서 여우주연상을 거머쥐었다. 이렇듯 나이 든 배우들이 활약하는 모습을 심심찮게 확인할 수 있다.

아마존, 넷플릭스, 훌루Hulu 등과 같은 스트리밍 서비스 네트워크가 새로운 프로그램을 쏟아내면서 2009년부터 2014년까지 시리즈물이 75%나 증가(케이블 네트워크 FX의 조사 결과)한 것이 이러한 현상에 일조했다. 이와 같은 신규 프로그램이 아직 사람들의 기억 속에 남아 있는 노배우들에게 새로운 기회를 마련해주고 있다.

〈비즈니스위크〉는 왕년의 TV 스타 폴 라이저의 말을 이렇게 전하고 있다. "지금은 중년 배우들이 컴백하기에 참 좋은 때다. 예전 같으면 다들 은퇴할 나이인데 이렇게 엔터테인먼트 콘텐츠가 쏟아지고 있으니 이들에게도 일거리가 넘쳐난다."

이러한 현상은 노배우에 국한된 기회인 듯 보일지 몰라도 사실 이는 나이 든 사람의 역할이 점점 중요해지고 있다는 징후이기도 하다. 앞으로도 노인에게 점점 더 많은 기회가 주어지면서 그들이 문화 형성에 기여하는 부분도 많아질 것이다. 이러한 배경에서 '즐겁게 나이 먹기'로 표현되는 새로운 트렌드, 즉 긍정적 에이징 현상이 하나의 트렌드를 형성하게 되었다.

긍정적 에이징 사례

2015년에 노령화위원회National Council on Aging가 조사한 자료에 따르면 노령 인구의 89%가 노년기에도 양질의 생활을 영위할 수 있을 것으로 확신했다고 한다. 컬럼비아 대학 언론학과 교수이자 작가인 폴라 스팬Paula Span은 최근에 〈뉴욕타임스〉에 게재한 글에서 이렇게 말했다. "사회학자들은 육아와

일에서 해방된 노년층이 점점 행복해지고 있다는 사실을 일찌감치 파악하고 있었다. 사회학에서는 이러한 현상을 U자형 곡선으로 설명한다. 즉, 인생의 만족감은 젊은 시절에 정점을 찍은 후 점차 낮아지다가 노년기에 다시 상승 곡선을 그린다는 것이다."

그러나 미국 이외의 지역에서는 이러한 추세가 그리 뚜렷하지 않다. 예를 들어, 2014년에 퓨 리서치 센터[14]가 조사한 결과에 따르면 일본인 10명 중 9명이 노령화를 심각한 문제로 인식하고 있는 것으로 나타났다. 노령화를 심각한 사회 문제로 보는 것은 한국과 중국도 마찬가지다. 또 유럽의 경우 독일과 스페인 조사 대상자의 절반 이상이 노령화를 주요 사회 문제로 인식하고 있었다. 인구통계학적 상황을 고려한다면 노령화 문제에 대한 각국의 이 같은 인식 차이를 이해 못할 바는 아니다.

2050년이 되면 65세 이상 인구가 15억 명에 이를 것으로 예상되며 이는 5억 3,050만 명 정도였던 2010년 당시의 약 3배 수준이다. 기대 수명 증가와 함께 일부 국가는 조만간 65세 이상 인구가 15세 미만 인구를 넘어서는 상황을 맞게 될 것이다. 퓨 리서치 센터가 지적한 바와 같이 이러한 인구통계학적 특성은 성장에 결코 유리한 요소가 아니다.

그러나 노인 인구의 점진적 증가 현상이 오히려 혁신의 동력이 돼준다는 점에서, 또 지금 혁신을 이뤄내는 인구층에 속한 바로 그 사람들이 앞으로 30년 후 노인이 됐을 때 그 혁신의 혜택을 그대로 받게 된다는 점에서 이러한 인구통계학적 특성이 장점으로 작용할 수 있다. 현재 혁신적 신기술이 삶의 질을 향상시키고, 보건의료 환경을 혁신하고, 사회적 연결성을 확대하고, 이동성을 높여주고 있다.

---

14 Pew Research Center, 세계적 권위가 있는 미국의 여론 조사 기관

직장에서 나이 든 근로자를 대우하는 방식에도 변화가 있을 것이다. 보스턴 대학의 노령화와 직장 연구 센터Center on Aging & Work는 최근에 2019년이 되면 55세 이상이 전체 근로자의 25%를 차지할 것으로 내다봤다.

이러한 요소들이 결합하여 내가 2013년에 처음 언급했던 '긍정적 에이징'이라는 트렌드가 현재 다시 수면 위로 부상하고 있다. 나이 든 사람에 대한 처우 개선과 이동성 향상을 추구하는 흐름이 수십억 달러 규모의 신규 시장 창출로 이어질 수 있다.

또 신규 비즈니스에 대한 투자 증가는 삶의 질 향상과 관련된 혁신을 촉진하게 되고, 이 같은 현상은 노인 인구 증가로 골머리를 앓는 국가에서마저 나이 듦을 긍정적으로 바라보는 계기가 될 것이다.

젊은 층은 노인 인구 증가가 사회에 부담 요소로 작용하는 것을 우려한다. 앞서 설명한 혁신이 이러한 우려를 완전히 불식시킬 수는 없으나 그래도 노인들은 자신들이 아직도 쓸모 있는 존재라는 부분에 대해 낙관론을 견지하고 있다.

2013년에 처음 '긍정적인 에이징'을 언급했을 때는 주로 소셜 네트워크를 통한 사회적 연결성 확대 등에 초점이 맞춰져 있었으나 이제는 사회적 관계 향상을 비롯하여 보건의료, 직업, 여가 활동, 노인용 주택에 이르기까지 다방면에서 노인의 삶의 질을 높여주는 다양한 혁신 도구가 등장할 것이다.

스마트 홈과 재가 노후 생활

몇 년 전에 스마트 홈 기술을 노인용 주거 환경에 접목하려는 시도가 크게 주목받았다. 일례로 10여 년 전에 플로리다 대학의 연구진이 게이터 테크Gator

Tech라는 스마트 홈을 처음으로 개발한 바 있으며, 이는 노인층을 겨냥한 스마트 홈 기술의 활용이라는 새로운 트렌드의 초기 단계로 이해할 수 있다.

요즘은 이 분야의 기술적 진보를 통해 기능과 활용의 단순화, 통합화, 저렴화, 대중화를 이끌어냈다.

예를 들어, 워싱턴 대학의 적응 시스템에 관한 선진 연구 센터는 '스마트홈 인 어 박스Smart Home in a Box'를 구축했다. 이는 문 열기나 주방 사용하기 같은 집안 내 움직임이나 활동을 탐지하는 30여 개 센서(감지기)로 구성된 '감시 및 관리' 네트워크다.

이러한 신기술의 활용 범위는 급속도로 넓어지고 있다. 급속 냉각 스토브가 있으면 더 안전하게 조리할 수 있고 화재 위험도 최소화할 수 있다. 슬립 트래커sleep tracker는 수면 상태를 모니터하며 관련 자료를 측정해준다. 건강 상태를 모니터하는 피트니스 트래커는 위험 상황을 미리 감지하여 적절한 조치를 취하게 하는 데 도움이 된다. 노인을 돌보는 사람이나 노부모를 둔 자녀들은 웹캠을 통해 노인이 생활하는 모습이나 이상 징후를 실시간으로 확인할 수 있다.

전미은퇴자협회AARP의 최근 조사에 따르면 노인의 90% 이상이 양로원이나 실버 타운 같은 노인 주거 시설로 가거나 가족과 함께 사는 쪽이 아니라 그냥 살던 곳에서 계속 살고 싶어 하는 것으로 나타났다. 즉, 노인은 '재가在家' 노후 생활을 원하고 있었다. 앞으로 이러한 바람을 실현시키는 것과 관련한 시장이 폭발적으로 성장할 것이다.

그리고 이러한 재가 노후 생활이 이미 어느정도 현실화한 만큼 나이가 든다는 사실을 긍정적으로 바라보는 긍정적 에이징 트렌드가 더욱 확대될 것이다.

이동성 확대

어디에서 사느냐의 문제는 차치하고라도 노인이 되면 가장 걱정 되는 부분이 이동성이다. 즉, 이동성이 떨어지다 보니 자유롭게 돌아다니거나 여기저기 여행하는 것이 여의치 않아서 그냥 한 곳에 죽 머물러 있게 된다. 언론에서는 아침 출근길 풍경을 바꿔 주는 자가 주행 자동차나 정교한 내비게이션 앱에 관해 떠벌인다.

그런데 노인층을 비롯하여 운전할 수 없는 사람들을 위해 이러한 기술을 활용한다면 그 가치와 영향력이 훨씬 커질 것이다.

자동 주행 자동차 외에 최근 혼다가 공개한 유니커브UNI-CUB나 판매가 급증하고 있는 아이오 호크IO Hawk (스케이트보드와 세그웨이가 결합된 형태의 전동 스케이트보드)가 인기를 끌면서 좀 더 쉽고 빠르게 이동할 수 있는 개인용 이동 수단에 대한 관심도 높아지고 있다.

이보다 크기가 좀 더 큰 기기도 있다. 우수 디자인상을 수상하기도 한 휠Whill ('인도人道의 테슬라'라고도 함)은 기존 휠체어에 기능과 미를 추가한 버전이라고 보면 된다.

앞으로 이러한 개인용 이동 수단 시장에는 더 많은 제품이 쏟아져 나올 것이다. 그랜드뷰 리서치Grand View Research는 최근 조사 결과를 바탕으로 2020년이면 이 시장의 규모가 80억 달러에 이를 것으로 내다봤다. 이처럼 개인용 이동 수단이 점차 증가하여 노인이 전보다 쉽고 편리하게 이동할 수 있게 되면 직장 생활을 하는 것도 용이해지므로 더 오래 그리고 더 많은 사람이 생산적인 기능을 수행할 수 있을 것이다.

귀중한 노인 인력

최근 들어 나이 든 근로자를 계속 근무하게 하거나 새로 채용하는 문제를 긍정적으로 고려하는 기업이 크게 증가했다. 금융 기업 바클레이즈Barclays, 디자인 회사 아이데오IDEO, 인텔Intel 등이 근로자의 정년을 늘리거나 50세 이상을 신규 채용하는 파격적인 프로그램을 선보였다. BMW는 최근에 바닥에 마루를 깐다든가 돋보기를 비치는 하는 등 나이 든 근로자의 생산성 향상에 도움이 되도록 조립 라인을 인체공학적으로 혁신하는 일에 힘을 쏟았다.

영화 〈인턴Intern〉에서도 나이 든 사람의 직장 복귀 이야기를 그리고 있다. 로버트 드니로와 앤 해서웨이가 열연한 이 영화에서 해서웨이가 분한 성공한 젊은 사장이 드니로가 분한 70세 노인을 인턴으로 채용한다. 영화 속 드니로의 모습은 노인 인력에 대한 새로운 관점을 선보였고 갓 시작한 스타트업이 성장하려면 나이 든 사람의 경험과 노련미가 필요하다는 생각을 다시 하게 했다.

그런데 직장 생활을 더 오래 하고 싶다거나 경력 단절 이후 재취업에 관심이 있다 해도 현실적으로 무엇을 어떻게 해야 할지 난감할 것이다. 이럴 때 도움이 되는 곳이 있다.

일례로 '재취업' 컨설팅 기업인 아이리런치iRelaunch는 재취업 희망자를 대상으로 취업 알선, 리턴십(경력직 인력의 직장 복귀 프로그램), 전략적 자원 봉사(무급 자원봉사 활동을 통해 유급직 복귀를 노리는 것) 등의 서비스를 지원한다. 이러한 활동을 하는 조직의 웹 사이트에는 노인을 채용할 의사가 있는 기업의 목록이 올라와 있는데 이들 기업은 의미 있는 일을 하고 싶어 하는 사람을 찾는다고 한다.

'의미 있는 일'이 화두가 되자 앙코르Encore.org처럼 노인들이 자신의 기술과 경험을 살려 사회적으로 유익한 일을 할 수 있게 도와주는 기업이 큰 인기를 얻고 있다. 브랜드 컨설턴트 톰 애건Tom Agan은 〈뉴욕타임스〉에 게재한 칼럼에서 혁신가는 나이가 들수록 혁신 능력이 출중해진다고 주장했다. "기업이 정말로 혁신을 원한다면 퇴직금 제도나 잔류 보너스 조항을 손볼 필요가 있다. 그것도 근로자의 평균 연령을 낮추는 쪽이 아니라 높이는 쪽으로 방향을 잡아야 한다."

노인 기업인

기존 기업에서 일하거나 재취업하는 추세와 맞물려 직접 창업 대열에 나서는 50세 이상의 인구가 늘고 있다. 위험 회피 쪽에 무게를 두는 독일 국민 정서상 나이가 든 후에 창업을 꿈꾸는 것은 독일 사람이 선호할 일이 아닌 것처럼 보인다. 그런데 (독일 조사기관 KFW의 자료에 따르면) 일본 다음으로 고령화 문제로 골머리를 앓는 독일에서 신규 창업자 10명 중 1명이 55세 이상이라고 한다.

2014년에 미 상원이 시니어 앙트레프레너십 웍스Senior Entrepreneurship Works의 창업자 엘리자베스 이젤Elizabeth Isele 같은 전문가들을 패널로 초빙하여 노인 창업을 주제로 청문회를 개최한 것만 봐도 이러한 트렌드가 그냥 휙 지나가는 흐름은 아님을 알 수 있다. 이 자리에서 한 상원 의원이 해당 위원회에 뭔가 권유할 사항이 없느냐고 묻자 이젤은 이렇게 답변했다. "고령화에 대한 지금까지의 비관적이고 암울한 자세를 버리고 노인은 이 사회의 짐이 아니라 귀중한 자산이라는 사실을 깨달아야 할 때다. 노인은 황금 알을 쏟아내는 우리 사회의 '희망'적 존재다."

　이렇듯 이젤은 노인을 사회적 문제가 아닌 하나의 기회로 인식하고 있다. 다시 말해 노인에게 다시 직장으로 돌아가거나 창업할 기회를 제공한다면 노령화는 '걱정'이 아닌 '희망'으로 바뀌게 될 것이다.

버킷 리스트 실행하기

물론 나이를 먹는 것의 가장 큰 장점 가운데 하나는 더는 일을 안 해도 되니 남은 시간을 여행이나 기타 좋아하는 일을 하면서 보낼 수 있다는 점이다.

　노년층이 이른바 '버킷 리스트'를 실행한다는 차원에서 대거 여행에 나서고 있다. 주요 여행사의 조사 결과를 보면 노인 대상 관광에서 웰빙 관광 부문이 급속한 성장세를 나타내고 있다고 한다. 여행에서 돌아와서도 피로감 없이 정신적으로 뿐 아니라 신체적으로도 더 활기찬 기분을 느끼고픈 사람들이 많아졌기 때문이다.

　그리고 경제적 여유가 있는 노년층 사이에서 호화 여행이 인기를 끈 것은 어제 오늘의 일이 아니다. 게다가 이렇게 여유가 있는 층에서는 가족 여행을 떠나는 경우도 꽤 많다. 그래서 이럴 때는 한두 명이 아니라 대규모로 움직이는 일이 생긴다.

　의료 관광도 인기를 누리고 있다. 금전적 및 시간적 조건에 맞춰 최상의 서비스 경험을 누리려는 적극적인 노년층이 늘어난 것이 여기에 한몫했다.

　이처럼 다양한 관광 유형과 소셜 미디어를 통해 가족과 여행 경험을 공유할 수 있게 된 것도 나이가 들어가는 것을 긍정적으로 바라보는 트렌드의 확산에 기여한 측면이 있다. 마음껏 여행을 떠나볼 시간도 있고 돈도 있다. 원한다면 다시 일을 할 수도 있다. 지금까지 살던 집에서 편하게 노후를 즐길 수도 있다. 기술이 발달하면서 다양한 이동 수단이 등장하여 가고 싶은 곳을 마음대로 갈 수도 있다. 이 정도면 나이가 드는 것을 긍정적으로 바라볼 이유가 충분하지 않은가!

이 트렌드의 중요성

세계 인구가 증가하고 사람들의 수명이 전보다 늘어났기 때문에 인구통계학적 측면에서 변화가 일어나고 있는 것만은 분명하다. 인생 제2막, 경력 활용, 인생 후반전 등 그것을 무엇이라 부르든 간에 중요한 사실은 다음 세대쯤 되면 그때의 노년층은 지금이나 과거의 노년층과는 많이 다를 것이라는 점이다. 그리고 지금의 젊은 세대도 바로 그러한 미래를 기대하는 것이다.

기술 발달, 노인의 가치에 대한 재조명, 이들의 능력과 경험을 현장에서 활용하는 방법에 대한 관심 증가, '노년 기업인'의 증가, 사회적 문제를 해결하는 데 노인의 능력과 기술이 필요해진 상황 등 긍정적 에이징이라는 트렌드가 세상 변화를 주도하리라 예상하는 이유는 차고도 넘친다.

이 트렌드는 누구에게 도움이 되는가?

예전에는 노인층을 겨냥한 제품이 따로 있었고, 특별히 노인을 일반 소비자로 여기는 분위기는 아니었다. 그러나 앞으로는 이러한 태도에 큰 변화가 생길 것이다. 그동안 업계에서 노인층 소비자의 구매력을 과소평가해왔다는 점을 슬슬 깨달아 가고 있기 때문이다. 제품 공급자든 서비스 제공자든 간에

'긍정적 에이징' 트렌드와 관련한 가장 중요한 사실은 인구통계학적 측면에서 자사 비즈니스에 큰 도움이 될 인구 층을 소홀히 해서는 안 된다는 것이다.

또 나이가 듦을 긍정적으로 인식하는 경향은 긍정적 상호 작용으로도 이어지며 이러한 긍정적 분위기는 소비자와의 소통 및 마케팅에도 그대로 반영된다. 그러므로 이러한 정서를 이해하고 이 트렌드를 전략적으로 활용하는 것이 매우 중요하다.

이 트렌드를 활용하는 방법

★ 노년층 근로자를 활용하는 프로그램을 만들라

긍정적 에이징의 하위 트렌드로 '노인 인턴십'을 설명한 바 있다. 상대적으로 '인생 경험'이 풍부한 노인을 인턴으로 채용하여 아직 경험이 부족한 젊은 사람에게 그동안의 경험과 기술, 노하우를 전수하는 것도 좋은 방법이다. 노인 근로자한테서 실무 지식을 전수받을 방법을 찾아 실행하는 과정에서 노인 근로자에 대한 생각이 바뀔 수 있고, 젊은 층의 능력 향상에도 큰 도움이 될 것이다. 또 조직이 골머리를 앓던 문제에 대해, 그동안 까맣게 잊고 있었던 그러나 아주 효율적이었던 그래서 여전히 가치 있는 과거의 해결책을 다시 끄집어내 이를 재활용할 기회를 얻을 수도 있다.

★ 시각적 차원의 노인 이미지에 대한 편견을 버려라

몇 년 전부터 기업은 이미지의 다양성을 놓치는 일이 없도록 하는 데 특별히 신경을 썼다. 그래서인지 요즘은 사람들이 주가 되는 조직의 스톡 이미지[15] 마다 마치 특정 인종을 하나 빼놓으면 큰일이라도 나는 듯 다양한 인종과 함께 이미지의 다양성을 추구한다는 점을 확인할 수 있다. 그런데 안타깝게도 '노소老少'에 관한 한 이러한 원칙이 홀대받는 것 같다. 즉, 인종의 다양성은 신경 쓰고 있는데 연령의 다양성 부분은 그렇지 못하다. 다양한 인종이 섞여 나오듯 다양한 연령층이 섞여 나와야 하는데 현실은 아직 그렇지가 않다. 노인 소비자의 이미지라고 하면 기껏해야 의약품 광고에 나오거나 그저 자식과 손자 손녀를 엄청나게 예뻐하는 모습으로만 그려진다. 앞으로는 노인의 이미지에 대한 이러한 고정 관념을 깨고 일상생활 속에서 젊은이와 늘 함께하는 모습으로 그려낼 필요가 있다.

★ 노인의 말을 귀담아 들어라

30대쯤 되면 너나 할 것 없이 남을 말을 귀담아 듣기보다 일단 행동에 나서려는 경향이 강해진다. 그리고 이러한 경향은 40대, 50대에도 죽 이어진다. 나이가 들면 남에게 묻는 일보다 남의 질문에 답해주는 일이 더 많아진다. 그러나 남의 말에 귀 기울이다 보면 뭔가 배우는 것이 있다. 노인 세대와의 상호 작용의 출발점은 바로 '경청'이다. 나이 든 사람의 말을 귀담아 듣는 일에서 노소간의 긍정적 소통은 시작된다. 나보다 오래 산 사람들이 자신의 인생 경험에서 얻은 삶은 지혜를 들려 줄 때 여기에 귀 기울이는 것은 결코 시간을 낭비하는 일이 아니다.

---

15 stock image, 상업적인 상품이나 광고 등에 들어가는 이미지의 소스로 활용될 수 있는 사진

B2Beyond
비투비언드 마케팅

다른 기업을 상대로 하는 B2B 기업이 자사 제품이나 서비스를 구매하는 기업 고객도 '구매자이기 이전에 사람'이라는 관점에서 휴머니티를 강조하는 식의 좀 더 효율적인 마케팅에 초점을 맞추고 있다.

B2B 기업의 대표적인 예가 바로 시스코 코퍼레이션Sysco Corporation이다. 시스코는 1970년 이후로 레스토랑, 의료 기관, 기타 외식 업체 등에 식자재를 공급해온 업계 최강자다. 2014년 당시 시스코의 매출 규모는 460억 달러를 넘었으며 5만 여 명의 직원이 전 세계 고객 42만 5,000명에게 서비스를 제공한다.

대다수 B2B 기업이 거의 그렇듯이 시스코의 마케팅도 상품 전시회를 후원하고, 식품 업계 관련 잡지에 지면 광고를 내고, 영업 사원이 담당 지역 내 레스토랑을 방문하는 등에 초점을 맞추고 있었다. 또 여느 B2B 기업처럼 시스코 역시 영향력이 큰 집단을 겨냥한 마케팅에 초점을 맞췄다. 적어도 2013년까지만 해도 시스코는 이상과 같은 마케팅 전략 틀 안에서 움직였다. 그러나 2013년부터 변화를 꾀하기 시작했다.

2013년에 시스코는 레스토랑 리모델링 프로그램인 〈레스토랑 : 임파서블Restaurant: Impossible〉로 유명한 TV 채널 푸드네트워크Food Network와 손잡았다. 이를 계기로 이 프로그램의 간판 셰프 로버트 어빙Robert Irvine은 시스코의 공식 홍보 대사 역할을 하게 됐다. 어빙은 방송을 하는 내내 기회가 있을 때마다 식자재의 중요성을 거듭 강조했고, 시청자는 형편없는 레스토랑이 일류 레스토랑으로 탈바꿈하는 데 이 식자재가 얼마나 중요한 역할을 하는지에 자연스레 관심이 쏠리게 됐다.

프로그램은 레스토랑의 변신 '전'과 '후'를 보여주는 것으로 진행된다. 일단은 변신 전 엉망인 상태의 레스토랑의 모습이 그려진다. 냉장고 안에는 썩은 우유와 오래 돼서 누렇게 뜬 청과물이 들어 있다. 주문 처리도 제대로 되지 않고 주방 내 동선도 엉망이다. 한마디로 무엇 하나 정돈된 것 없이 우왕좌왕 정신이 없다. 그래서 어빙은 식자재 공급을 담당하는 파트너 시스코와 함께 문제가 되는 부분을 하나하나 고쳐 나간다.

이와 같이 시스코의 식자재 공급 서비스와 TV 프로그램의 접목은 브랜드 통합의 좋은 예다. 그렇기는 하나 이것이 무슨 실익이 있을까 싶을 것이다. 〈레스토랑 : 임파서블〉을 시청하는 대다수가 일반인일 테고 그러니 시스코와 직접 거래할 일은 없을 것이다. 물론 시스코의 잠재 고객이라 할 레스토랑 주인은 이 프로그램을 즐겨 시청한다. 푸드네트워크 시청률 자료를 보면 보통은 죽은 시간대로 생각되는 새벽 4시가 하루 중 시청률이 가장 높은 시간대에 속해 있었다. 레스토랑은 보통 밤늦게까지 영업을 해야 하므로 레스토랑 운영자들은 그때가 집에 와 휴식을 취하는 시간이라서 그런 결과가 나왔을 수 있다. 조사 결과 레스토랑 운영자의 70% 이상이 일주일에 적어도 한 번은 푸드네트워크 프로그램을 시청한다고 한다. 이러한 자료가 이 같은 추측을 뒷받침한다.

그런데 대다수 일반 소비자가 시스코를 접할 가능성은 고속도로를 달리다가 옆에서 같이 달리는 시스코 트럭을 보는 것 정도다. 이때가 시스코라는 '브랜드에 대한 소비자 경험'이 일어나는 유일한 순간이다. 그런데도 시스코는 업계 전문 미디어에 국한된 마케팅 틀에서 벗어나 '비투비언드B2Beyond', 즉 기업 간 거래를 넘어선 마케팅이라는 새로운 원칙의 실례를 남겼다. 비투비언드 마케팅은 '구매자이기 전에 사람'이라는 대원칙을 바탕으로 '사람' 그리고 소통의 '방식'에 더 초점을 맞추는 것이다.

상상을 현실로 만들다

통상적으로 B2B 마케터는 다음과 같은 기본적인 문제를 해결하는 데 초점을 맞춰왔다. 즉, 정확한 정보를 바탕으로 정확한 시점에 표적 고객에게 정확하게 도달할 수 있는 가장 좋은 방법을 찾아내는 일이다. 지면 광고(최근에는 디지털 광고)를 포함한 업계 출판물이나 매체를 통해 문제를 해결하기도 한다. 업계 행사를 통해 구매자와 판매자 네트워크를 형성하고 상품 전시회나 관련 회의를 여는 방식으로 해결책을 찾기도 한다.

제너럴일렉트릭General Electric, GE은 이 두 가지 책략을 병행한다. 그런데 2015년 들어 이 틀에서 벗어나 새로운 고객 접근 방식을 찾는 일에 몰두하여 업계의 주목을 받았다. 이러한 변화는 아주 단순한 그러나 자주 망각하는 중요한 사실을 토대로 한 것이다. 즉, B2B 구매자인 기업 고객도 구매자이기 전에 사람이라는 사실이다.

그런데 지금까지 B2B 마케팅 부문에서는 이 자명한 사실을 외면해왔다.

대개 B2B 기업은 기업 고객이라는 훨씬 전문적 집단을 대상으로 훨씬

'중요한' 제품을 판매해야 하기 때문에 전략적으로 '구매자'에 더 초점을 맞추는 방식을 택할 수밖에 없다고 말한다. 2013년에 슈퍼볼 경기 도중 정전이 발생했을 때 오레오가 그랬던 것처럼 재미있는 유튜브 동영상이나 슈퍼볼 경기를 보는 사람을 겨냥하여 트위터에 '정전에도 오레오 과자를 우유 속에 던져 넣을 수 있어요!'라는 문구를 올리는 것으로 큰 광고 효과를 볼 수 있다. 오레오 과자 같은 단순한 제품이라면 말이다. 그러나 '기업 소프트웨어' 같은 급이 다른 제품이라면 이야기는 완전히 달라진다. 그런데 지난 몇 년 동안 GE는 이러한 마케팅 관행을 바꿔나갔다. 나는 GE를 '소셜 미디어 환경을 가장 전략적으로 활용한 브랜드'라 칭한 적이 있다. 그리고 운 좋게 한 행사를 진행하면서 만난 GE의 최고마케팅책임자CMO 베스 컴스톡Beth Comstock 과 B2B 마케팅에서의 스토리텔링의 역할에 관해 의견을 나눴다. (이 책의 부록에 있는 '브랜드 스토리를 만드는 방법'을 참고하라.)

현재 GE 마케팅의 핵심은 바로 '사람 혹은 휴머니티'이다. 예를 들어, 2015년에 공개된 TV 스팟 광고[16]에서는 '휴머니티를 강조하는 GE'라는 측면에 초점을 맞췄다. '어린아이 같은 상상력Childlike Imagination'이라는 주제로 진행된 이 영상물에는 어린 여자 아이가 나와서 자신의 엄마가 GE에서 무슨 일을 하는지를 말하는 내용이 담겨 있었다. GE는 직원의 조직 몰입도를 높인다는 차원에서 실제 직원의 자녀를 출연시켜 부모가 하는 일을 상상해 보게 했다. '오웬에게 대체 무슨 일이?What's the matter with Owen?'라는 시리즈 광고에는 대학 졸업 후 취직에 성공한 한 청년이 나온다. 들뜬 마음으로 자신이 GE에 프로그램 개발자로 취직했다고 말했는데 친구들의 반응이 영 실망스럽다. "뭐야, 그럼 기차를 타고 일하는 거냐?" 그리고 이 광고는 다음과 같은 문구로

---

16 '반짝 광고'라고도 하는 프로그램 중간에 삽입되는 짤막한 광고

끝맺음한다. "GE는 디지털 기업이다. 물론 산업(제조) 기업이기도 하다."

앞으로도 GE는 계속해서 인간적인 부분에 초점을 맞출 것이다. 이와 관련하여 GE 글로벌 크리에이티브 디렉터인 앤디 골드버그Andy Goldberg는 이렇게 말했다. "사람들이 우리가 정말 놀랍고 대단한 일을 하고 있다고 느끼게 하는 이야기를 계속 만들어낼 것이다." GE가 이 분야의 선두 주자인 것은 분명하나 다른 B2B 기업 역시 인간적인 부분을 부각하는 창의적 이야기를 만드는 쪽으로 방향을 잡고 있다. 정말 의외다 싶은 기업 중에도 이와 똑같은 전략을 구사하는 곳이 있다.

중장비 업체의 아름다운 시도

중장비 제조업체 캐터필러Caterpillar가 내놓은 영상물이 하나 있었다. 이 영상에는 자사 시험소Caterpillar Testing Facility에서 캐터필러의 중장비 Cat 320E, Cat M316D 등이 한데 모여 젠가 게임을 하는 장면이 담겨 있었다. 이 중장비들이 마치 젠가 게임을 하듯 나무토막 더미가 무너질 때까지 개당 약 272킬로그램짜리 나무토막을 빼서 쌓아올리는 모습이었다. 이 동영상은 하루 300만 이상의 조회수를 기록하며 급속히 번져나갔다.

캐터필러의 글로벌 브랜드 크리에이티브 디렉터인 아치 라이언즈Archie Lyons는 이렇게 말했다. "우리는 〈포천〉지 선정 세계 500대 기업에 속하는 대기업이다. 그러나 대중의 인식이 좀 아쉬웠다. 그래서 사람들의 일상생활과 별 상관없는 무미건조하고 보수적인 조직이라는 기존의 이미지에서 인간적이고 친근하며 다가가기 쉬운 기업이라는 이미지로 바꾸고 싶었다."

이 영상은 이 같은 목적에 걸맞은 결과물이었다. 그러나 같은 B2B 업계 내에서는 비판의 목소리도 만만치 않았다. 기업 고객이라면 모를까 일반인이 이런 영상을 보는 것이 무슨 도움이 되겠느냐는 것이었다.

그러나 이 광고의 잠재적 효과를 분석한 자료는 이 같은 회의론을 일축하기에 충분했다. "캐터필러는 잠재 고객을 상대로 한 적극적인 영업 활동 없이도 괄목할 만한 판매고를 올렸다. 역동적이며 극적인 방식으로 제품의 우수성을 증명함으로써 브랜드에 대한 신뢰도를 향상시켰다."

라이언즈는 이러한 전략의 잠재적 가치를 설명하면서 다음과 같이 주장했다. "업계의 통상적 고객 범주를 넘어 더 많은 사람에게 다가가는 것이 목적이었다. 젠가 게임을 좋아하는 10대 소년이 이 영상을 보고 엄마나 아빠 혹은 삼촌에게 이야기를 할 수도 있지 않은가! 이 사람들이 혹시 건설업에 종사하는 사람이라면 이들이 바로 우리의 잠재 고객이 되는 것이다."

다시 말해, 이러한 전략의 가치는 입소문에서 나온다. 사람들의 입을 통해 '긍정적' 이야기가 퍼지면 해당 기업에 대한 이미지나 평판이 좋아지고 이것이 결국은 구매 행동으로 이어질 수 있다. 물론 이상의 사례를 보면 인간적인 부분에 호소하는 전략은 그 결과나 가치를 정확히 수량화하는 문제도 그렇고 결코 쉽지 않은 선택인 것만은 분명하다.

콘텐츠 마케팅의 효과

최근에 만났던 콘텐츠 마케팅 연구소Content Marketing Institute, CMI의 설립자 조 풀리치Joe Pulizzi 역시 '이야기'를 화두로 하는 마케팅 전략의 영향력에 공감을 표했다. 조사에 따르면 B2B 마케터 가운데 자사가 콘텐츠 마케팅 전략을 효과적으로 구사한다고 보는 사람은 전체의 30%밖에 안 됐으며 이는 전년도 대비 8%나 감소한 것이다. 그런데 이들 마케터 가운데 자사가 콘텐츠 마케팅 전략을 보유하고 있고 이 부문에 투자도 한다고 답한 사람이 83%나 된다. 이들 마케터 모두가 콘텐츠 마케팅의 효과를 확인하려 하면서도 대다수가 너무 빨리 포기하고 마는 이유가 대체 무엇일까?

여기에는 여러 가지 이유가 있겠으나 아마도 콘텐츠 소비 대상(청중)을 두 집단으로 나누려는 자세에서 비롯된 측면이 크다고 본다. 요컨대 이들은 청중을 잠재적 고객과 그 이외 사람으로 구분하려는 경향이 매우 강하다. 그런데 이렇게 하면 업계에 큰 영향력을 발휘하는 유력 인물을 표적 대상에서 배제하는 우를 범할 수 있다. 이들이야말로 잠재적 B2B 고객인데 이들을 배제하고 무슨 큰 이득을 기대할 수 있겠는가!

볼보Volvo는 2014년 슈퍼볼 경기 방송 때 화물차의 '다이내믹 스티어링'을 강조하는 광고를 내보냈다. 배우 장 클로드 반담이 나란히 주행하는 두 화물차 사이에서 저 유명한 '다리 찢기' 신공을 보여줌으로써 일반 대중에게 이 차량의 뛰어난 조향 성능과 함께 볼보에 대한 이미지를 제고하려는 데 목적이 있었다. 이 광고는 기업 고객을 대할 때 구매자로서의 고객보다는 사람으로서의 고객이라는 측면에 더 초점을 맞추는, 즉 '구매'보다 '고객', 즉 '사람' 요소를 우선시하는 이른바 비투비언드 트렌드의 완벽한 사례다.

건설업 부문에서의 비투비언드

처음부터 이러한 '이중 표적 문제'에 주목했던 업종이 바로 건설업이다. 건설업 전문 매체 핸리우드Hanley Wood는 2015년도 최고 마케팅 브랜드를 선정했는데 여기서 마빈 윈도우 앤드 도어즈Marvin Windows and Doors가 '브랜드 빌더상' 부문에서 '올해의 마케터'로 뽑혔다. 핸리우드의 CEO 피터 골드스톤Peter Goldstone은 '광고의 응집력, 적절한 플랫폼, 환상적인 결과' 등을 거론하며 마빈 윈도우즈의 혁신 노력을 치하했다.

경쟁이 치열한 주거 및 상용 건축물의 설계 및 건설 업종에 종사하는 기업 대다수가 그렇듯이 마빈 윈도우가 내놓은 '빌트 어라운드 유Built Around You' 광고는 전통적 기업 고객뿐 아니라 일반 소비자와의 직접적 소통에도 초점을 맞췄다. 다른 업종도 물론 그렇겠으나 건설업의 기업 고객이라 할 부동산 중개업자는 일반 소비자의 선호도와 취향의 영향을 크게 받으며 그 반대도 역시 마찬가지다.

유리 제조사 PPG는 유리와 창에 대해 설명하는 내용을 담은 광고 영상을 내보냈다. 머릿속에 콕 들어와 박히는 '글렌 더 글래스 가이Glenn the Glass Guy'라는 이름의 캐릭터가 올바른 유리창 선택 방법과 함께 제조 기술별 유리의 내열 강도의 차이를 비교하는 장면이 나온다. 이 영상은 상세하면서도 같은 업계 종사자라면 모를 리 없는 아주 기본적인 내용으로 구성돼 있다. 유리에 대해 잘 모르는 일반 소비자도 전처럼 겁내지 않고 제품을 한번 구매해볼까 하는 생각이 들 수 있게 하려는 것이다.

주택업계 전반에서 확인할 수 있는 이 같은 경향은 소비자에 대한 업계의 시각 변화와 함께 기업 고객과 일반 주택 구매자 모두를 겨냥한 통합 콘텐츠와 메시지의 개발을 토대로 한 새로운 유형의 마케팅 모형의 개발로 이어지고 있다.

시간이 지나면서 이러한 추세가 가속화하면 이와 같은 이중 표적의 문제는 결국 비투비언드 개념으로 수렴할 것이다.

이 트렌드의 중요성

비즈니스마케팅협회Business Marketing Association 회의에서 모두冒頭 발언자로 나선 구글의 마케팅 디렉터 짐 레신스키Jim Lecinski는 밀워드 브라운Millward Brown의 최근 조사 결과를 소개했다. 이 조사 결과의 핵심은 B2B 고객의 46%가 밀레니얼 세대라는 사실이다. 마지막 조사가 이루어졌던 불과 2년 전에는 27%였던 것이 단기간에 이렇게 증가한 것이라고 한다.

또 지난 2년 동안 온라인 상품 검색은 두 배로 증가했으나 고객이 구매 브랜드로서 염두에 둔 기업의 수는 급격히 감소한 것으로 나타났다. 다시 말해 고객은 온라인 콘텐츠를 참고로 좀 더 신중하게 거래 대상 기업을 선별하게 되고 결과적으로 '구매 고려 목록'에 올리는 기업의 수도 줄어들었다.

이렇게 구매 고려 기업 목록이 축소된 만큼 B2B 기업이 잠재 고객의 레이더망에 들어가려면 이전과는 다른 마케팅 방식이 필요할 것이다. 더 정확히 말하자면 비전통적인 새로운 매체를 활용하여 젊은 층에 호소할 수 있는 방식이어야 한다. 그러므로 B2B 마케팅의 미래는 더 나은 콘텐츠를 개발하고, 한때 B2C 기업의 전유물로 여겨졌던 전략이나 방법을 활용하고, 인간적인 부분에 초점을 맞춰 고객과 신뢰를 구축하는 것에서 찾아야 할 것이다.

이 트렌드는 누구에게 도움이 되는가?

B2B 기업은 이러한 트렌드를 참고로 인간적인 요소에 초점을 맞춘 마케팅 및 소통 전략을 개발할 수 있다.

이 트렌드를 활용하는 방법

★ 기본에 충실하라

전통적인 B2B 마케팅 틀에서 벗어나려 해도 전달하려는 메시지가 복잡해서 그것이 여의치 않다. 동종 업계 고객이라면 모를까 업계에 관해 아는 것이 별로 없는 '일반인'을 상대로 대체 무엇을 어떻게 설명할 수 있을까? 그러나 볼보는 사람들이 자사가 선전하고자 하는 '다이내믹 스티어링' 기능이 무엇인지 알든 모르든, 더 나아가 사람들이 그 부분을 신경 쓰든 말든 개의치 않았다. 그리고 아주 기본적인 사실, 즉 볼보의 기술력으로 놀랄 만큼 부드러운 운전이 가능해졌다는 사실을 전달하는 데 주안점을 뒀다. 유명 액션 배우가 바퀴 18개짜리 대형 화물차 두 대 사이에서 양다리를 벌린 채 균형을 유지하며 주행하는 모습을 보고 사람들은 볼보가 무슨 말을 하고 싶어 하는지를 정확히 이해할 수 있었다.

★ 헛수고하는 것이 아닐까 하는 두려움에서 벗어나라

더 많은 사람을 겨냥한 콘텐츠와 마케팅 전략이라도 사람들이 그것에 관심이 없으면 아무 소용없다고 생각하기 쉽다. B2B 기업이 주로 업계 매체를 활용하여 광고를 하는 이유는 그 내용을 일반인은 이해하지 못하리라는 우려 때문이다. 시스코가 푸드네트워크와 손잡았을 때 레스토랑 주인이 아닌 대다수 사람이 그 프로그램을 시청할 것이냐 말 것이냐 하는 부분은 개의치 않았다. 그리고 고객이 알아줬으면 하는 메시지(우리는 신선한 식재료를 공급할 수 있다!)를 전달하는 일에만 초점을 맞췄다. 그래서 표적 대상이 그 메시지를 이해했다면 나중에라도 필요할 때 시스코의 문을 두드릴 것이라 기대했다.

Personality Mapping
성격 지도

시선 추적 같은 행동 측정 도구로 성격을 나타내는 상세 지도를 만드는 것이다. 기업은 마음이 맞는 혹은 성격이 비슷한 사람을 한데 묶음으로써 '근본적인 변화'를 이끌어내는 전환 학습을 촉진하고 유대감을 증대시키는 데 이러한 정보를 활용할 수 있다.

지난 70년 동안은 장래 직업을 선택하는 데 참고하기 위해 실시하는 직업적 성검사를 토대로 한 성격 평가 방식이 주를 이뤘다. 마이어-브릭스 성격 유형 지표Myers-Briggs Type Indicator, MBTI는 네 쌍의 성격 요소를 상호 조합하여 총 16개의 성격 유형을 만들어낸다. 이런저런 비판이 늘 따랐음에도 MBTI만큼 시간의 검증을 받은 검사법도 흔치 않으며 그래서 지금도 여전히 널리 사용되고 있다.

그런데 새로운 검사 방법이 등장하면서 업계의 주목을 받기 시작했다. 이는 광고 대행사 출신 샐리 호그셰드Sally Hogshead가 자신의 저서 《세상을 설득하는 매혹의 법칙Fascinate》에서 소개한 일곱 가지 매혹 요소를 바탕으로 개발한 것이다. 그 일곱 가지 요소는 열정passion, 힘power, 명성prestige, 신비mystique, 경계 및 민첩alert, 혁신innovation, 신뢰trust 등이다. 호그셰드는 최신 작인《세상은 당신을 어떻게 바라보는가How The World Sees You》에서 이 방법을 소개했다. 이미 정리한 일곱 가지 매혹 요소를 조합하여 총 49가지 성격 유형을 만들었고 개인의 성격 특성을 확인할 수 있는 세부 문항을 만들어 이에 대한 반응을 토대로 이 가운데 어떤 유형에 속하는지를 판단하게 했다.

각 성격 유형은 1차 장점과 2차 장점으로 구성되며 이 두 가지 요소를 조합하여 '장인형' 혹은 '트렌드 주도형' 등으로 표현되는 하나의 성격 특성 이 완성된다. 저자는 각자의 성격 유형을 확인하는 방법을 제시하고 이를 어 떻게 활용하는지도 설명한다. 이러한 성격 평가 도구가 인기를 끈다는 자체 가 자신에 관한 것은 물론이고 주변에 있는 다른 사람의 동기 요소를 제대로 파악하고 싶은 욕구가 강하다는 사실을 반증하는 것이다.

기존의 성격 평가는 설문지나 검사 문항에 대한 반응을 분석하여 미리 정해진 성격 범주에 끼워 넣으면 그것으로 그만이었다. 그러나 요즘은 온라 인상에서의 사회적 관계에 관한 자료가 넘쳐나고 온라인 행동 추적 장치가 모든 상호 작용을 측정할 수 있는 세상이다. 따라서 성격 평가와 그 결과를 다른 방식으로 활용하는 길이 열렸다.

새롭게 등장한 성격 지도를 활용하면 우리는 자신에 대해 더 잘 알 수 있 게 되는 것은 물론이고 비즈니스에도 활용 가치가 높다. 즉, 기업은 인구통 계학적 자료가 아니라 성격 유형과 행동 경향에 관한 정보를 바탕으로 더 효 과적인 표적 메시지를 구상할 수 있을 것이다.

'성격 지도'는 한 개인의 성격을 규정하는 것이 아니라 인간의 성격 원 형原型을 이해하고 이 원형을 기준으로 수천 혹은 수백 명을 한 집단으로 분 류하여 관리하는 데 목적이 있다.

이러한 추세가 진행되면 교육 부문에서 그 진가가 발휘될 것이다. 성격 유형에 따라 맞춤형 학습이 가능해지고 따라서 학습의 효과가 극대화될 수 있다. 또 관광업계에서도 취향이나 기질이 비슷한 사람을 한데 묶어 서비스를 제공하면 훨씬 나은 결과를 기대할 수 있다. 그리고 기업에서는 팀별 작업에 동기를 부여하거나 직원 모집 및 채용 과정에서 이 '성격 지도'를 활용할 수도 있다.

그런데 이 성격 지도를 실제로 활용하려 할 때 문제가 되는 것은 이 성격 지도가 얼마나 정확한가 하는 점이다. 이 문제에 대한 해답을 찾기 위해 우선 이러한 성격 지도 작성의 기술적인 부분부터 먼저 살펴보도록 하자. 요컨대 이러한 기술의 핵심은 바로 '표정 파악'에 있다.

성격을 들여다 보는 창

할리우드 영화 〈마이너리티 리포트Minority Report〉를 기억할 것이다. 이 영화 덕분(?)에 앞으로 맞춤형 광고라는 명목으로 시선 추적gaze tracking 기술을 다소 악의적으로 활용하는 기업이 나오리라 생각하는 사람들이 많다. 사실, 애초에 시선 추적 기술은 상업적 이유에서 비롯된 것은 아니었다.

예를 들어, 2009년에 스코틀랜드에서 사람들이 어떻게 위협을 지각하는지를 알아보기 위한 시선 추적 실험 결과 사람들은 위협적인 표정이나 신체 동작에 더 빠르게 반응한다는 이른바 '투쟁-회피 이론'이 확증됐다. 좀 더 최근 연구에 따르면 안구 운동을 관찰한 결과를 어린아이의 자폐증이나 난독증 같은 증세를 진단하는 데 활용할 수 있다고 한다. 물론 이후로 시선이나 표정을 추적하는 기술을 상업적으로 활용하는 일이 많아진 것은 사실이다.

가장 대표적인 사례로 마이크로소프트의 특허 기술을 들 수 있다. 마이크로소프트는 2012년에 키넥트Kinect 게임 시스템에 탑재된 시선 추적 기술로 특허를 받았다. 앞으로 관련 연구가 진행되면 시선 추적과 '표정 인식' 기술을 종합하여 우리가 행하는 세부적 행동의 의미를 더 정확히 파악할 수 있게 될 것이다. 그렇게 되면 표정이나 감정 정보를 토대로 군중 속에서 개인을 인식하는 일이 가능해질 것이다.

물론 표정 인식 기술로 사람들의 신원을 확인하는, 수사 과정에서나 있을법한 이러한 일은 좀 심하게 말하면 '빅브라더의 부활'을 염려할 정도의 윤리적인 문제를 야기할 가능성이 농후하다. 그러나 이러한 기술은 정부의 감시와 사회 통제에 대한 우려를 불식시킬 만큼의 가치가 충분히 있다.

완벽한 성격 지도를 완성하는 일이 정말로 가능하다면 이 지도를 다양한 부문에서 활용할 길이 열린다. 일단은 교육 부문이 이 지도의 가장 큰 수혜자가 될 것이다. 이 지도를 바탕으로 아동이나 성인의 학습 능력 향상에 도움이 되는 새로운 방법을 고안할 수 있다.

이 세상에서 가장 진화된 학교

지난 몇 년 동안 교육계에서 가장 빠르게 성장한 부문 가운데 하나가 온라인 공개강좌인 이른바 '무크Massively Open Online Courses, MOOCs'였다. 무크는 전통적인 교육 및 학습 모형을 강화 혹은 대체하는 데 도움을 준다. 이 강좌를 듣는 사람들이 증가하면서 학습에 관련된 자료가 양산되고 있다.

예를 들어, 지난 2년 동안 교육 웹 사이트 에드엑스edX에서 제공하는 70여 개 강좌를 100만 명 이상이 수강했다. 그리고 이 많은 수강생이 10억 회

이상의 조회수를 기록하며 자신들의 학습 활동에 관한 정보를 남겼다.

코세라Coursera 사이트에서 가장 인기 있는 수학 강좌가 바로 짐 파울러 Jim Fowler가 강의하는 미적분 강좌다. '무큘러스MOOCulus'라는 애칭으로 불리는 이 강좌는 오하이오 주립 대학 수학과 교수 파울러가 풍선이나 막대 모양 인형을 소도구로 활용하여 그 어려운 미적분을 아주 재미있게 가르친다.

이러한 온라인 강좌가 시사하는 바는 무엇인가? 미래의 교육은 정기적 시험을 통해 성적을 관리하는 것이 아니라 학습 성향을 토대로 한 개인 맞춤형 학습 경험 창출에서 돌파구를 찾아야 한다.

이러한 취지에 가장 부합하는 학교가 바로 샌프란시스코에 있는 알트스쿨AltSchool이다. 구글의 임원(개인화 담당 책임자)이었던 맥스 벤틸라Max Ventilla가 설립한 알트스쿨은 구글에서 사용했던 첨단 자료 수집 기술로 교육 현장에서의 상호 작용에 대한 일체의 정보를 수집 분석하고 더 효율적인 수업을 위해 이러한 자료를 활용한다.

이와 비슷한 사례가 바로 칸아카데미Khan Academy다. 그런데 설립자 살만 칸Salman Khan 개인에 관한 뒷이야기 때문에 이쪽이 훨씬 더 흥미롭기는 하다. 이미 세계 최대 온라인 교육 사이트를 만들어 큰 성공을 거둔 사람이 굳이 오프라인 학교까지 설립할 필요가 있을까 싶기는 하다. 그러나 이는 칸의 오랜 꿈이었다. 온라인 학습도 물론 효과적이기는 하나 얼굴을 맞대고 진행되는 실제 수업 경험을 대체할 수는 없을 것이다. 그래서 역시 캘리포니아 지역에 설립한 오프라인 학교 칸랩스쿨Khan Lab School에서 정교한 분석 기술과 새로운 학습 기법을 활용하여 학생들의 학업 진도를 추적·관찰한 후 각자의 수준에 맞게 수업을 진행한다.

수량화된 학습 도구와 온라인 강의 자료를 통해 학습 방식에 관한 자료가 더 많이 축적되면 학생들을 기존의 시각형, 청각형, 언어형 학습자로 구분하는 외에 각자의 성격적 특성에 따른 분류도 가능해질 것이다. 이 새로운 학습 모형의 핵심은 '성격 지도'를 유용한 교육 도구로 삼자는 것이다.

성격 지도 개념은 관광업계에서도 유용하게 활용할 수 있다. 즉, 성격이 비슷한 사람들을 한데 묶어 서비스를 제공하면 고객의 만족도가 훨씬 높아질 것이다.

얼간이 크루즈, 코끼리 사파리 : 개인 맞춤형 여행

1년쯤 전에 〈와이어드〉의 편집자 애덤 로저스Adam Rogers가 '얼간이 크루즈nerd cruise'에 참가했던 이야기를 들려줬다. 조코 크루즈 크레이지JoCo Cruise Crazy라 칭하는 이 여행은 가수 겸 작곡가 조너선 콜튼Jonathan Coulton이 매년 팬들과 함께 떠나는 크루즈 여행이었다. 시작된 지 벌써 6년이나 되는 이 크루즈는 '얼간이들의 여름 캠프'로 알려져 있으며 윌 휘튼Wil Wheaton과 존 호지만John Hodgman 같은 괴짜 유명 인사들과 열정적인 팬을 포함하여 매년 800명 이상이 참가한다.

이 여행은 개인의 성격이나 취향에 맞는 여행 경험을 제공하는 쪽으로의 추세 변화를 실감하게 한다. 실제로 관련 기업과 전문 컨설턴트 역시 이러한 추세를 현실로 받아들이고 있다.

선도적인 맞춤형 여행 자문 회사 브라운플러스허드슨Brown + Hudson이 그 좋은 예다. 이 업체는 고객 개개인의 성격에 맞는 맞춤형 여행 경험을 제공하는 쪽으로 방침을 정했다. 세계적인 호텔 체인 오베로이 호텔 리조트Oberoi Hotels & Resorts는 코끼리 사파리에서부터 직물 날염 강좌에 이르기까지 여행객 각자의 성격에 맞춘 독특한 휴가 패키지 상품을 제공한다.

오베로이처럼 지역적 특색을 반영한 여행 경험을 제공하는 곳이 있는가 하면 좀 더 이색적이고 실감나는 여행 경험을 원하는 여행객을 겨냥하여 고객의 성격에 기반을 둔 창의적 여행 허브로 거듭나려고 노력하는 호텔이 늘고 있다.

스타우드Starwood 호텔 계열사인 W 호텔은 부티크 호텔[17] 이라는 새로운 트렌드를 이끈 업계의 선두주자로서 최근에 〈패스트 컴퍼니Fast Company〉가 선정한 '지난 20년 동안 세계의 발전에 기여한 20대 사건'에 이름을 올리기도 했다.

이보다 더 최근에는 이 부티크 호텔 업계에 진출한 대형 호텔 체인의 성장세가 두드러졌다. 최근에 문을 연 프로퍼 호텔Proper Hotels은 '지역 문화의 상징'이 되는 것을 목표로 삼았다. 대형 호텔 체인 메리어트Marriott의 신규 브랜드 목시Moxy 호텔은 24시간 개방하는 공용 공간 및 보드 게임실의 부대 시설을 특징으로 하며 이미 뉴욕, 런던, 이스탄불에 설립된 또 다른 브랜드인 에디션EDITION은 '문화 허브' 창조를 표방하고 있다. 힐튼Hilton 역시 지역적 특색을 십분 반영한 저가 부티크 호텔 브랜드 큐리오Curio와 캐노피Canopy를 보유하고 있다.

부티크 호텔의 성행으로 확인된 이 같은 추세가 대도시의 전유물은 아니었다. 일례로 데스티네이션 호텔Destination Hotels은 일반적인 대도시와는 약간 거리가 있는 버지니아 주 리치먼드에 쿼크 호텔Quirk Hotel을 개장했다. 이 전통적인 남부 도시에 뭔가 색다른 것을 제공하겠다는 취지였다. 대도시에 부티크 호텔을 설립한 W 호텔 역시 그 수를 두 배로 늘릴 계획이다. 현재 47개 호텔에 40개를 더 추가할 예정이며 대부분은 기존의 대도시를 벗어난 곳

---

17 독특한 개성으로 기존 대형 호텔과 차별화된 서비스를 제공하는 소형 호텔

에 설립하여 해당 지역의 랜드마크 역할을 하겠다는 포부를 드러냈다.

이러한 시도의 근간을 이루는 생각은 한 가지다. 개인 맞춤화 서비스를 선호하는 소비자가 점점 늘어가는 상황에서는 자사의 성격을 소비자의 성격 특성에 맞춘 마케팅으로 승부하려는 업체만이 시장에서 우위를 점할 수 있다.

손님의 성격과 도시의 특성을 더 잘 이해할수록 맞춤화된 서비스가 가능하고 이러한 맞춤형 서비스는 고객의 만족도를 높여준다.

프로그래머틱 광고와 자신에게 가장 잘 맞는 애완동물

근래에 마케팅 부문에서 한동안 회자되었던 프로그래머틱 광고[18] 또한 '성격 지도' 트렌드의 범주에서 이해할 수 있다. 요컨대 프로그래머틱 광고는 자동화 도구를 통해 광고 메시지가 표적 고객에게 적시에 도달하게 하는 광고 방식을 의미한다.

최근 사례로 캘리포니아 동물 보호소를 들 수 있는데 이 보호소는 디지털 표적화(표적 설정)를 통해 각 고객에게 가장 어울리는 애완동물을 연결해주는 서비스를 제공했다. 취미가 독서인 혼자 사는 여성을 겨냥해서는 아주 귀여운 고양이 광고를 내보낸다. 하이킹을 좋아하는 남성에게는 활력이 넘치는 사냥견 잭러셀테리어 광고를 내보낸다. 이 사례들은 프로그래머틱 마케팅 개념에 따른 세계 최초의 애완동물 선택 광고들이다. 이는 또한 앞으로 온라인 콘텐츠를 통한 성격 지도가 매우 유용한 마케팅 도구가 되리라는 점

---

18 programmatic advertising, 소프트웨어를 통해 광고 인벤토리를 구매하고 집행하는 자동화 광고 방식

을 시사한다.

어펙티바Affectiva나 이모션트Emotient 같은 스타트업이 개발한 표정 인식 소프트웨어 덕분에 성격 맞춤형 광고 메시지를 만드는 일이 훨씬 수월해졌다. 현재 이러한 소프트웨어를 활용하여 광고의 잠재적 효율성을 평가하고 기타 창의적 광고물들을 비교할 수 있다.

에드테크 부문에서 이루어진 이러한 혁신을 바탕으로 앞으로 기업 간의 자료 교류와 발전적 결합이 더욱 활발해질 것이다. 업계는 자료 공유의 가치를 인식하게 될 것이고, 소비자는 자신의 성격에 딱 맞춘 광고를 접할 수 있을 것이다. 이렇게 되면 자신이 좋아하는 혹은 오래 전부터 원하던 부분을 긁어주는 광고에 이끌려 광고주가 원하는 행동을 할 가능성이 높아진다.

이 트렌드의 중요성

개인 맞춤형 프로그래머틱 마케팅의 가장 큰 장점은 우리가 수집하는 인간 행동에 관한 자료를 통해 더 정교하고 정확한 성격 지도를 작성할 수 있고 이러한 성격 지도를 통해 개인에 대한 양적 정보를 얻을 수 있다는 점이다.

성격 지도는 우리가 누구인지, 무엇을 원하는지, 어떻게 학습할 것인지, 무엇을 믿는지 등에 관한 진실을 들여다보게 해준다. 따라서 업종을 불문하고 '사람'을 대상으로 하는 모든 기업은 성격 지도가 제공해주는 자료를 활용하여 모든 고객에게 더 나은 경험을 제공하는 새로운 방법을 찾아 마케팅에 활용해야 할 것이다.

개인의 성격에 맞춘 학습 방법으로 학습의 효과를 배가시킬 수 있을 것이다. 여행업계에서는 성격 지도를 활용하면 고객에게 더 풍부하고 알찬 경험을 제공할 수 있을 것이다. 또 이러한 성격 지도를 활용하면 더 효과적인 마케팅이 가능해진다. 이처럼 긍정적인 부분이 많은 것은 사실이나 부정적인 부분이 전혀 없는 것은 아니다. 이러한 측면에서 자료 조작의 위험성은 경계해야 한다.

어떤 조직이든 개인의 성격에 관한 자료를 입수할 수 있고 매체에서 사람들의 공포심을 겨냥하여 이러한 자료를 더욱 선정적인 것으로 윤색할 수도 있다.

마케팅 부문에서는 사람들의 불안감을 자극하여 이 불안정성을 해소하는 데 돈을 쓰게 만들 수 있다. 그러나 이러한 위험성 때문에 성격 지도의 수많은 장점을 무시해서는 안 된다. 성격 지도 트렌드를 선의로 활용하여 개인적으로 혹은 직접적으로 소비자에게 접근하여 소통하려하는 기업에 대해 소비자는 높은 충성심으로 보답할 것이다.

이 트렌드는 누구에게 도움이 되는가?

어떻게 하면 소비자를 더 잘 이해할 수 있는지를 고민하는 기업이라면 성격 지도 트렌드에 주목할 필요가 있다. 소비자를 인구통계학적 측면이 아니라 '사람'이라는 측면에서 바라보는 기업이라면 이러한 트렌드가 안성맞춤일 것이다.

또 성격적 특성을 기준으로 소비자 집단을 분류하면 소비자에 대해 좀 더 정확한 자료를 얻을 수 있고 이를 바탕으로 개인화된 광고 메시지 개발 및 소비자와 더 효과적인 소통이 가능해진다.

이 트렌드를 활용하는 방법

★ 고객 집단을 성격에 따라 세분화하라

가장 가치 있는 활용법은 일단 성격 특성에 맞춰 고객을 세분화하는 것이다. 이렇게 하면 '사람'이라는 측면에서 고객을 바라볼 수 있게 된다. 요컨대 나이라든가 우편 번호처럼 상대적으로 무의미한 특성이 아니라 소비자의 취향이나 믿음 같은 한결 의미 있는 특성에 주목하게 된다.

★ 성격이 같은 사람들을 한데 모아라

성격이 비슷한 사람들을 한데 모아주는 역할을 하라. 성격적 특성에 초점을 맞춘 고객 정보를 확보한다면 관심사나 믿음 체계가 같은 사람을 한데 묶는 일이 가능해진다. 취미나 열정, 기호가 비슷한 사람을 한데 모아주는 일에서 그냥 끝나는 것이 아니라 충성도와 몰입도가 가장 높은 사람들을 고객으로 맞을 기회가 생긴다.

Branded Utility
유용성을 입은 브랜드

기업은 소비자 생활에 가치를 부가해주는 실질적인 판촉 방법으로서 콘텐츠 마케팅을 넘어 마케팅과 경영의 통합이라는 차원의 새로운 방법론으로 승부하려고 한다.

구글은 사람들이 온라인에 올리는 모든 질문을 수익 창출원으로 삼은 기업이다. 2015년 9월에 구글은 소비자로 하여금 검색 엔진에서 정보를 검색하게 만들고야 마는 네 가지 욕구의 순간을 '마이크로 모멘츠micro-moments'로 표현했다.

구글은 성공적 마케팅의 열쇠는 이러한 욕구의 순간에 걸맞은, 즉 이러한 욕구를 즉각 충족시키는 데 도움이 되는 정보를 제공하는 것이라고 주장한다.

마이크로 모멘츠는 이 네 가지 욕구의 순간 즉, 가고 싶은 것, 하고 싶은 것, 알고 싶은 것, 사고 싶은 것 등을 조합한 개념이라고 보면 된다. 각 욕구가 일어나는 순간마다 각기 다른 촉발 인자가 존재한다.

그러나 구글은 이 모든 순간을 관통하는 기본적인 요소가 바로 '유용성'이라고 주장한다.

지난 몇 년 동안 각 기업은 콘텐츠 마케팅 차원에서 유용성을 통해 가치를 제공하는 부분에 초점을 맞춰왔다. 이러한 트렌드를 반영한 유용성을 입은 브랜드라는 개념은 내가 2014년에 처음 언급한 것이다. 나 이외에도 2014년에는 《유용성Youtility》의 저자 제이 베어Jay Baer, 《재가동Ctrl Alt Delete》의 미치 조엘Mitch Joel, 《마음을 뺏는 글쓰기 전략Everybody Writes》의 앤 핸들리Ann Handley 등과 같은 저명한 마케팅 전문가들 역시 가치와 유용성을 제공하는 콘텐츠의 중요성을 강조했다.

2014년 이후 소비자의 권익 증대와 함께 현명한 소비자가 늘어나고 기술 발달을 통해 무의미한 광고를 걸러내는 능력이 커짐에 따라 가치를 제공하는 마케팅에 대한 관심이 폭발적으로 증가했다.

처음에 이 트렌드를 소개했을 때에는 화장지 제조사 샤민Charmin과 네덜란드 항공사 KLM 등 브랜드에 대한 몰입도를 높이고자 소비자에게 즉각적 가치를 제공하는 몇몇 기업의 이야기를 소개했다. 이는 꽤 기발하고 참신하기는 했으나 장기적이 아닌 일시적 판촉 전략에 그쳤다. 그런데 시간이 지나면서 이 같은 즉흥적 및 한시적 판촉전이 좀 더 깊이 있는 장기적 전략으로 바뀌는 추세가 됐다.

가전제품 제조사에서부터 금융 서비스 기업에 이르기까지 전 산업 부문에 걸쳐 좀 더 긴 시간 틀에서 콘텐츠를 전달할 수 있는 '브랜드 채널'의 창출에 초점이 맞춰지면서 미래 마케팅에서의 '유용성을 입은 브랜드' 개념의 의미가 확대 진화하는 모습을 보였다.

기업이 발행하는 잡지

지난 10년 동안 마케팅 전략이라는 차원에서 콘텐츠의 역할을 재고해왔던 기업이 바로 인텔이다. 인텔은 소셜 미디어를 활용한 마케팅 분야의 선두주자였다. 직원들에게 사내 및 대중 블로그를 시작하도록 독려하고 좀 더 상위 수준에서 콘텐츠를 개발하는 일에 주력해왔다. 예를 들어, 인텔의 웹진 〈아이큐바이인텔iQ by Intel〉은 '세상을 바꾸는 기술로 인간의 삶을 더욱 풍요롭게'를 표방하는 기술 문화의 허브라 할 수 있다. 이 잡지는 콘텐츠 창작 팀을 구성하여 고품질의 이야기를 만들고 패션, 스포츠, 게임, 생활, 기타 다양한 분야에서 새로운 화제나 경향이 등장할 때마다 수시로 업데이트 작업을 진행한다.

아메리칸 익스프레스American Express는 자사 웹진 〈오픈포럼Open Forum〉을 통해 기업인과 소기업주에게 도움이 되는 정보와 조언을 제공하여 전문 고객을 겨냥한 콘텐츠 부문의 업계 표준이 됐다. 보다시피 인텔과 아메리칸 익스프레스는 온라인 잡지에 초점을 맞췄으나 오프라인 잡지를 통해 콘텐츠를 만들고 고객 몰입도 향상을 꾀하는 기업도 물론 있다.

그 좋은 예가 바로 농기구 제조업체 존디어가 발행하는 120년 전통의 〈퍼로우The Furrow〉다. 그리고 항공사 대다수가 월간 잡지를 발행한다. 그리고 주요 잡지들과 함께 이 사내 잡지를 항공기 좌석 뒷주머니에 꽂아 놓는다. 유나이티드 항공United Airline의 〈랩소디Rhapsody〉처럼 1등석에만 비치하는 잡지도 있다.

공유 경제 개념을 바탕으로 모바일 기기를 활용하는 첨단 기업들도 이러한 잡지를 전략적으로 활용하는 방법을 모색하고 있다. 숙박 공유 서비스 업체 에어비앤비Airbnb는 특히 숙박지 제공자와 이용자를 대상으로 〈파인애플Pineapple〉이라는 100쪽 안팎 분량의 잡지를 발행한다. 차량 공유 서비스 업체 우버Uber는 가맹 운전자를 대상으로 15쪽 내외의 잡지 겸 소식지 〈모멘 텀Momentum〉을 발행하는데 딱히 전문성이 돋보이는 내용이 아니라 온라인 상에서 조롱거리가 되기도 한다.

조롱거리가 되든 찬사를 받든 간에 최근 들어 소셜 미디어 포스트에 초점을 맞춰 고객의 관심을 유도하는 단기적인 콘텐츠 전략이 아니라 좀 더 장기적인 차원에서 콘텐츠를 개발하고 전달하고자 새로운 시도를 하는 기업이 많이 증가했다.

앱 인수 열풍

스포츠웨어 브랜드 언더아머Under Armour는 2013년에 1억 5,000만 달러를 들여 운동 앱인 맵마이피트니스MapMyFitness를 사들인 데 이어 2015년에는 마이피트니스팔MyFitnessPal과 엔도몬도Endomondo를 사들이는 데 5억 6,000만 달러를 쏟아 부었다. 이러한 추세에 뒤질세라 아디다스Adidas 역시 2억 4,000만 달러를 들여 오스트리아의 피트니스 앱 런타스틱Runtastic을 사들였다. 스포츠 의류 업계에 불었던 이 같은 앱 인수 열풍은 일시적 유행의 수준을 넘어 소비자의 기대 수준에 부응하고자 각 브랜드에 유용성과 가치를 부가하려는 것이 목적이었다.

금융 서비스업 부문에서도 이와 비슷한 현상이 나타났다. 전통적인 은행과 신용 카드 회사가 대시보드 같은 시각적 도구를 통해 잔액 조회나 수표 사용 확인 등의 기본적 기능을 제공하고 고객의 자산 관리를 도와주고자 자사 앱의 기능성 보강을 위해 앱 인수 대열에 참여했다.

예를 들어, 2015년 초에 금융 회사 캐피털원Capital One이 지출 및 금융 교육 도구를 포함하여 레벨머니Level Money라는 스타트업을 인수했다. 이를 계기로 금융 서비스 부문은 정확한 평가 알고리즘을 바탕으로 하는 이른바 '로보 어드바이저'[19]에 대한 논쟁이 뜨거워졌다. 이 새로운 트렌드가 전통적인 금융 자문가(로봇이 아닌 '사람')의 생계를 위협할 수도 있다는 우려가 바탕이 된 것이다.

앱은 생산성을 향상시키는 도구로도 사용돼왔다. 마이크로소프트는 자사 앱인 아웃룩의 유용성을 더욱 높이고자 캘린더 앱인 선라이스Sunrise를 사들이는 등 유용성 제고를 위한 투자에 주력했던 대표적인 기술 브랜드였다.

앞으로 이 같은 앱 인수가 기능성 향상과 통합화를 더욱 부추길 것이고 고객 경험 전반에 걸쳐 유용성 부문에 더욱 초점을 맞출 것이다.

소비자에게 요리 방법을 알려주다

야외용 그릴 제조사 웨버Weber는 콘텐츠 마케팅이 유행하기 전에 이미 소비자에게 그릴을 사용하는 방법을 알려주는 내용의 책자를 발행하는 전략을 조용히 구사하고 있었다. 소비자에게 유용한 정보를 제공하는 기업이라는 이미지를 만드는 것이 목적이었다. 웨버는 이러한 비전을 실현하고자 10년 넘게 자사 브랜드를 내걸고 혹은 유명 요리사와 손잡고 고기나 생선, 채소 등을 양념장에 절이는 방법에서부터 일반 가정 요리법, 구운 요리 내기 등 요리에 관한 유용한 정보를 담은 요리책을 꾸준히 발행해왔다.

---

19 robo-advisor, 자동화된 포트폴리오 관리 및 자문 서비스 혹은 서비스 업체

지금은 여기에 콘텐츠 마케팅 기법까지 가세하면서 종이 책자를 넘어 유용한 레시피 앱, 동영상 교육, 온라인 도구, 더 나아가 웨버내이션Weber Nation이라는 온라인 커뮤니티로까지 그 영역이 확대됐다. 이 모든 콘텐츠 덕분에 요리책의 수준을 넘는 더 광범위한 수준에서 소비자와 소통할 수 있게 됐다. 이처럼 다양한 유형의 '학습' 재료는 훌륭한 요리를 만들고 싶어 하는 전 세계 모든 소비자에게 더할 수 없이 유용한 가치를 제공한다. 이 또한 '유용성을 입은 브랜드'의 좋은 예다.

소비자의 질문에 답하면서 가치 있는 콘텐츠를 꾸준히 제공할 수 있다면 교육적 차원에서 가치를 제공하는 동시에 이 과정에서 브랜드에 대한 충성도와 몰입도를 증진하는 효과를 얻을 수 있다.

이 트렌드의 중요성

소비자가 콘텐츠에 크게 호응하는 이유는 그러한 콘텐츠 대다수가 유용성의 형태로 가치를 제공하기 때문이다. 예술이 아니라 특정 기업의 상업적 목적이 반영된 단발성 영화라든가 30초짜리 오락성 광고 등 사람들의 감정에 호소하는 콘텐츠는 늘 있어왔다.

그런데 그중에서도 유용성을 입은 브랜드는 콘텐츠를 활용하여 소비자를 끌어들일 수 있는 가장 강력한 도구다. 온라인 및 오프라인 잡지를 발행하든 앱 인수를 통해 모바일 유용성을 제공하는 토대를 마련하든 간에 어떠한 방법으로든 유용성을 높이는 데 초점을 맞추는 기업은 다가오는 시대를 화려하게 장식할 진정한 승자가 될 것이다.

이 트렌드는 누구에게 도움이 되는가?

소비자가 특정한 정보에 큰 가치를 둔다고 할 때 그러한 정보와 관련한 제품이나 서비스를 제공하는 기업이 이 트렌드의 가장 큰 수혜자가 될 것이다. 예를 들어, 그림을 사용하는 방법이라든가 금융 자산 관리 방법 같은 교육 콘텐츠는 소비자에게 큰 호응을 얻을 수 있으며 제품이나 서비스의 특성상 이러한 유형의 콘텐츠를 제공할 수 있는 기업이 이 트렌드에서 큰 이득을 볼 수 있다. 항상 이러한 교육 콘텐츠 제공자의 역할을 수행하거나 즉각 이용할 수 있는 기능을 통해 문제를 해결하려는 기업이 결국은 승자가 될 것이다.

이 트렌드를 활용하는 방법

★ 더 넓은 관점에서 문제를 바라보라

소비자의 문제를 해결하는 제품이 가장 좋은 제품이라는 말이 있다. 그런데 이 때문에 수많은 기업과 마케팅 담당자가 전체 소비자 세계를 거시적으로 조망해야 한다는 사실을 망각하고 특정한 문제 하나에만 집중하여 해결책을 찾으려한다는 것이 이러한 가정의 유일한 문제점이다. 때로는 기업이 제공할 수 있는 가장 가치 있는 콘텐츠와 유용성은 단순히 어떠한 문제를 해결해주는 것이 아니라 그저 소비자에게 도움을 주는 것일 수도 있다.

★ 예상치 못했던 질문에 답하라

유용성의 가장 중요한 요소 가운데 하나가 소비자의 물음에 답해주는 것이다. 특히 소비자 자신이 질문을 하긴 하면서도 답을 얻으리라 기대하지 못했던 질문에 대해 답을 해줄수록 소비자의 신뢰도는 높아진다. 이 원칙을 사용하여 크게 이득을 본 기업이 바로 힐튼이다. 힐튼은 지난 몇 년간 트위터 계정@HiltonSuggests을 구축하는 일에 주력했다. 이 계정을 통해 힐튼 호텔 투숙 여부와 상관없이 누구든 여행과 관련된 질문을 올릴 수 있다. 힐튼은 이미 4만 여건의 트윗을 접수했고 그 대부분은 질문자에게 직접 답변을 보내 처리를 완료했다. 생각지도 못했던 유용한 정보를 얻은 소비자가 그러한 사실을 입소문 내 준다면 그 효과가 실로 엄청나지 않겠는가!

Mainstream Multiculturalism
주류가 된 다문화주의

인구통계학적 차원에서 오랜 세월 존재감이 미미했던 소수 집단이 엔터테인먼트, 기업, 정치 등 다방면에서 활약하면서 다문화주의라는 명제 하에 그 존재감을 드러낼 수 있게 됐다.

저 유명한 TV 리얼리티 가족 쇼 〈4차원 카다시안 가족 따라잡기Keeping Up with the Kardashians〉의 아성에 도전장을 내밀 만한 가족은 아마도 케스와니스Keswanis 정도가 되지 않을까 싶다.

캘리포니아에 거주하는 이 인디언 가족은 극적인 요소를 꽤 지니고 있어 풀어낼 이야깃거리가 아주 많다.

가장인 아버지 애닐은 의사이고, 요즘 말로 '마미저'[20]인 어머니 바이살리는 원래 검안사인데 소셜 미디어 스타인 아들 닉의 매니저를 하려고 일을 그만뒀다. 희귀한 유형의 왜소증을 앓고 있는 닉은 동영상 공유 사이트인 바

---

20 momager, mom과 manager의 합성어로 자녀의 매니저 역할을 해주는 엄마

인Vine에서 250만 명이 넘는 충성스러운 팔로워를 관리하고 있다. 미인 대회 출신이자 모델인 닉의 여동생 사리나(15세)와 '성전환 아동'인 여동생 데비나(6세, 원래 '데브'였음) 역시 이 리얼리티 TV 가족 쇼를 이끌어가는 주요 구성원이다.

〈피플People〉 측은 2015년에 자사 웹 사이트에 처음 소개한 인기 웹 시리즈 〈케스와니스 : 가장 현대적인 가족The Keswanis: A Most Modern Family〉가 큰 반향을 일으키며 '미국이 이 새 가족에 열광'하게 되리라 예측했다.

케스와니스는 TV 프로그램에서 그리는 다문화의 전형적인 모습과 거리가 먼 것은 분명하다. 그러나 시험 제작한 웨비소드[21]를 몇 편만 보고나면 이 생소한 가족의 이야기가 어느새 평범하게 다가올 것이다. 그리고 이것이 바로 주류가 된 다문화주의 트렌드의 핵심이다.

광고 전문지 〈애드버타이징 에이지〉가 NBC 엔터테이먼트의 사장 제니퍼 살크Jennifer Salke와 인터뷰할 때 TV 출연진의 다양성에 관해 의견을 물은 적이 있었다.

그때 살크는 시청자를 대표하는 이른바 '포커스 그룹'의 의견을 반영하여 이렇게 답변했다. "그 '다양성'이란 단어에 신물이 날 지경이다. 우리 아이들 세대는 이제 '다양성'이라는 단어를 생각조차 하지 않는다. 다양성 운운하는 것 자체가 촌스러운 행동이 됐을 정도로 이제 그것이 '주류'가 돼버린 것이다." 다양성 혹은 다문화로 굳이 표현되던 현상이 이제 주류로 받아들여지면서 그러한 표현조차 필요 없게 됐다는 의미다.

---

21 webisodes, '웹'과 '에피소드'의 합성어로 온라인 전용 시리즈물을 의미

인사이더가 된 아웃사이더

다문화주의는 사실 예전의 TV나 〈나의 그리스식 웨딩My Big Fat Greek Wedding〉 같은 영화에서 '물을 떠난 물고기'처럼 평범하지 않은 일상을 살아가는 이른바 '아웃사이더'의 이야기를 그릴 때 자주 사용하던 장치였다. 인기 TV 드라마 〈블랙이쉬Blackish〉와 〈프레쉬 오프 더 보트Fresh Off The Boat〉를 보면 두 드라마의 주인공이 백인 위주의 주변 환경에 동화되고자 고군분투하는 모습에서 아직도 인종적 편견이 여전하다는 사실을 실감하게 된다. 그러나 이러한 이야기에도 극적인 변화가 일어나고 있었다.

〈블랙이쉬〉에서 주인공 안드레 역을 맡은 앤서니 앤더슨Anthony Anderson은 아프리카계 미국인(흑인)으로서 전통적으로 소수 인종이 발을 들이기 어려운 광고업계에서 나름의 성공을 거둔 인물이었다. 드라마에서 보이는 주인공의 익살과 '블랙이쉬'라는 제목은 흑인으로서의 정체성을 지키면서 새로운 문화적 환경에 적응해나가야 하는 상황이 반영된 것이다.

〈프레쉬 오프 더 보트〉는 허드슨 양Hudson Yang이 연기한 10대 중국인 소년의 관점에서 바라보는 1990년대 이민자의 삶을 그리고 있다. 이 드라마는 인종의 다양성이 더욱 심화된 고도 다문화 환경에서 성장한 오늘날의 X세대 및 밀레니얼 세대를 대표하는 주인공의 내레이션으로 진행된다.

두 드라마는 아웃사이더로서의 즐거움이 아니라 인사이더가 되는 것의 즐거움을 그리고 있다고 봐야 한다. 다시 말해 연예 오락물에서 다루는 인종의 다양성은 이제 특별한 현상이 아닌 완전한 주류로 받아들여지고 있다.

이러한 연예 오락물에서는 아웃사이더가 주류에 편입된 모습이 자연스럽게 드러나고 있다. 따라서 이 지점이 '주류가 된 다문화주의' 트렌드를 논하기에 가장 적합한 출발점이 될 수 있을 듯하다. 그러나 이러한 트렌드는

TV나 영화에 국한된 현상이 아니다.

식생활에서부터 선거에 이르기까지 우리 생활 곳곳에 이 새로운 현실이 반영되고 있으므로 각 기업은 이러한 트렌드를 반영한 전략을 준비해야 할 것이다.

다문화를 담은 양념

인기 높은 스리라차 핫소스 제조사인 후이퐁푸드Huy Fong Foods가 2014년 4월에 드디어 소스 제조 공장의 문을 다시 열자 일부 언론은 이를 두고 '윌리 웡카와 스리라차 공장'의 탄생이라 일컬을 정도로 큰 관심을 보였다. 이는 물론 〈윌리 웡카와 초콜릿 공장Willy Wonka & The Chocolate Factory〉이라는 영화의 제목을 빗댄 표현이다. 그만큼 후이퐁푸드와 사장이 세간에는 약간 신비로운 존재로 비친 모양이다. 물론 후계자를 찾아 공장 문을 다시 연 것이 아니라 69세가 된 창업자 데이비드 트란David Tran이 자신의 옳음을 계속해서 주장한 덕분이었다.

불과 몇 달 전에 캘리포니아 주 어윈데일의 일부 주민이 이 공장에서 나오는 유독한 냄새 때문에 눈과 목이 따갑고 기침이 난다는 불만을 제기한 이후 시의회 의원들이 이 공장을 '공해 발생 시설'이라며 소송을 제기했다. 이 때문에 공장이 부분 폐쇄에 들어가면서 세간의 이목이 집중됐었다.

트란은 언론 관계자를 공장으로 초대하여 공해를 발생시키지 않는 안전한 제조 공정을 보여주기로 결정했다. 이러한 결정이야말로 노련한 홍보 전략이었고 덕분에 한 달 후에 소송 취하라는 성과를 얻어냈다. 그런데 이 소송은 예상치 못한 결과를 낳았다. 스리라차 소스를 너무도 좋아하는 소비자들 사이에서 이 소송 때문에 더는 이 소스를 사용하지 못하게 되는 것이 아니냐는 걱정이 일파만파 커져갔던 것이다.

10여 년 동안 스리라차 소스를 사용해왔던 소비자는 스리라차가 이 세상에서 사라질지도 모른다는 생각에 이 귀하디 귀한 소스를 사재기하기에 이르렀다. 트란은 매출 규모를 밝히지 않고 있으나 현재 이 회사의 가치는 6,000만 달러 이상이며 연간 2,000만 병이 판매되는 것으로 추산된다. 이 브랜드는 소비자의 입맛에까지 파고든 다문화주의의 영향력과 관련하여 요즘 식품업계 최고 화두의 중심에 서게 됐다.

2015년 11월에 〈패스트 컴퍼니〉는 "이국적인 맛이 레스토랑과 슈퍼마켓을 조용히 공략하고 있다"며 식품업계에까지 파고든 이러한 다문화 현상에 주목했다. "그 결과 핫 소스의 판매량이 2000년 이후 150% 이상 증가했으며 이는 케첩, 마요네즈, 머스터드 소스, 바비큐 소스 등을 모두 합친 것보다 많다. 이 핫 소스가 10억 달러 시장의 기반을 이루고 있다."

식품업계의 전통 강자들마저 기존의 시장 점유율을 유지하려는 필사적인 노략의 일환으로 이 이국적 소스 시장에 과감히 뛰어들었다. 150년 전통의 타바스코Tabasco 브랜드 역시 치폴레와 하바네로 맛 스리라차 소스를 출시했다. 하인즈Heinz는 스리라차와 할라페뇨 맛 케첩을 내놓았고 나비스코Nabisco 역시 치폴레 맛 에이원 스테이크 소스를 출시했다. 향신료 제조사인 맥코믹McCormick은 2015년에는 일본의 일곱 가지 향신료 같은 이국적 양념이 각광받을 것으로 내다봤다.

이처럼 우리의 입맛까지 국제화(?)하는 현상 자체가 다문화주의가 이미 주류로 자리 잡았다는 하나의 신호일 수 있으나 이러한 추세는 식품업계에 국한된 현상이 아니다. 소스업계에 부는 이 변화의 바람은 그저 빙산의 일각에 불과하다. 이러한 추세는 정치계에서도 확인할 수 있으며 젊고 카리스마 넘치는 캐나다 총리가 여기에 불을 지폈다고도 볼 수 있다.

2015년이니까!

정치인의 경우 촌철살인의 명언은 대개 정적과 논쟁을 벌일 때나 선거 유세를 할 때 많이 나온다. 캐나다의 쥐스탱 트뤼도Justin Trudeau 신임 총리는 사상처음으로 각각 동일한 수의 남녀 의원으로 구성된 내각을 발표하면서 사람들의 뇌리에 오래도록 남을 명언을 남겼다.

언론이 남녀평등이 왜 그렇게 중요하냐고 묻자 트뤼도는 아주 간단하게 이렇게 대답했다. "2015년이니까!" 이 짧은 한마디는 사람들에게 큰 감명을 줬고 그날의 기자회견 상황과 그 간결한 답변이 인터넷을 통해 빠르게 퍼져나갔다. 이 한마디로 트뤼도는 말뿐인 다문화 정신이 아니라 이를 실천하는 정치인의 상징이 됐다.

전향적이고 진보적인 기업 역시 이처럼 인종 및 문화적 다양성을 실현하려고 애쓴다.

〈포천〉 지 선정 세계 500대 기업 대다수가 다양성이 인정되는 직장 환경을 만들고자 이 부분에 초점을 맞춘 채용 제도를 마련하고 있다. 최근 사례로는 9개 크루즈 라인을 거느린 세계적인 크루즈 선사船社 카니발 코퍼레이션Canival Corporation을 들 수 있다. 지난 2년 동안 카니발은 각 크루즈 라인의 수장 9명 중 7명을 교체했다. 〈비즈니스위크〉는 이 인사 내용을 다음과 같이 전하고 있다. "이로써 현재 카니발 크루즈의 전체 사장 중 네 명이 여성이고 한 명이 흑인이며 한 명은 게이다. 유럽인 그리고 남성이 주도하는 크루즈 업계로서는 상당히 파격적인 변화가 아닐 수 없다."

카니발의 CEO 아놀드 도널드Arnold Donald는 이는 '사고의 다양성'을 추구하기 위한 전략의 하나였다고 밝혔다. "감히 장담하건대 다양한 사람들로 구성된 팀은 단일 인종으로 구성된 팀으로는 기대할 수 없는 일들을 해낼 것이다." 1년 만에 카니발의 주가가 53% 상승했고 같은 기간 순이익도 15%나 증가했을 정도로 이러한 전략은 제대로 먹혀들었다.

다양성을 고려한 이러한 채용이 기업의 성공으로 이어지자 다른 업계에서도 이러한 전략에 주목하지 않을 수 없게 됐다. 교육 부문 역시 예외가 아니었다. 예일 대학은 학생들의 요구에 부응하여 5,000만 달러를 들여 교수진에 대한 인적 구성의 다양성을 강화하기로 했다.

이 모든 현상은 다음 세대의 인구통계학적 구조가 천천히 바뀌고 있으며 다양한 인종과 민족이 함께하면서 문화 혼합 현상이 더욱 심화하고 있음을 시사한다. 이러한 문화 혼합은 2,000억 달러의 시장 규모를 지닌 미용 산업에도 극적인 변화를 일으키고 있다.

에스닉 뷰티

1990년대 초 소말리아 출신의 슈퍼모델 이만Iman은 인생의 최고 전성기를 누리고 있었다. 패션계의 거장 이브 생로랑Yves Saint-Laurent이 '꿈의 여인'이라고 표현했던 이만은 수많은 잡지의 표지 모델이었고 영화에도 등장했으며 마이클 잭슨의 노래 〈리멤버 더 타임Remember The Time〉의 뮤직 비디오에 클레오파트라로 출연하기까지 했다.

이만은 1994년에 유색 인종 여성을 위한 화장품 회사를 설립함으로써 에스닉 뷰티[22] 시장을 개척한 선구자이기도 하다. 이후 20여 년 동안 에스닉 뷰티 업계는 이만의 회사처럼 주류 화장품 업체가 내놓는 제품 라인에 한

---

22 ethnic beauty, 특정 인종을 겨냥한 미용 산업

계를 느끼고 틈새시장을 노린 기업이 주도해왔다.

예를 들어, 맥MAC 코스메틱스는 캐나다의 사진작가와 뷰티 살롱 경영주가 설립한 회사다. 다채로운 색상의 구현을 원하는 사진작가로서는 기존 색조 화장품은 색상 선택의 폭이 너무 좁다는 점이 매우 불만스러웠던 것이다. 고故 유니스 존슨Eunice W. Johnson이 유색 인종 여성을 겨냥해 설립한 패션 페어Fashion Fair는 세계에서 가장 큰 흑인 소유 화장품 회사가 됐다.

한편 랑콤Lancôme, 에이본Avon, 커버걸Cover Girl 같은 기존의 시장 강자들은 셀마 헤이엑Salma Hayek(에이본)이나 루피타 니용고Lupita Nyong'o(랑콤) 같은 '에스닉' 유명 인사를 모델로 활용한 창의적인 광고를 통해 다양한 소비자에게 다가가려는 시도를 해왔다.

그렇다면 지금은 무엇이 어떻게 달라졌다는 것인가? 에스닉 뷰티는 이제 더는 틈새시장이 아니다.

시장 조사 기관 유로모니터 인터내셔널Euromonitor International의 미용업계 담당 수석 분석가 오루 모히우딘Oru Mohiuddin은 이러한 추세가 수치로 증명되고 있다고 주장한다. 모히우딘은 2013년의 블로그 포스트에서 좀 더 폭넓은 소비자 집단을 상대하기 위한 제품을 개발하고자 R&D 부문의 지출 증가한 사례를 들어 '앞으로 에스닉 뷰티 시장이 호황을 누릴 것'이라 예측했다. 선견지명이 돋보이는 대목이라 아니할 수 없다.

이러한 주장을 뒷받침할 사례는 차고 넘친다. 이브 생로랑은 전 세계 여성을 대상으로 무려 9년에 걸쳐 7,000가지 피부색을 연구한 끝에 총 22가지 색상을 구비한 르 탱 투쉬 에클라Le Teint Touche Éclat 파운데이션을 내놓았다. 로레알L'Oréal은 최근에 다문화 뷰티 연구를 표방하며 뉴저지를 주요 혁신 허브로 삼기로 했으며, 브라질의 니엘리 코스메티코스Niely Cosméticos를 인수하기도 했다.

이러한 변화는 애초에 특정 인종을 겨냥하여 설립된 화장품 브랜드인 이른바 '에스닉' 뷰티 업체에도 영향을 미치고 있다. 커버에프엑스Cover FX, 패션페어, 캐롤스도터Carol's Daughter 등 처음에 '에스닉' 브랜드로 시작한 업체들이 이제는 인종과 관계없이 소비자의 범위를 넓혀 다문화 브랜드로 거듭나려 노력 중이다. 이만 코스메틱스Iman Cosmetics도 최근에 이러한 트렌드를 간파하고 아시아, 남미, 중동 지역 출신 및 흑인 모델을 기용한 광고로 광범위한 소비자 집단에 호소하려 하고 있다.

이만은 〈위민즈 웨어 데일리Women's Wear Daily〉와의 인터뷰에서 이렇게 말했다. "나 자신이 흑인이기 때문에 이만 코스메틱스가 흑인을 위한 브랜드로 인식되는 부분이 개인적으로는 만족스럽다. 그러나 이 업계에 종사하면서 새로운 정보를 많이 접하다 보니 이제는 이 편협한 틀을 깨고 소비자에 대한 시야를 더 넓혀야 할 때라는 생각이 든다. 이 세상의 여성은 피부색에 상관없이 누구나 아름다워지고 싶어 하니까 말이다."

이 트렌드의 중요성

우리는 캐나다 총리 쥐스탱 트뤼도나 소말리아 출신 미국의 슈퍼모델 이만 같은 선구자를 지켜보면서 다문화주의는 이제 우리 문화의 아웃사이더를 의미하는 것이 아님을 확인할 수 있었다. 대중 예술계와 식품업계에 부는 변화를 느끼면서 다문화 현상이 현실 속에 깊이 파고들었음을 실감하기 시작했다. 이는 젊은 세대들의 자기상像 및 문화적 소속감에 대한 변화를 의미한다.

앞으로도 이 같은 문화 혼합은 계속될 것이다. 아니 이러한 현상이 더욱 가속화할 것이고 이는 다양성을 기초로 한 마케팅 메시지, 사람들이 원하는 새로운 유형의 제품이나 서비스, 특정 집단이나 문화에 대한 소속감의 진정한 의미 등을 새로운 각도에서 다시 생각해보게 하는 계기가 될 것이다.

이 트렌드는 누구에게 도움이 되는가?

오랫동안 다문화주의와 다양성이라는 화두는 미래에 대한 걱정과 연관돼 있었다. 청중은 변화하고 있었고 고객은 진화하고 있었으며 인종 및 문화 혼합 현상은 더욱 심화하고 있었다. 그러나 이는 이미 구시대적인 관점이다. 청중은 변하고 있는 것이 아니라 이미 변했다.

아직도 표적 고객이 누구인지 혹은 표적 고객이 어디에 속해있는지를 중요하게 생각하는 사람들에게 이러한 변화는 큰 의미가 있다. 고객의 인구통계학적 차원을 여전히 중시하는가? 이제는 이러한 낡은 고객관에서 비롯된 편견을 버리고 다문화에 기초한 미래를 준비해야 할 것이다.

이 트렌드를 활용하는 방법

★ 생각의 틀을 넓혀라

우리가 누구를 위해 무엇을 해야 하는지를 기술할 때 이러한 편견이 가장 잘 드러난다. 일단은 소비자와의 소통 자료를 모두 검토하고 그곳에 어떤 유형의 고객이 기술돼 있는지 꼼꼼히 살펴봐야 한다. 인쇄물, 웹 사이트, 광고, 기타 소통 자료와 도구를 살펴보고 다양성을 충분히 반영했다고 하는데 정말로 그러한지 확인한다. 만약 그렇지 않다면 변화를 꾀해야 한다.

★ 다양성을 꾀할 수 있는 방향의 고용 문화를 조성하라

단순히 기존 팀원과 다른 배경을 가진 사람을 채용하는 것과, 다른 업종 출신에게 기회를 주는 것 혹은 문화적 배경이 다른 사람들을 통해 관점의 다양화를 꾀하는 것은 엄연히 차원이 다른 이야기다. 기업 내 다양성을 강화하려면 이러한 다양성 요소를 대충 점검하고 넘어가는 하나의 표시 사항 정도가 아니라 가치 있는 팀원이 될 자격이 있는지를 판단할 결정적인 요소로 간주해야 한다.

Earned Consumption
소비할 권리

진정성 있는 경험에 대한 욕구 때문에 소비자는 소비할 권리를 얻으려는 의지가 생기고 기업은 돈이 아닌 다른 가치를 부여하여 제품이나 서비스에 대한 '가격을 치르게' 함으로써 해당 브랜드에 대한 충성도와 몰입도를 높일 기회를 얻는다.

기다리고 기다리던 모바일 앱이 출시되면 이른바 얼리어답터들은 이 제품을 먼저 구매하려고 혈안이 된다. 이들은 누구보다 먼저 해당 제품을 접해 '알파' 및 '베타' 버전을 시험 사용해보려고 아우성이다. 이들 사이에서는 신제품을 가장 먼저 접한다는 사실 자체가 상당한 자랑거리다. 그리고 지난 몇 년 동안 신규 앱을 출시할 때 이러한 심리를 자극하는 마케팅으로 큰 재미를 본 경우가 여럿 있다.

구글은 신제품을 출시할 때 극히 제한된 사람에게만 제품을 노출하고 이렇게 선택된 사용자도 다른 사람을 각기 한두 명밖에 추천할 수 없게 하는 전략을 종종 구사한다. 이는 아주 친한 몇몇 사람만으로 긴밀한 1차 사용자 네트워크를 구성할 수 있게 하는 최적의 전략이다.

지금은 단종된 왕년의 인기 앱 메일박스Mailbox가 몇 년 전에 출시됐을 때 약 40만 명이 가입하는 동안 홈페이지에 계수기를 설정해 놓고 가입 상황을 표시하는 전략을 구사했었다. 가입자에게는 고유 번호가 부여되고 가입자가 늘어날 때마다 계수기의 숫자가 하나씩 줄어드는 상황을 지켜볼 수 있었다. 따라서 사람들은 이 앱을 실제로 사용해보고 그 벅찬 감동과 흥분의 순간을 다른 사람들에게 알리려면 앞으로 얼마나 더 기다려야 하는지를 정확히 알 수 있었다.

이상의 사례들 전부가 소비자에게 제품에 접근할 수 있는 '권리를 부여'하는 것이 의외로 상당한 위력을 발휘한다는 사실을 시사한다. 그러자 그 이후부터 앱을 출시할 때 사람들에게 일단 대기자 명단에 이름을 올려놓은 다음에 신제품 출시에 대한 글을 트위터에 올리거나 다른 사람을 5명 추천하는 등의 행동을 해주면 그 대가로 제품 사용에 대한 우선권을 준다는 식으로 마케팅을 전개하는 경우가 상당히 많아졌다. 트랙Trak.io이라는 앱은 베타 버전 사용 대기자 명단에 이름을 올리려면 29달러를 내야한다는 조건을 내걸기까지 했다.

첨단 앱에 열광하는 이른바 테크노파일[23]에게나 먹힐 법한 전략이라며 이를 과소평가하는 시각도 물론 있다. 그러나 소비자에게 제품이나 경험을 구매 및 소비할 권리를 취득하게 하는 전략이 몇 년 새 급증하고 있다는 것이 엄연한 현실이다.

10년 전에 아이패드 출시를 하루 앞둔 전날 밤에 사람들이 500달러나 하는 이 제품을 구매할 기회를 얻겠다고 매장 앞에 길게 늘어서 있었다. 컨트리클럽 회원권에서부터 인기 스포츠 팀의 시즌 입장권에 이르기까지 원

하는 것을 손에 넣기 위해서는 오래 기다리는 것쯤 문제가 아니라고들 생각한다. 아니 오히려 그러한 기다림 자체를 해당 제품이나 서비스를 사용하는 '값'이라고 생각한다.

그런데 지금은 여기서 한 걸음 더 나아가 이러한 소비 및 구매 권리를 획득해야 하는 것을 일종의 수고라든가 불편함으로 여기기보다 오히려 명예로 생각하는 경향이 강해졌다는 것이 큰 변화라면 변화다. 이렇게 원하는 제품을 소비할 권리를 획득하는 과정 자체를 즐거운 경험으로 인식하는 경향이 높아졌다. 이와 같은 변화는 사람들에게 세상에 긍정적인 영향을 미칠 기회를 재공하기도 한다.

자원 봉사 여행자의 자부심

패덤Fathom은 크루즈 업계의 최강자 카니발 크루즈라인의 신규 크루즈 브랜드다. 특이하게도 이 브랜드는 사회적 활동 혹은 공익적 활동에 초점을 맞춘 이른바 '목적성' 크루즈 서비스를 제공한다. 7일 일정으로 진행되는 이 크루즈 여행에서는 호화로운 관광 상품 같은 것은 제공하지 않으며 대신 조금이라도 사회에 도움이 되는 일을 하고 싶어 하는 사람들을 위해 20~30가지의 사회·문화 활동 상품을 마련해 제공한다. 승객들은 도미니카 공화국이나 쿠바(목적지는 선택 사항임) 같은 국가에 도착하여 그 지역 사람들 그리고 비영리 단체와 함께 나무 심기나 세라믹 정수기 만들기 같은 활동에 참여한다.

패덤 크루즈는 의식 있는 여행객에게 단순히 현지에서 돈만 쓰는 것이 아니라 사회적으로 유익한 일을 할 수 있게 하는 독특한 여행 경험을 제공하는 새로운 여행 트렌드의 좋은 예다. 그러나 이러한 사례는 패덤 혹은 관광

업계만의 전유물은 아니다.

일례로 스코틀랜드에 오픈북Open Book이라는 작은 서점이 하나 있는데 이곳의 위층은 에어비앤비를 통해 예약한 여행객을 위한 숙소로 활용된다. 그런데 이 서점에서 주당 40시간을 일하는 사람들에게 이 숙소가 제공된다. 말 그대로 서점 일을 통해 이 숙소를 사용할 권리를 얻는 것이다.

비용이 자그마치 25만 달러나 되는 초고가 아프리카 여행 상품도 있다. 여행객은 '국경 없는 코뿔소회Rhinos Without Borders'라는 단체와 함께 위험 지역인 남아프리카에서 비교적 안전한 지역인 보츠와나로 야생 코뿔소를 이동시키는 일에 참여할 수 있다. 평생 한 번 있을까 말까한 매우 이색적인 경험임에는 틀림이 없다.

물론 '자원 봉사 여행'이라는 것이 명분도 부족하고 업체에서 약속한 만큼 사회적으로 그렇게 큰 공헌을 하지는 않는다며 이러한 추세를 마뜩찮게 보는 축도 있다. 그러나 이러한 추세가 유행을 타고 있고 사회적으로 의미 있는 일에 참여하고픈 사람들의 욕구도 강해지고 있다는 것은 분명한 사실이다.

자선 활동이나 금전적 기부의 형태로 새로운 경험을 얻으려는 추세는 비단 관광업계에서만 볼 수 있는 현상은 아니다. 그 좋은 예를 게임 업계에서 찾을 수 있다.

게임계와 프로그래밍계의 공익 실현

게임 전문가가 온갖 기술을 동원하여 가능한 한 빠른 시간 내에 게임의 모든 레벨을 통과하는 것을 일컬어 '스피드런speedrun'이라고 한다. 동계 스피드런 마라톤 행사인 '어썸 게임즈 던 퀵Awesome Games Done Quick, AGDQ'은 매년 전문 게이머와 스피드러너(스피드런 실력자) 수백 명이 모여 스피드런 기술을 겨루고 새로운 기법과 전략을 공유하기도 하는 그런 행사다. 의외라고 생각되겠지만 사실 이 행사 또한 '소비할 권리' 트렌드의 좋은 예다.

이 행사는 전 세계로 생중계되는데 참가자가 일종의 기부 유인책인 '도네이션 비드Donation Bid'를 사용하기도 한다. 게임을 진행하는 동안 우회하기, 덫에 걸린 동물 구하기, 기타 고난도 과업 등 어려운 과제에 도전할지 말지를 사람들의 기부 금액에 따라 결정하는 것을 말한다. 미리 정해 놓은 금액이 모이면 그때 그 과제를 실행하는 것이다. 기부 상황과 결과 금액이 실시간으로 집계되기 때문에 게임 현장뿐 아니라 전 세계 시청자가 흥분 속에 열광적인 반응을 이끌어낼 수 있다.

한 해에만 이 행사에서 157만 달러를 모금하여 자선 단체에 기부할 수 있었다. 그런데 왜 이익이 아니라 기부를 택한 것일까? 이 행사를 만든 앤드루 슈뢰더Andrew Schroeder는 이렇게 말했다. "자선 활동을 하지 않으면 행사장에서 새 친구를 만나는 소소한 행복감은 느낄 수 있어도 성취감이라든가 지역 사회에 뭔가 공헌했다는 가슴 벅찬 부듯함은 느끼지 못할 것이다."

흥미로운 또 다른 사례로 프리 코드 캠프Free Code Camp를 들 수 있다. 프리 코드 캠프는 비영리 프로그래밍 교육 기관으로서 프로그래밍에 입문한 초보 프로그래머들이 협력 작업을 통해 비영리용 앱이나 도구를 만들게 함으로써 이들의 실전 코딩 기술을 시험하는 동시에 팀워크의 가치를 일깨워준다. 이 프로젝트 팀은 온라인 교육 동영상과 개별 지도를 통해 막강한 지원을 받게 되며 이러한 경험은 나중에 직장을 구할 때도 큰 도움이 된다.

이 성취감이야말로 '소비할 권리' 트렌드의 기본 토대가 되는 가장 강력한 정서적 동인이다. 즉, 사람들은 자신이 원하는 일에 참여할 기회를 얻었다는 그 사실 하나만으로도 기분이 좋아지고 따라서 그 긍정적인 감정을 누리고자 소비권을 획득하는 일에 기꺼이 나서는 것이다.

성취감이라든가 보람 같이 이 트렌드의 토대가 되는 정서적 보상은 외식업계에서도 종종 사용하는 전략이다.

아무나 갈 수 없는 레스토랑에서 식사하기

'토토라쿠Totoraku'는 매우 특별한 경험을 할 수 있는 명물 레스토랑이다. 메뉴는 그렇다 치고 이 레스토랑은 특이한 예약 방식으로 주목받는다. 즉, 이 레스토랑에 예약하려면 셰프 카즈 오야마Kaz Oyama가 개인적으로 초대를 하거나 아니면 이전에 이 레스토랑에서 식사를 한 손님 중에 운 좋게 오야마 셰프의 연락처를 받은 사람한테서 소개를 받거나 둘 중 하나밖에 없다. 그런데 셰프의 연락처를 받는 방식이 이 집의 요리만큼이나 공들여 만든 느낌이다.

먼저 손님에게 포도주 한 병을 시키라고 한다. 손님이 고른 포도주를 셰프가 시음해보고 평균 수준은 되는 포도주라 판단되면 명함에다 셰프 자신이 직접 쓴 연락처를 손님에게 준다. 토토라쿠는 이런 식으로 손님에게 다음에 다시 이 레스토랑에 올 수 있는 기회를 제공한다. 그런데 토토라쿠 외에도 이와 비슷한 전략을 쓰는 곳이 꽤 있다.

암스테르담에 '노마Noma'라는 레스토랑이 하나 있는데 매달 6일에 온라인 예약 창이 열리면 이 레스토랑에 가고 싶어 하는 사람들이 2만 명이나 몰려드는 등 경쟁이 엄청나다. 또 '스키야바시 지로Sukiyabashi Jiro'라는 유명 초밥집은 일본인과 동행하지 않으면 입장이 거의 불가능하며 예약하고 나서도 한참을 기다려야 한다.

유명 셰프 호세 안드레스Jose Andres가 운영하는 작은 레스토랑 '미니바 Minibar'에는 셰프가 30가지 코스 요리를 제공하는 특별한 상품이 있는데 한 달 전에 예약이 시작되면 15분 만에 예약이 완료될 정도로 큰 인기를 누린다.

이처럼 까다로운 예약 방식을 취하는 전략 외에 손님에게 매우 특별한 경험을 제공하는 레스토랑도 있다. 파리에 있는 '당 르 누아르Dans le Noir' 레스토랑에서는 손님들이 칠흑 같은 어둠 속에서 식사를 해야 한다. 쓸데없이 이것저것 눈에 들어오는 것 때문에 주의가 산만해지지 않기 때문에 오로지 음식의 맛에만 집중할 수 있다. 탄자니아 잔지바르에 있는 레스토랑 '더록 The Rock'도 특이한 경험을 제공한다. 즉, 이 레스토랑에 가려면 배를 타거나 파도가 아주 낮은 때를 골라야 한다.

얼핏 보면 고객이 제품이나 서비스를 소비하는 것을 고의적으로 이렇게 불편하고 어렵게 만드는 것은 업주 측의 불필요한 오만이 아닌가 생각될 수도 있다. 단순히 다른 곳과 차별화된 특별한 곳이라는 평판을 얻기 위해 고객에게 이러한 불편을 끼치는 일이 과연 타당한 것인가? 그러나 이 전략의 목적이 단지 이것만은 아니다. 타 산업 부문에서도 레스토랑 업계에서 사용하는 이러한 전략의 가치를 차츰 인식하기 시작했다. 즉, 소비권 부여 전략이 생각보다 훨씬 효과적일 수 있다는 사실을 깨달아가고 있다. 만족감은 일시적일 뿐이고 어떤 것이든 돈을 내야 얻을 수 있는 세상에서 소비자를 떠받들기는커녕 오히려 수고를 하게 한다는 역발상이 예사로운 것은 물론 아니다.

때로는 소비할 권리를 얻기 위해 무언가를 할 때 기쁨을 느끼기도 한다. 그러나 이 트렌드는 그저 현금 대용 수단 혹은 돈 대신에 시간과 노력으로 값을 치르는 방식 그 이상도 이하도 아닐 때가 있다. 이러한 전략이 좀 더 광범위하게 활용되는 분야가 바로 언론 및 출판업계다.

온라인 '소비 장벽'

최근 미디어 업계는 자사 콘텐츠에서 수익을 창출하기 위한 전략으로 두 가지 중 하나를 채택하는 추세다. 고부가가치 콘텐츠를 유료화하는 이른바 '페이월'[24] 전략을 구사하거나 사설 형식의 '네이티브 광고'[25]를 광고가 아닌 콘텐츠와 나란히 싣는 방법으로 광고료 수입을 얻는 전략이 그것이다.

1년 전에 영국의 한 스타트업이 셰어월[26]이라는 플랫폼을 출시했다. 사람들에게는 회원 가입을 하거나 돈을 내는 대신에 특정한 '행동'을 통해 프리미엄 콘텐츠를 사용할 수 있는 권리를 취득하고픈 욕구가 있다고 보고 이러한 행동에 초점을 맞춰 콘텐츠 수익을 창출하겠다는 취지였다.

인기 게임 앱의 경우에도 이와 같은 개념을 활용하고 있다. 즉, 광고주가 제공한 콘텐츠를 시청하면 그 대가로 사용자에게 포인트 적립이나 콘텐츠 잠금 해제 같은 인센티브를 제공하는 방식이다. 대표적인 사례가 바로 퍼크Perk다. 퍼크는 사용자가 동영상 혹은 기타 광고주가 제공하는 콘텐츠를 시청하면 그 대가로 포인트를 적립해준다.

매체 및 모바일 업계가 이 새로운 수익 창출 모형에 주목하게 되면서 소비자가 유료 콘텐츠를 소비할 수 있는 권리를 획득하려고 특정한 활동에 참여하거나 수고를 감수하는 이른바 '소비 장벽'[27] 개념이 점차 보편화하고 있는 추세다.

---

[24] paywall, 돈을 내야 넘을 수 있는 장벽이라는 의미에서 '지급벽'이라 옮길 수 있으며, 방화벽(firewall)에서 차용한 용어
[25] native advertising, 광고를 하는 매체나 플랫폼에서 태어난 것과 같은 광고라는 의미로 매체의 형태와 콘텐츠 주제에 자연스럽게 녹아 있는 광고
[26] sharewall, 독자와 출판사 간에 콘텐츠 공유를 원활하게 하기 위한 소셜 미디어
[27] earnwall, 소비권 획득을 위해 넘어야 할 장벽이라는 의미

이 트렌드의 중요성

다섯 손가락 안에 꼽을 정도로 큰 문화적 변화의 중심에 바로 이 '소비할 권리' 트렌드가 있다는 사실을 지금 이 책을 읽고 있는 사람이라면 누구나 수궁할 것이다. 소비자는 좀 더 의미 있고 진정성 있는 경험을 원한다. 이들은 사회적 자본을 제공하는 무언가에 참여하고 오프라인이든 온라인이든 그 경험을 친구나 가족과 공유하고 싶어 한다. 그리고 목적이나 취지를 매우 중요시하며 세상에 긍정적인 영향을 미치는 일을 하는 기업과 함께하고 싶어 한다. 이상의 사례에서 확인할 수 있듯이 업계에서는 이를 이미 자연스러운 현상으로 받아들이고 있다. 특히 주목할 부분은 최근 들어 소비자가 이러한 트렌드의 중심에 섰다는 점이다. 자선 활동을 접목시킨 여행 상품을 선택한다거나 복잡하고 까다로운 예약 방식을 내건 레스토랑을 굳이 선택하는 등 요즘 소비자는 수고와 노력을 기울여 얻은 상품이나 경험에 큰 가치를 부여하며 그렇게 해서 원하는 것을 얻는 행동을 자랑스러워한다.

이 트렌드는 누구에게 도움이 되는가?

이 트렌드를 잘못 해석하여 무조건 복잡한 절차만 만들어 소비자를 성가시게만 하면 된다고 생각하면 오산이다. 소비자가 소비할 권리를 '취득'하고 싶어 한다고 해서 그간 문제없이 잘 굴러가던 기존의 방식을 버리고 소비자가 구미 당겨질 새로운 무언가를 반드시 만들어내라는 의미는 아니다. 그보다 이 트렌드는 소비자가 열광하는 경험을 이미 제공하는(혹은 그러한 방향으로 가고 있는) 기업에 훨씬 더 효용 가치가 있다. 이미 그러한 경험을 제공하고 있다면 그 소비자에게 그러한 경험을 할 수 있는 방법이나 기회를 더 많이 제공하여 성취감을 극대화할 수 있게 하는 것이 중요하다.

이 트렌드를 활용하는 방법

★ 비밀 장소를 마련하라

다른 곳과 차별화된 매우 독특한 경험을 제공하는 레스토랑을 보면 대개 다른 경험 속에 그 경험이 끼어 있다는 사실을 알 수 있다. 예를 들어, 처음에 호세 안드레스는 자신이 운영하는 또 다른 레스토랑 카페 애틀랜티코Café Atlantico 안에 이 미니바를 개설한 것이다. 처음에는 아는 사람만 찾을 수 있는 비밀스러운 작은 공간을 마련하여 이들에게 특별한 경험을 제공하겠다는 생각에서 시작한 일이었다. 이 트렌드를 잘 활용하고 싶다면 바로 안드레스와 같은 마음자세로 시작하는 것이 도움이 될 것이다. 비밀스럽고 새로운 뭔가를 만들어내는 것이 큰 기회로 다가올 수 있다. 그리고 기존의 경험 안에 새로운 것을 끼워 넣는 것이 관리하기가 훨씬 편하다.

★ 명분을 잊지 마라

AGDQ에 참가해본 게이머가 그때의 경험을 갈구하고, 자선 활동이 접목된 여행을 해본 사람들이 더 큰 만족감을 느끼는 데는 다 그만한 이유가 있다. 우리가 소비할 권리를 취득할 때는 그렇게 하는 것에 공익적 가치가 있다고 믿고 싶어 한다. 소비자에게 제공하는 제품이나 경험에 이러한 명분이 강하게 담겨 있을수록 사람들은 자신이 아는 모든 사람들과 그러한 경험을 공유하려는 욕구가 더 커진다.

Anti-Stereotyping
고정 관념 탈피

생활방식의 변화 그리고 성, 인종, 기타 범주에 대한 소속 기준에 근본적인 변화가 생기면서 전통적인 남녀의 성 역할이 뒤바뀌고 있다.

오스트레일리아의 TV 뉴스쇼 진행자 칼 스테파노빅Karl Stefanovic은 〈투데이Today〉라는 아침 뉴스쇼를 공동 진행하고 있다. 스테파노빅은 2015년에 성차별 문제를 재조명하는 차원에서 자신이 1년 동안 은밀히 한 가지 실험을 해왔다고 밝히면서 세계적인 유명 인사가 됐다.

그는 실험 결과 옷차림이나 용모에 대한 기대 수준에서 남녀 간에 큰 차이가 있다는 점을 발견했다고 한다. 즉, 여성에 대해서는 이 기대 수준이 매우 높은 반면에 남성에 대해서는 기대 수준이 낮았다는 것이다.

여성 공동 진행자 리사 윌킨슨Lisa Wilkinson이 의상이나 용모 때문에 계속해서 비난받는 모습을 지켜보던 스테파노빅은 사람들이 이러한 성 차별적 관행을 확실히 인식할 수 있게 해보자는 생각을 했다. 그래서 1년 동안 넥

타이 정도만 바꿔 매면서 매일 똑같은 옷을 입고 뉴스쇼를 진행하기로 했다. 그런데 아무도 그 사실을 눈치 채지 못했다.

이 실험 결과를 접하자 사람들은 이것이야말로 미디어 및 연예 업계에 종사하는 여성에 대해 남성과는 다른 기준이 적용되고 있음을 보여주는 중요한 증거라고 생각했다. 이러한 이중 잣대가 존재한다는 사실 자체가 그다지 놀라울 것은 없다. 스테파노빅 같은 남성이 이 같은 부당한 현실을 파헤쳐보겠다고 결심할 정도로 이러한 관행이 너무 만연해 있다는 사실이 중요하다.

성 평등의 문제는 그저 '여성'의 문제로 치부돼 온 것이 사실이다. 그래서 남녀평등의 노력은 주로 여성을 억압하는 남성과 맞서 싸우기 위해 여성들이 단합하자는 차원에 머물러 있었다. 그런데 이제는 달라졌다. 남녀평등을 비롯한 평등성의 문제는 이제 더는 일방적인 차원의 문제가 아니다. 앞으로 이 복잡한 문제들이 고정 관념의 틀 밖으로 뛰쳐나오면서 성, 인종, 기타 범주 등에 관계없이 전향적 사고방식을 가진 사람들이 단합하여 퇴행적 사고방식을 가진 사람들과 싸우는 상황이 전개될 것이다.

근거 없는 억측이나 가정을 토대로 전체 집단을 싸잡아 범주화하는 것을 거부한다는 것 자체가 고정 관념 탈피 트렌드의 핵심이며 이러한 변화가 남성과 여성의 대결 구도를 바라보는 태도에서부터 남녀를 구분하는 잣대에 이르기까지 모든 것을 바꿔놓고 있다.

내가 이 트렌드를 처음 언급한 때가 2014년이었다. 그 이후로 전통적인 남녀 성 역할의 변화라든가 성별 개념의 경직성 완화에 관한 이야기들이 더 많이 축적됐고 성을 일종의 식별인자 혹은 능력과 무능을 구분하는 절대적 기준으로 보는 경향이 많이 사라지고 있다.

남성상의 변화

아주 오래 전에 전통적인 남성상에 아울리지 않게 부드러운 면을 드러내 보이는 남성을 가리켜 '메트로섹슈얼'이라 표현했었다. 물론 이러한 남성을 바라보는 시선이 곱지 않았으므로 '메트로섹슈얼'이 긍정적인 표현은 분명히 아니었다.

메트로섹슈얼은 1990년에 유행한 용어로, 말하자면 외모에 신경 쓰고, 주기적으로 손톱 손질을 하고, 지갑이 아니라 작은 가방man-bag을 가지고 다니는 남성을 표현하는 말이었다. 이로부터 한 세대가 지난 지금은 '럼버섹슈얼lumbersexual'이 유행이다. 플란넬 셔츠를 입고 수염을 덥수룩하게 기른 남성을 가리키는 말로 거친 남성상을 추구하던 예전으로 복귀하는 추세를 반영하고 있다.

그러나 이 두 가지 모두 남성상 자체의 변화보다는 그저 한때뿐인 일시적 유행에 초점을 맞추고 있다. 가족을 돌보고, 아이를 양육하고, 아이들과 더 많은 시간을 보내고, 부모가 되는 것을 진심으로 기꺼워하는 것에 큰 가치를 부여하는 환경이 되면서 남성상에도 변화가 생기기 시작했다. 새로운 남성상은 셔츠의 재질이 무엇이냐 혹은 수염을 기르느냐 아니냐와는 전혀 상관이 없다.

이 새로운 세대의 남성(혹은 아버지)은 아이 혹은 가족과 시간을 보내는 대신에 가족을 부양한다는 명목 아래 일만 하던 예전의 아버지 상像을 포기하고 있다. 직장에 매어 있기 싫어서 그만 두고 내 사업을 시작하는 사람이 있는가 하면 육아 휴직 등 남성에게도 아이들과 함께 할 수 있는 기회를 똑같이 제공하는 직장을 선택하는 사람도 있다.

버진, 마이크로소프트, 존슨앤드존슨을 비롯한 수많은 기업이 여성뿐 아니라 남성에게도 육아 휴직을 허용하고 있다. 유럽 지역(특히 스칸디나비아)에서는 보편화한 제도인데 다른 지역은 그렇지가 못하다. 최근에 〈퍼시픽 스탠다드Pacific Standard〉는 결혼하기 전에 우선 부모부터 되고 싶어 하는 사람들이 늘어가는 추세에 주목하고 독신 남성들 사이에서 대리모를 통해 아이를 갖는 일이 심심치 않게 일어나고 있다고 소개했다.

바비 인형 제조사로 유명한 마텔Mattel 또한 성별 차이에 대한 고정 관념을 고착시킨다는 비판 여론을 반영하여 2015년 모스키노 바비 인형 광고에 처음으로 소년을 등장시켰다.

이러한 트렌드를 처음 언급할 때 소개했던 또 한 가지 사례가 장난감 제조사 하스브로Hasbro에 관한 것이다. 13세 소녀가 여아만 겨냥한 것 같은 광고와 마케팅 방법을 바꿔달라는 내용의 청원을 했고 결국 하스브로는 여아와 남아가 함께 가지고 놀 수 있는 중성 버전의 '이지 베이크 오븐Easy-Bake Oven'을 만들어내기에 이르렀다.

이러한 남성상의 변화는 스톡포토 업계의 선두주자 게티이미지Getty Images가 내놓는 사진 작업에 직접적으로 반영됐다. 게티이미지는 '린인투게더Lean In Together' 운동의 일환으로 2015년에 새로 꾸민 남성 사진 컬렉션을 내놓았다. 린인투게더는 셰릴 샌드버그Sheryl Sandberg가 시작한 일종의 양성 평등 운동이다. 사진집에는 기저귀를 가는 남성 등 예전에는 상상도 하지 못했던 남성의 모습이 담겨 있었다. (실제로 2015년에는 '기저귀 가는 아빠'라는 구절의 검색량이 2007년에 비해 7배나 증가했다.)

그러한 이미지가 왜 그렇게 중요한가? 이에 대해 게티이미지의 '시각적 트렌드 부문 디렉터' 팸 그로스만Pam Grossman은 이렇게 말한다. "성 역할에 대한 고정 관념을 깨는 사진이나 이미지에 많이 노출되면 그것을 점차 정상으로 받아들이게 된다. 그러한 이미지에 익숙해지면 여성이 리더가 된다거나 남성이 아이를 돌보는 모습에 대한 거부감이 줄어들 뿐만 아니라 실제로 자신들도 그러한 행동을 자연스럽게 하게 된다.”

이와 같은 이미지의 변화는 광고주가 원하는 스톡포토에도 영향을 미치고 있다. 예를 들어, 2007년에는 가장 주가株價 높은 아버지상이 바로 ‘아들과 축구를 하는 아빠’였다. 그런데 2015년에는 ‘딸에게 책을 읽어주는 아빠’의 모습이 가장 인기였다.

강인한 여성상

할리우드 영화사상 역대 최고의 개봉일 수익을 올린 영화는 〈스타워즈 : 깨어난 포스Star Wars: The Force Awakens〉였다. 2015년 12월에 개봉한 이 영화는 단 12일 만에 10억 달러의 수익을 올렸으며 최단 기간에 10억 달러를 벌어들인 영화가 됐다.

대다수가 기억하는 바와 같이 오리지널 3부작인 〈스타워즈 트릴로지 Star Wars Trilogy〉에는 가냘픈 여성과는 거리가 멀어도 한참 먼 레아 공주가 등장한다. 레아 공주는 강한 사람이며 모든 여성의 영웅이었다.

〈스타워즈 : 깨어난 포스〉는 시대를 초월하여 가장 사랑받는 공상 과학 영화의 최신작이라는 것 외에 레이 역의 데이지 리들리와 핀 역의 존 보예가 등 새로 주인공을 맡은 젊은 두 배우의 모습을 보면서 신세대의 성 역할 개념을 다시 한 번 돌이켜보게 한다.

이 영화 속에서 남자 주인공 핀을 여자 주인공 레이가 구해주는 장면이 자꾸 나온다. 사실 이렇게 남녀의 역할이 뒤바뀐 듯한 모습은 이미 〈헝거게임The Hunger Games〉이나 〈다이버전트Divergent〉 등 인기 액션 영화에 단골처럼 등장하던 장면이었다.

남녀의 역할이 바뀐 모습은 TV에서도 확인할 수 있다. 예를 들어, 어린이 채널 니켈로디언Nickelodeon에서 방영하는 시트콤 〈벨라와 불독스Bella and the Bulldogs〉에서는 중학교 미식축구팀의 여자 쿼터백이 주인공으로 나온다. 〈콴티코Quantico〉는 인도 영화계 출신의 여배우 프리앙카 초프라가 주연을 맡은 첩보 액션물로 초프라는 여기서 FBI 요원으로 활약한다. 이와 같은 여성상의 변화는 TV나 영화에서만 볼 수 있는 현상은 아니다. 페이스북, 펩시, 지엠GM, 제록스Xerox, 오라클Oracle, 휴렛팩커드HP, 몬델리즈 인터내셔널, 록히드 마틴Lockheed Martin의 CEO를 포함하여 세계 굴지의 대기업에서 활약하는 여성 경영자들이 크게 늘고 있다.

〈케빈은 열두 살The Wonder Years〉에 출연했던 왕년의 아역 스타 대니카 맥켈러Danica McKellar는 현재 여학생들이 수학에 재미를 붙일 수 있도록 기하학과 대수학 시리즈를 펴낸 베스트셀러 저자다. 맥켈러는 자신을 '수학밖에 모르는 바보'라고 표현할 정도로 수학에 대한 열정이 매우 강했다.

스포츠계도 예외는 아니다. 미국과 캐나다에서 프로 아이스하키 리그가 등장했다. 오랫동안 남성이 지배해왔던 프로미식축구리그 NFL에서도 변화의 조짐이 나타났다. 2015년에 애리조나 카디널스가 젠 웰터Jen Welter를 시즌 전 훈련 캠프의 인턴 코치로 고용하면서 NFL 사상 첫 여성 코치가 탄생했다.

스포츠, 경제, 미디어, 엔터테인먼트 부문에서 성 역할에 대한 고정 관념의 변화를 확인할 수 있는 사례가 줄을 잇고 있다. 이제 우리는 전통적인 여성상의 틀에서 벗어나 새로운 성 역할 모형을 만들어가고 있다.

혼합된 성 정체성

문화 비평가 웨슬리 모리스Wesley Morris는 한 해를 마무리하는 시점에 〈뉴욕타임스〉에 올린 글에서 2015년을 '성 정체성과 씨름한 해'로 규정했다. 문화적 측면에서의 성 정체성 개념의 변화와 정체성의 혼합 현상을 일컬은 말이었다. 모리스는 이렇게 쓰고 있다. "성 역할이 통합되고 있으며 그러한 추세가 나날이 가속화하고 있다. 성전환자에서부터 양성애자, 동성애자를 넘어 범성애자 혹은 다성애자의 범주로까지 성 정체성의 개념이 확장되고 있다."

이러한 현상은 게티이미지가 '성 정체성의 혼합'이라 규정한 트렌드와 맥을 같이 한다. 앞에서 언급했던 게티이미지의 '린인투게더' 컬렉션은 물론이고 좀 더 중성적인 이미지를 원하는 광고주가 점점 늘어간다는 사실만 봐도 이러한 성 역할 혹은 성 정체성의 혼합 현상이 어느 정도 설명이 된다.

토론토에 있는 스페인 의류 브랜드 데시구엘Desigual 광고판에서는 '성 중립'이라는 문구 바로 위에서 성별이 특정되지 않은 모델 두 명이 서로 포옹하는 장면이 등장했다. 전 세계 장난감 업계에서 수년간에 걸쳐 이루어진 변화의 중심에는 바로 이 '성 중립성' 개념이 존재한다. 현재 장난감 업계는 남아용 여아용으로 구분하던 예전의 제품 분류 체계에서 벗어나는 추세다. 아이들이 성별이 아니라 자신의 기호와 취미에 맞게 장난감을 고를 수 있게 하려는 것이다.

앞으로 이러한 성 정체성의 혼합이 마케팅, 미디어, 유통 매장의 디자인, 기타 예상치 못했던 여러 분야에 계속해서 영향을 미칠 것이다.

이 트렌드의 중요성

오랫동안 우리의 자아관과 성 정체성에 가장 큰 영향을 미친 것은 성별 개념이었다. 그런데 이제는 성별보다 개인의 열정이나 성격이 이러한 자아관과 성 정체성을 정립하는 데 훨씬 더 중요한 요소가 될 것이다. 이제 사람들은 자신이 정말로 좋아하는 것을 좋아하고 또 같은 것을 좋아하는 사람들을 찾아 모이게 될 것이다. 어린 세대들의 성 정체성 정립에는 이미 협력적 성 역할 모형이 반영되고 있다.

궁극적으로 이러한 성 중립적 경향은 성 역할에 대한 고정 관념에서 탈피하게 하여 타인을 바라보는 시각에도 긍정적인 변화를 일으킬 것이다. 앞으로 '예외'적인 사례를 수없이 경험하게 될 것이고 따라서 그동안 우리가 고정 불변의 '원칙'이라고 생각했던 고정 관념이 실은 잘못된 것임을 자연스럽게 깨닫게 될 것이다. 이러한 변화를 통해 전통적인 성 역할 모형에서 벗어나는 위험을 기꺼이 감수하겠다는 사람들이 늘어날 것이고 고정 틀에서 벗어나는 경험을 통해 새로운 것에 대한 도전 의식도 배가될 것이다.

이 트렌드는 누구에게 도움이 되는가?

이 트렌드는 특정한 성이 지배하던 업계에서 특히 유용하게 활용될 것이다. 할리데이비슨Harley-Davidson이 그 좋은 예다. 세계적인 오토바이 제조업체 할리데이비슨은 누가 봐도 남성 고객을 겨냥한 업체다. 그런데 이 업체는 남성 고객 위주에서 여성과 남성을 불문한 전방위적 마케팅으로 지난 몇 년간 엄청난 성장을 이뤘다. 이러한 혁신적 변화 덕분에 할리데이비슨은 여성 고객을 표적으로 하는 허를 찌르는 마케팅 전략으로 큰 성공을 거둔 대표적인 사례로 꼽힌다. 이 사례가 주는 교훈은 아주 분명하다. 표적으로 삼을 고객 기반이 생각보다 훨씬 넓을 수 있다는 사실이다. 그리고 중립적 성 정체성이나 성 역할 개념의 변화가 사람들이 좋아하는 것, 원하는 것, 하고 싶어 하는 것 등등에 결정적인 영향을 미친다. 따라서 성별이 아니라 이러한 기호에 초점을 맞춰 새로운 고객 기반에 눈을 돌린다면 그곳이 또 다른 수익 창출원이 돼 줄 것이다.

이 트렌드를 활용하는 방법

★ 무의식적으로 발현되는 성적 고정 관념을 찾아보라

우리가 자각하지 못하는 사이에 성별 편견이 반영된 말이나 문구를 너무 많이 사용한다는 것이 문제다. CEO를 칭할 때면 무의식적으로 남성을 의미하는 '그'라는 단어를 사용하고 간호사는 '그녀'라고 지칭하지는 않는가? 너무 사소한 것까지 신경 쓰는 것 아니냐 싶을 것이다. 그러나 고객도 그렇고 기업도 그렇고 이러한 사소한 부분에 주목하기 시작했으며 이것이 생각보다 큰 영향력을 발휘할 수 있다. 따라서 무심결에 발현되는 이 같은 편견을 찾아내서 거둬내는 일이 무엇보다 중요할 것이다.

★ 아버지에게도 혜택을!

나도 내 사업을 시작하기 전에 직장 생활을 해본 경험이 있는 '아버지'다. 그래서 일에도 지장을 주지 않으면서 가족과 함께할 시간을 내는 것이 얼마나 어려운지 잘 안다. 어머니인 여성 직장인에게는 여가 시간을 더 많이 주고 근무 시간도 융통성 있게 조절할 수 있게 하면서 아주 교묘한 방법으로 아버지인 남성 직장인에게는 이와 같은 혜택을 주지 않으려는 기업이 넘쳐난다. 절대로 이런 기업이 돼서는 안 된다! 적어도 어머니에게 제공하는 만큼의 혜택을 아버지에게도 똑같이 제공하라.

Virtual Empathy
가상현실을 통한 공감

콘텐츠 제작자가 좀 더 몰입력이 강한 이야기를 풀어내면 가상현실의 질은 높아지고 비용은 줄어든다. 이러한 고품질 가상현실을 통해 사람들은 또 다른 관점에서 세상을 바라보게 되고 이 과정에서 공감 수준도 높아지게 된다.

가상현실VR이 어떻게 세상을 바꾸는지를 언급하지 않고는 연예(엔터테인먼트) 산업의 미래를 논하기 어렵다. 최근 인터뷰에서 20세기폭스 홈엔터테인먼트의 사장 마이크 던Mike Dunn은 이렇게 말했다. "VR은 그냥 홍보 도구 혹은 마케팅 자료의 수준을 넘어 엔터테인먼트 업계가 첫손에 꼽는 중요한 요소다."

던의 이 발언은 가상현실의 미래를 너무 낙관적으로 본 경향이 없지 않으나 작년 한 해를 돌이켜볼 때 가상현실의 활용도가 더욱 높아지면서 대세의 자리까지 넘볼 수도 있다는 예측을 가능하게 한다.

2015년 중반에 구글이 출시한 카드보드Cardboard가 있으면 스마트폰을 사용하여 직접 가상현실을 경험할 수 있다.

몇 개월 후 삼성도 기어 VRGear VR이라는 가상현실 구현 헤드셋을 발매했다. 100달러를 넘지 않는 저렴한 가격이며 기존의 삼성 모바일폰에서 작동하도록 설계돼 있다.

2014년에 페이스북이 약 20억 달러에 인수한 가상현실 기술의 선구자 오큘러스 리프트Oculus Rift는 새로운 콘텐츠 경험을 선사하는 일에 매진하고 있으며 기술적 차원에서 폭스, 라이언스게이트Lionsgate, 삼성 같은 기업에 적지 않은 영향을 미치고 있다.

이상의 상황을 살펴보면 가상현실을 그저 엔터테인먼트 산업의 미래를 바꾸는 하나의 '기술'로 이해하기 쉬울 것이다. 전혀 틀린 시각은 아니다. 그러나 좀 더 자세히 들여다보면 우리가 지금 논하는 가상현실은 기술적 차원을 넘어 인간의 감성에 호소하는 측면이 더 강하다. 다른 사람의 시각으로 세상을 바라볼 수 있게 하는 기술이 현실화된다면 공감 능력이 훨씬 향상될 것이다.

가상현실의 잠재력을 믿는 사람 중에는 가상현실이야말로 세상에서 가장 훌륭한 공감 '기기'라고까지 표현하는 사람도 있다. 가상현실을 이용하면 자기 자신에 대한 이해 수준까지는 아니더라도 다른 사람들을 적어도 전보다는 더 잘 이해하게 되고 빈곤 지역이나 전쟁의 위험이 있는 지역에서 사는 사람들에 대한 공감 수준도 한결 높아질 것이다. 또 환경 보호에 대한 의식 수준도 높아지고 어쩌면 더 좋은 '사람'이 되는 데도 도움이 될 수 있다. 무슨 꿈같은 이야기냐 싶겠지만, 이 장을 통해 이 꿈같은 이야기가 현실로 성큼 다가와 있음을 알 수 있을 것이다.

숲속에서 나무를 베는 경험을 해보면 앞으로 종이를 절약하게 될까?

가상현실이 인간의 행동에 미치는 영향을 연구하는 분야에서 최고 권위를 자랑하는 스탠퍼드 대학 '가상의 인간 상호작용 실험 연구소Virtual Human Interaction Lab'는 다양한 연구를 진행한 결과 몇 가지 중요한 사실을 발견했다.

이 연구소의 소장 제러미 베일렌슨Jeremy Bailenson은 이렇게 말했다. "우리는 자기 자신을 바꿀 수 있고 애니메이터가 제공하는 것은 무엇이든 경험해볼 수 있는 그런 시대로 들어서고 있다."

베일렌슨 연구팀이 한 가지 실험을 진행했다. 실험 참가자들은 헤드셋을 쓰고 가상 거울을 들여다본다. 거울 속에 비친 것은 소가 된 자신의 모습이다. 실험자는 피험자에게 다음과 같은 다소 자극적인 질문을 한다. "지금 소가 어떤 기분인지 알 수 있나요? 앞으로 소고기를 덜 먹을 것 같은가요?"

가상현실 속에서 도살장으로 끌려가는 소를 경험하는 동안 진짜 소가 된 듯 느끼도록 피험자의 몸을 막대기로 쿡 찌르기도 한다. 실험이 끝난 후에 한 피험자는 당시의 경험을 이렇게 쓰고 있다. "일단 가상현실에 익숙해지자 내가 정말 소라고 느껴지지 시작했다. 정말로 도살장에 끌려가는 기분이었고 이제 죽겠구나 하고 생각하니 너무 슬펐다. 마지막에 경험한 그 찌르는 느낌이 말할 수 없이 슬펐다."

이 실험의 목적은 사람들을 채식주의자로 변화시키거나 소에 대한 공감 능력을 키우는 데 있는 것이 아니었다. 연구팀은 가상현실을 경험하는 것이 실제 인간의 행동에 영향을 미치느냐 하는 부분에 관심이 있었다.

다양한 유형의 실험을 설계했으나 결론은 마찬가지였다. 65세가 된 자신의 모습을 지켜본다면 앞으로 노후 설계에 더 신경을 쓰게 될까? 그렇다.

가상현실 속에서 나무를 베어 넘어뜨리는 경험을 한다면(게다가 나무가 쓰러지는 소리까지 들는다면) 앞으로 종이를 좀 더 아껴 쓰게 될까? 물론 그렇다. 베일렌슨 팀의 연구 결과는 시사하는 바가 아주 크다. 몰입도 높은 가상현실 경험을 통해 다른 사람이나 동물 더 나아가 환경과 교감하는 능력을 계발할 수 있다.

몰입 저널리즘의 부상

2015년 2월에 다보스에서 세계경제포럼World Economic Forum, WEF이 열렸다. 120여 개국에서 참가한 외교관들은 전쟁 지역의 상황을 직접 경험하려고 삼성 기어 VR 헤드셋을 쓰고 대기하고 있었다. 이들이 보려는 가상현실은 영화 제작자이자 가상현실 분야의 개척자 크리스 밀크Chris Milk와 유엔 수석 자문가인 자칭 '닌자 관료' 가보 아로라Gabo Arora가 공동 제작한 '영화'였다.

그룹 유투U2의 앨범 출시 기념 파티에서 기타리스트 에지의 소개로 처음 만난 두 사람은 〈시드라에 드리운 구름Clouds Over Sidra〉이라는 8분짜리 단편 영화를 만들기로 의기투합했다. 시청자는 요르단 자타리 난민 수용소에서 8만 명의 난민과 함께 생활하는 열두 살짜리 시리아 소녀 시드라의 눈으로 그 현장을 지켜보게 된다.

이러한 노력들은 언론인이 인도주의에 기반을 둔 심층적 탐사 보도를 통해 사회적 약자에 속하는 사람들의 고달픈 삶을 공유하는 형태의 이른바 '몰입 저널리즘'의 르네상스를 이끌어내고 있다.

이외에도 성범죄의 가해자가 되어 그 심리를 파악해보는 '더파티The Party', 성전환 가상현실 체험 장치를 통해 서로 상대의 성이 되어 보는 '머신

투 비 어나더Machine to Be Another', 협상의 효율성을 위해 상대를 이해하는 일이 얼마나 중요한지 실감하기 위해 가상 협상 장면에서 양측의 관점을 다 경험해 보는 것(하버드대학교 연구) 등 역지사지의 가치를 확인할 수 있는 다양한 노력이 이루어졌다.

〈뉴욕타임스〉도 구글 카드보드를 활용한 대규모 실험을 진행했다. 구독자에게 카드보드 렌즈를 우송하여 필요한 앱을 다운로드하게 한 다음 '세계 각지에서 일어나는 일을 가상으로 경험'할 수 있게 했다.

이처럼 가상현실은 중요한 이야기를 실감나게 들려주거나 몰입 저널리즘의 부흥을 이끌어내는 외에 의료 부문과 비즈니스 부문에서도 중요한 변화를 일으키고 있다.

공감 의료

2005년에 앨버트 리초Albert Rizzo 박사가 외상 후 스트레스 장애PTSD로 고생하는 군인들에게 도움이 되는 가상현실 소프트웨어를 최초로 개발했다. 그런데 VR 기기 부분이 아쉬웠다. 이때 사용한 헤드셋의 가격이 1,600달러나 됐다. 그런데 요즘은 모바일폰에 이미 내장된 회전의回轉儀와 가속도계를 활용하는 삼성 기어 VR 같은 헤드셋 덕분에 가격이 엄청나게 싸졌다.

따라서 이제 가격 요소는 큰 문제가 되지 않는다. 이와 함께 앞으로 VR 덕분에 의료 서비스 제공 방식에 근본적인 변화가 일어날 것이라고 믿는 의료인과 임상 전문가가 증가하고 있으며 그 대표적인 인물이 리초 박사다.

그리고 이러한 믿음이 현실이 될 날이 머지않았다는 징후가 속속 드러나고 있다.

로욜라 대학은 VR 기술을 활용하여 화상 환자에게 도움이 되는 '스노 월드Snow World'라는 게임을 시험 중에 있다. 화상 치료는 극심한 통증을 동반하는 경우가 대부분인데 이 고통스러운 치료를 받을 때 가상으로 펭귄과 눈사람에게 눈을 뭉쳐 던지는 게임을 하게 한다.

샌프란시스코에 소재한 프시오스Psious라는 VR 스타트업은 연설 기피증에서부터 비행 공포증에 이르기까지 사람들이 느끼는 온갖 불안이나 공포심을 극복하는 데 도움이 되도록 VR 기술을 활용한 노출 요법 개발에 매진하고 있다. 자폐증 아동이 좀 더 쉽게 대인관계 기술을 배울 수 있게 하는 데 이 방법을 활용하기도 한다.

환자에게 뿐 아니라 의사에게도 VR은 활용 가치가 매우 크다. 외과나 치과 수련의는 VR 기술을 통해 치료법과 기술을 연마할 수 있다. 즉, 다루기 까다로운 다양한 합병증을 안전한 학습 환경에서 다뤄볼 수 있고 더 나아가 환자의 관점에서 치료 과정을 경험할 수도 있다.

앞으로 점점 더 많은 산업 부문에서 VR 기술의 활용 가치가 확인될 것이다.

미래의 포커스 그룹

포드 자동차는 지난 15년 동안 자동차를 설계하고 시험하는 작업을 할 때 요란스럽게 포커스 그룹을 이용하는 대신 VR 기술을 활용하여 조용히 작업을 완료했다. 포드의 기술 전문가 엘리자베스 배런Elizabeth Baron은 최근 〈포브스〉와의 인터뷰에서 이렇게 말했다. "소비자가 느끼는 품질 수준이 어느 정도인지를 알아야 한다고 본다. 그래서 자동차를 만들기 전에 완제품이 어떤 모습일지 품질은 어느 수준일지 알고 싶었다." 배런은 작년 한 해 동안 193

개에 달하는 가상 프로토타입(시제품)을 대상으로 조명 상태, 위치, 모양 등 13만 5,000개가 넘는 세부 사항을 꼼꼼히 검사했다고 한다.

지난 1월 디트로이트 자동차 쇼에서 최대 속도가 시속 320킬로미터인 '슈퍼카' 포드 GT 개발 계획을 발표했다. 슈퍼카 시장의 절대 강자인 페라리 Ferrari나 맥라렌McLaren에 야심차게 도전장을 내민 셈이었다. 이 프로젝트는 포드 퍼포먼스Ford Performance 팀이 내놓은 첫 번째 작품 가운데 하나다. 포드 퍼포먼스는 소수 엔지니어와 디자이너로 구성된 소집단으로 본사 소재지인 미시건 주 디어본에 별도로 마련된 시설에서 근무한다. 운전자와 상호작용하는 방법을 비롯하여 이 슈퍼카의 초기 콘셉트 대부분이 VR 기법을 통해 얻은 것이다.

업계에서는 실제 소비자와 슈퍼카의 상호 작용 방식을 이해하고자 VR을 활용하는 시뮬레이션 기법이 점차 보편화하고 있다. 가상현실 스튜디오 서드페이트Third Fate가 그 좋은 예다. 주로 건축가와 관련 기업을 대상으로 실제 건축 작업에 들어가기 전에 VR 기법을 활용해 미리 3차원적 설계를 해볼 공간을 마련하고자 2015년에 이 스튜디오를 만들었다.

가상현실 소프트웨어 회사인 월드비즈WorldViz는 이처럼 가상으로 공간 및 제품을 구현할 수 있게 해주는 가장 인기 있는 VR 개발 플랫폼을 보유하고 있다. 월드비즈의 VR 소프트웨어 개발 플랫폼 비자드Vizard는 건축가나 디자이너가 가상으로 공간 설계를 한다거나, 석유 및 천연가스 개발 회사의 근로자를 위한 안전 장비 유지관리 훈련 시나리오를 만들거나, 완성되기전에 미리 병실 디자인을 보여주고 의사나 간호사가 이에 관해 의견을 제시할 수 있는 기회를 제공하려 할 때 효과적이다.

이러한 방식을 활용하면 작업자인 건축가나 디자이너, 엔지니어 등이 최종 사용자와 공감할 길이 열린다. 실제로 이 과정에서 사용자의 의견을 실시간으로 반영함으로써 더 만족스러운 결과물을 얻어낼 수 있다.

이처럼 제품이나 공간 설계 외에 대인 관계 등 조직 생활의 사회적 측면에서 VR의 활용 가치가 확인되기 시작했다. 직원 면접이나 채용 과정에 VR 기법을 도입하는 곳도 있다. VR 헤드셋을 활용하여 직원 서로에 대한 공감 능력을 키우고 대인 의사소통 기술을 습득할 기회를 제공함으로써 공간적으로 떨어져 있는 팀들 간의 이해와 협력 수준을 높이려 하는 기업도 있다.

이 트렌드의 중요성

오큘러스 리프트, 삼성, 기타 기업들이 앞으로 더 싸고 더 소비자 친화적이 VR 기기를 계속해서 출시할 것이고, 그렇게 되면 우리 자신만이 아닌 타인의 관점에서 세상을 바라볼 수 있는 길이 더 많이 열릴 것이다. 가상현실 부문에 관한 한 엔터테인먼트와 게임 업계가 계속해서 주목을 받게 될 것이다. 그러나 더 많은 사람이 더 다양한 환경에 공감하는 능력이 있느냐에 따라 VR 기술이 세상을 바꾸는 가치 있는 힘이 될 수 있느냐 마느냐가 결정될 것이다. VR 산업이 성장하면 우리 모두 좀 더 인간다운 인간, 좀 더 '좋은' 사람으로 성장할 가능성이 크다는 것만은 분명하게 말하고 싶다.

이 트렌드는 누구에게 도움이 되는가?

자체 연구소나 실험 시설이 없는 기업이나 규모가 작은 기업에서 일하는 사람들이 보기에 공감 능력 신장을 위해 VR을 활용한다는 발상은 그럴듯하기는 해도 현실적으로 실용성이 떨어진다고 느낄 수도 있다. VR을 활용하여 건축 설계나 자동차 프로토타입을 시험하는 경우가 그렇게 일반적인 일이 아니므로 혁신을 한답시고 굳이 이 추세에 맞출 필요는 없다. VR 기술의 힘은 사람들로 하여금 각자의 선입견이나 편협한 세계관의 틀을 벗도록 자극하는 데 있다.

직원들이 소속 업종의 렌즈로 세상을 바라본다고 하자. VR은 직원들의 이 편협한 시야를 교정하여 고객과의 공감 능력을 높이려고 하는 기업 혹은 직원들을 혁신의 길로 들어서게 하고 싶은 기업에게 크게 유용한 도구가 될 것이다.

VR을 활용하고자 하는 사람들이 반길 희소식이 있다. 쉽게 이용할 수 있는 VR 활용 프로그램이나 도구가 아주 많아서 직접 VR 기기나 실행 앱을 만들거나 할 필요가 없다는 점이다. 현재로서는 특히 엔터테인먼트 분야에서 VR의 쓰임새가 많고 활용도도 높다. 그러므로 여기서 얻은 교훈이 다른 기업에는 꽤 유용한 정보가 될 것이다. 그리고 머지않아 고용, 해고, 협상, 판매 등 다양한 과업을 수행할 때 각 상황에 맞는 공감력을 갖추는 데 도움이 되는 좀 더 특화된 프로그램이 등장할 것이다.

이 트렌드를 활용하는 방법

★ 작은 실험실에 투자하라

'실험실'이라고 하면 과학자들이 우글대는 거대한 공간을 떠올리기 마련이다. 그러나 요즘은 500달러에서 1,000달러만 투자해도 실험 및 실습에 필요한 최소한의 장비와 공간을 마련할 수 있다. 그래야 마음껏 필요한 실험을

해보도록 직원들을 독려할 수 있다. 신기술의 가치는 기업으로 하여금 경쟁
자와는 다르게 행동하게 하는 데 있다.

★ VR 기술을 체험하라

극히 제한된 경험을 제공하는 가정용 VR 체험기기 외에 대도시의 창업 육
성 기관이나 공동 작업실 혹은 첨단 기술 박람회장 혹은 대학 연구실 등 완
벽한 VR 체험을 제공하는 곳이 많다. 신기술이라는 것이 대부분 그렇듯이
실제로 헤드셋을 쓰고 직접 가상현실을 경험해야만 VR이 무엇인지를 제대
로 이해할 수 있다.

Data Overflow
자료의 범람

기존 자료에 공개 자료가 혼합되는 현상이 가속화하면서 기존의 자료 관리 알고리즘을 넘어 더 나은 인공지능, 더 스마트한 큐레이션, 더 많은 스타트업 투자에 의존해야 하는 상황에 직면하고 있다.

빅데이터는 그 규모가 더 방대해지고 스몰데이터[28]는 더 세밀해지고 있다. 이러한 양극화가 심각한 문제를 유발하기 시작했다. 비즈니스 업계에서는 빅데이터 및 더 많은 정보를 수집하는 방법에 몰두하고 있으나 2015년에 나는 '스몰데이터'에 주목해야 한다고 밝혔다.

스마트기기와 소셜 미디어 플랫폼을 통해 직접 자신에 관한 개인 자료를 수집하는 소비자가 증가하는 현상에 주목하여 더 나은 성과, 더 나은 서비스 제공, 더 합리적인 가격 책정 등에 이러한 정보를 활용해야 한다는 차원에서다. 소비자가 스스로 수집한 스몰데이터를 공개하게 하고 이를 이미

---

28 small data, 사소한 행동에서 나오는 개인에 관한 상세 정보

수집한 빅데이터와 합치는 방법을 찾아내는 기업이 미래의 주인이 될 수 있다고도 주장했다.

그런데 이제는 빅데이터와 스몰데이터의 혼합이 '자료 범람'이라고 하는 새로운 형태의 문제를 유발할 것으로 보인다. 자료를 수집하는 기업은 어디든 간에 감당할 수 없는 엄청난 양의 자료와 씨름해야 하는 상황이 벌어진다는 의미다. 전에도 이러한 논쟁이 있지 않았나 싶을 것이다.

자료 과부하data overload라고도 하는 이 문제는 대부분이 자료를 너무 많이 수집하는 것의 위험성 혹은 개인이든 기업이든 이렇게 수집한 자료를 제대로 판독하지 못하는 상황과 관련돼 있었다. 그런데 지금 말하고자 하는 자료 범람은 이러한 자료 과부하에서 한 단계 더 진행된 상황이라 할 수 있다. 소비자가 스스로 수집한 '스몰데이터'와 기업이 수집한 '빅데이터'가 혼합된 데다 여기에 '공개 자료open data'까지 합해져 훨씬 더 심각한 혼란 상황이 빚어질 것이다.

이 '공개 자료'라는 것은 투명성 제고라든가 규제 준수라는 명목으로 기업이나 정부가 온라인상에 쏟아놓는 자료인데, 대부분이 체계도 구조도 없고 메타데이터[29]도 결여돼 있기 때문에 실질적으로 별로 쓸모가 없는 것이 많다.

뉴욕 대학의 거버넌스랩GovLab은 공개 자료의 동향을 추적하여 매년 세계 각국의 공개 자료 채택 현황에 관한 연례 보고서를 발표한다.

최근에 업데이트한 보고서에서 주목할 만한 지표를 몇 가지를 소개하면 다음과 같다.

---

29 metadata, 자료의 구조, 속성, 저장 위치 등에 관한 데이터를 의미하며 데이터에 관한 데이터, 즉 일종의 '상위 데이터'

- 전 세계 정부가 100만 개 이상의 자료를 공개했다.
- 이 가운데 컴퓨터로 처리할 수 있는 형태로 개방되는 자료 및 사용권이 부여된 자료는 7% 미만이다.
- 자료를 공개하는 국가의 96%가 이러한 자료를 정기적으로 업데이트하지 않는다.
- 2015년 기준 정부의 자료 공개 포털이 전 세계에 약 400개가 있다. (2009년만 해도 겨우 2개뿐이었음)

공개 자료의 양이 매년 기하급수적으로 증가하는 것은 분명하다. 문제는 그러한 자료의 대부분이 본질적으로 무용지물일 수 있다는 사실이다.

공개자료기업센터Centre for Open Data Enterprise의 조엘 거린Joel Gurin은 〈이코노미스트〉와의 인터뷰에서 공개된 자료의 5분의 4 정도는 별로 쓸모없는 자료일 것이라고 추정했다. 자료의 이해와 해석에 필요한 맥락을 제공해주는 표준화 작업이 이루어져 있지 않거나 메타데이터가 결여돼 있기 때문이라는 것이다.

그렇다면 이 문제를 어떻게 해결해야 하는가? 자료 범람의 문제를 풀어낼 단서는 있는가?

이러한 물음에 답하기 위해 이 지구상에서 가장 위험하면서 동시에 가장 발달한 첨단 과학 시설에서 일하는 과학자들이 이러한 문제를 해결하기 위해 어떤 일을 했는지 살펴보도록 하자.

실험실에서의 자료 범람

대형강입자가속기Large Hadron Collider, LHC라고 하면 공상 과학 소설에나 등장할 법한 실험 장면이 떠오를 것이다. 단일 장치로는 세계에서 가장 큰 LHC는 유럽입자물리학연구소CERN가 전 세계 100개국의 과학자 1만 여명과 함께 프랑스와 스위스 국경 지역 지하에 건설한 것으로 길이가 27킬로미터나 되는 터널 안에 위치해 있다. LHC는 입자의 충돌 현상을 관찰하여 물질계의 신비를 파헤쳐보려는 목적으로 만든 것이다.

이 야심 찬 계획의 가장 큰 난관은 입자의 충돌을 일으키는 방법 그 자체가 아니라 그 과정에서 쏟아지는 엄청난 양의 자료를 처리하는 방법이었다. 자료의 양이 너무 많고 복잡해서 가장 정교한 알고리즘으로도 또 초고속 컴퓨터를 사용하는 뛰어난 과학자들로도 극복이 안 될 정도였다. 그리고 이러한 문제에 직면한 과학자들이 LHC 연구진만은 아니었다.

예를 들어, 2015년 말에 과학 잡지 〈이라이프eLife〉에 실린 기사에서 세포 생물학자 로버트 인살Robert Insall은 자신이 인터뷰한 과학자 대다수가 생의학 분야에서 매년 발표되고 있는 엄청난 양의 연구 논문이 오히려 생의학 부문 전반에 대한 신뢰도 하락으로 이어지지 않을까 걱정하고 있었다고 밝혔다.

구글과 IBM 양사는 자사의 인공지능AI 플랫폼(구글은 텐서플로우TensorFlow, IBM은 왓슨Watson)의 활용도를 높이기 위해 오픈 소스 라이브러리와 도구, 지도서 등을 더 늘리겠다고 발표했다. 소프트웨어 개발자들이 '딥러닝'[30]을 활용하여 더 많은 것들을 창조해내도록 하는 것이 목적이다. 여기서 딥러닝은 진정한 인공지능을 추구하여 더욱 직관적인 기계(컴퓨터)를 만

---

[30] deep learning, 사람의 두뇌가 하는 것처럼 컴퓨터가 사물이나 자료를 구분하고 분류하도록 훈련시키는 것

들기 위한 일종의 기계 학습machine learning을 의미한다.

시간이 지날수록 AI와 딥 러닝 부문에도 아주 자연스럽게 유용성이 의심스러운 공개 자료가 넘쳐날 것이다. 따라서 이 부문에서 나타난 자료 범람 현상 자체가 결국은 무의한 자료간의 유용한 연결성을 포착하여 가치 있는 정보를 발견하는 데 도움이 될 수 있다. 넘쳐나는 자료의 처리와 해석 문제로 골머리를 앓는 LHC의 과학자와 생의학 분야 전문가는 아마도 AI에서 문제 해결의 실마리를 찾을 수 있을 것이다.

과학계가 AI 기반 솔루션의 효율성을 계속해서 시험하는 동안, 역시 '자료 범람'의 문제와 씨름하는 다른 부문에서도 이 결과에 주목하게 될 것이다.

어그테크 : 농업 자료의 범람

농업 부문은 자료 범람에 따른 문제가 무엇인지를 가장 실감나게 확인할 수 있는 분야다. 농업 부문도 자료 범람으로 골머리를 앓고 있다. 토양 상태를 알려주는 센서, 가축에게 장착한 착용형 트래커, 작물 상태 관찰용 드론(무인 비행 장치)이 제공하는 자료 등 농장 한 곳에서 나오는 자료의 양이 어마어마하다.

국제무인운송장치협회Association for Unmanned Vehicle Systems International는 앞으로 전체 드론 시장의 80%를 농업용 드론이 차지할 것으로 예측했듯이 특히 드론은 농업 부문에 엄청난 기회를 제공하는 동시에 치명적 위험 요소로도 작용한다.

어그테크AgTech라고 하는 이러한 농업 기술이 만들어내는 방대한 자료는, 적합한 지역에 적합한 작물을 적합한 시기에 심고 수확하는 이른바 '정밀 농업'의 시대를 예고하고 있다. 물론 이러한 정밀 농업을 꾸준히 실현하는 일이 쉽지는 않다. 그러자면 지금까지 거의 시도하지 않았던, 아니 논의조차 해보지 않았던 엄청난 수준으로 '농업과 첨단 기술의 통합적 접목'이 요구된다.

이와 관련하여 가장 의미 있는 움직임이 하나 포착됐다. 2015년 7월에 〈포브스〉지 주최로 캘리포니아 주 살리나스에서 어그테크 정상회의AgTech Summit가 열렸다. 농업 관계자와 실리콘 밸리 첨단 기술 부문의 혁신가들이 머리를 맞대고 농업의 미래와 농업 부문에서의 기술의 역할에 관해 심도 있는 논의를 하는 것이 목적이었다.

이 자리에서 실제 농업에 종사하는 사람들은 첨단 기술을 통해 방대한 자료를 입수하고는 있는데 정작 그러한 자료를 어떻게 이해하고 어떻게 활용해야 하는지 모르겠다며 어려움을 호소했다.

데이터는 넘쳐나는데 정작 일선 농부들은 그러한 자료의 의미를 이해하지 못하고 있었다.

농부에게 입자 물리학 박사 수준의 자료 분석 능력을 기대하기는 어렵다. 농부는 편안한 의자에 앉아 하루 종일 컴퓨터를 들여다보며 일하는 사람들이 아니다. 항상 시간에 쫓기며 분주하게 움직이는 사람들이라 이들에게는 복잡한 분석 및 처리 과정이 필요한 자료가 아니라 그 자리에서 바로 활용할 수 있는 형태의 자료가 필요하다.

이 문제는 더 많은 데이터를 수집하는 혁신적인 도구가 아니라 자료 범람의 문제를 해결하는 데 유용한 도구를 만들어내는 데서 해결의 실마리를 찾아야 한다는 데 대다수가 동의를 표한다. 앞서 언급한 어그테크 회의나 이와 유사한 행사 덕분에 이러한 문제를 해결하는 일에 초점을 맞춘 전략들이 많이 나오고 있다.

예를 들어, 농업 국가인 뉴질랜드에서는 한 지역 비즈니스 인큐베이터[31]가 어그테크 분야의 사업 육성을 위해 '스프라우트 어그리테크Sprout Agritech'라는 20주짜리 '액셀러레이터 프로그램'[32]을 실시했다.

전 세계적으로 어그테크 부문에 대한 투자가 증가하고 있다. 어그테크 크라우드펀딩 사이트 어그펀더AgFunder의 조사에 따르면 2014년 말까지 어그테크 사업 264건에 대해 총 23억 6,000만 달러의 투자가 이루어졌다고 한다.

이는 21억 달러를 유치한 핀테크[33]나 20억 달러를 유치한 청정 기술 부문의 투자 규모를 훨씬 능가하는 수준이다.

한편, 전 세계 각 정부가 공개한 공개 자료 중에는 지역 날씨 정보라든가 식품 소비에 관한 자료처럼 농부에게 매우 유용한 자료가 많다. 이러한 공개 자료에 전통적 농업 자료(작물 수확량과 토질 측정치)와 비전통적 자료(드론을 사용한 측정치)가 가세하면서 다른 부문에서 나타났던 것과 같은 자료 범람의 문제가 농업 부문에서도 나타나고 있다.

그러나 저명한 벤처 자본가 랜디 코미사Randy Komisar는 오히려 이것이 어그테크 분야에 대한 투자와 혁신의 황금기를 불러오리라 굳게 믿고 있다. 유명한 벤처 캐피털 회사인 '클라이너 퍼킨스 코필드 앤드 바이어스Kleiner Perkins Caufield & Byers'의 파트너이기도 한 코미사는 미래를 좀 더 멀리 바라보는 일에 익숙해져 있다. 코미사는 2015년 말에 〈내셔널 지오그래픽〉과의 인터뷰를 통해 훨씬 더 개방된 농업계를 예측했다. 즉, 농업 시장을 거의 독점하다시피 한 큰손(거대 농업 기업)들로부터 농부들이 농업에 대한 지배권을 되찾아올 수 있을 것으로 내다봤다. 이렇게 되면 농부는 거대 농업 기업에

---

31 business incubator, 창업 직후인 초기 스타트업을 지원 육성하는 기관
32 accelerator program, 창업 기업을 발굴하여 지원하는 프로그램
33 financial technology, 금융과 첨단 기술이 결합한 것으로 인터넷·모바일 공간에서 각종 금융 서비스를 제공하는 것

물건을 내다파는 단순한 '판매자' 지위에서 벗어나 직접 자료를 보유하고 이러한 자료를 더 자유롭게 공유하는 것이 가능해질 것이다.

농업 부문에서는 데이터 범람의 문제를 해결하고 전방위적으로 쏟아지는 자료에서 가치 있는 정보를 찾아내는 일은 이 분야의 혁신가와 신생 스타트업에 기대해야 할 것이다.

의료 부문 자료의 큐레이션

보건의료 부문은 온라인상에서 자료를 공유하는 것과 관련하여 사생활 보호 문제가 가장 큰 화두가 된다. 혁신가와 규제 당국 그리고 환자가 다 같이 첫손에 꼽는 것이 바로 개인 정보를 어떻게 사용할 것이냐 하는 부분이다. 모두가 사생활 침해를 우려하므로 사생활을 침해하지 않는 한도 내에서 개인 정보를 효과적으로 공유·활용하는 방식을 고민한다. 그런데도 자료 범람의 문제가 불거지는 것은 의료 부문도 예외는 아니며 이 문제의 발생 환경도 다른 부문에서의 경우와 크게 다르지 않다.

병원은 환자의 개인 정보와 치료 결과에 관한 자료를 수집한다. 또 환자는 착용형 피트니스 트래커와 당뇨나 천식을 관리하는 기술을 통해 자신의 자료를 직접 수집한다. 그리고 누구나 이용할 수 있도록 정부가 인터넷에 공개하는 공중 보건 자료도 물론 많다. 과학자는 인공지능에서 돌파구를 찾으려 하고 농업 부문에서는 어그테크 스타트업에 기대를 걸고 있으나 의료 부문은 이와는 많이 다른 전략을 구사한다. 즉, 인공지능 알고리즘으로도 버거워하는 문제를 찾아내 해결하는 인간의 안목과 개인의 큐레이션에 초점을 맞춘다.

일명 '의사들을 위한 인스타그램'으로 불리는 SNS '피규어원Figure1'이 그 좋은 예다. 피규어원은 의료인이 익명 처리된 환자의 사진을 올려 다른 사람의 피드백이나 의견을 들을 수 있게 하는 단순한 앱이다. 개인의 신상 정보는 제외하고 환자의 사진을 공유하는 일은 놀랍게도 이미 보편화돼 있다. 캐나다 토론토에 소재한 스카버러 병원 집중치료실의 전문의였던 피규어원의 창업자 조시 랜디Josh Landy는 개별적으로 공유하던 환자 정보를 취합하여 전 세계 모든 사람이 이용할 수 있는 '정보 플랫폼'을 만들어보자는 생각을 했다.

현재 15만 명의 적극적 사용자를 거느린 이 앱은 시각형 학습자에게 안성맞춤인 플랫폼이다. 텍사스에 거주하는 3년차 레지던트는 이 앱을 두고 '죄의식을 동반한 즐거움guilty pleasure'을 주는 곳이라고 표현하기도 했다. 환자의 사생활 보호라는 차원에서 양심에 찔리는 부분이 없지 않으나 그래도 계속 탐닉하게 된다는 의미일 것이다. 그러나 이 앱을 단순히 관음증 충족을 위한 도구로만 치부하고 넘어가는 것은 공정하지 못하다. 특정 지역에서는 흔한 질병인데 다른 지역에서는 희귀한 질병일 때 해당 질병에 익숙한 전자의 의료인이 이 질병에 관한 정보를 제공해 줄 수 있다. 따라서 온갖 질병이미지가 다 올라오는 이 앱은 한마디로 집단 지성의 보고 역할을 하게 되고 사용자인 의료인은 이를 통해 더 적절한 진단과 치료를 할 수 있다. 이 경우자료의 유용성은 기계 차원이 아닌 인간 차원에서, 즉 대인 상호작용에서 비롯되는 것이다.

그러나 공개되는 정보의 양이 방대해지면 이야기가 달라진다.

세드릭 허칭스Cedric Hutchings는 착용형 의료 정보 측정기 등을 제조하는 위딩스Withings의 공동 설립자 겸 CEO다. 허칭스는 이 같은 익명 자료는 지역차원에서 그리고 범세계적 차원에서 세상의 변화를 이끌어내는 유용한 정보라고 굳게 믿는다.

허칭스는 지난 몇 년 동안 제품 사용자로부터 수집한 익명의 자료를 더욱 적극적으로 활용하는 방안을 모색하려 했다. 이 자료 덕분에 파리 외곽의 작은 도시 아르장퇴유가 비만의 도시로 악명이 높다는 사실을 알 수 있었다. 이 사실을 알게 된 이 도시 주민과 시장은 학교 급식 체계를 손보는 등 비만 도시라는 오명을 벗기 위한 포괄적 프로젝트를 마련하기에 이르렀다.

허칭스는 공개 자료의 힘을 믿고 조직 차원에서 '위딩스 건강 전망대Withings Health Observatory'라는 자체 공개 자료 프로그램까지 시행했다. 위딩스는 온라인에 자료를 공개하는 데에 그치지 않고 공개된 자료를 제대로 판독하여 이를 효과적으로 활용할 수 있게 하려 했다는 점이 특히 주목할 만하다.

이제 위딩스는 주요 통계 지표, 통찰력 있는 조언, 지역 사회 보고서 등을 담은 콘텐츠를 만들어내고 있다. 또 위딩스건강연구소Withings Health Institute를 통해 연구 논문을 계속해서 발표하고 다른 연구자와 과학자가 자료의 의미를 이해하고 이를 공유하는 모든 사람에게 좀 더 가치 있는 자료가 되는 데 도움을 주고자 도구상자의 형태로 이러한 콘텐츠를 제공한다.

이 트렌드의 중요성

2016년에 들어서는 빅데이터와 스몰데이터 그리고 여기에 오픈데이터라는 공개 자료까지 혼합되면서 자료 범람의 문제가 본격화했다.

과학계를 비롯하여 농업, 의료 부문은 알고리즘 하나에만 의존하는 획일적 경향에서 벗어나 각기 약간씩 다른 전략으로 이 문제를 해결하려고 한다. 즉, 방대한 자료를 처리하는 데는 인공지능이 유일한 해법이라고 보고 이 도구를 기반으로 자료의 의미를 해독하여 가치 있는 정보를 뽑아내려 하는 축이 있는가 하면, 농업 부문처럼 자료 분석 결과들을 효율적으로 집대성하여 일선 농부에게 도움이 되는 정보 생태계를 만들어내는 데 초점을 맞추는 축도 있다.

스타트업과 혁신에 대한 투자가 증가한 것이 이 같은 환경을 조성하는 데 일조하고 있다. 의료 부문에서는 한마디로 '인간'의 능력에 의존하는 전략을 구사한다. 즉, 개인의 큐레이션 기술을 통해 여간해서는 해독이 어려운 시각적 자료에서 의미 있는 정보를 찾아내는 한편 이른바 자료 큐레이터에게 자료를 공개하기 전에 그 자료에 맥락과 의미를 부여할 책임을 지우는 등의 접근법을 취하고 있다.

이 트렌드는 누구에게 도움이 되는가?

자료 수집이 지닌 잠재력은 어느 한 부문에 국한한 이야기는 아니다. 이 트렌드는 전 산업 부문에 걸친 현상이므로 업종을 불문하고 사업을 하는 사람이라면 누구나 주목해야 할 사항이다. 그런데 자료의 범람이 이러한 자료 수집의 가치와 잠재력을 침식할 것이다. 그나마 다행스러운 부분은 자료 범람이 눈에 확 띄는 가시적인 문제라서 관련된 전 산업 부문에서 적극적으로 이 문제를 해결하려는 노력을 보이고 있다는 점이다. 앞으로는 전 산업 부문에서 이 문제에 대한 해결책을 마련할 것이고 트렌드에 민감한 기업들 또한 최신 해법을 적극적으로 차용하는 한편 자체 해법 마련을 위해 시간과 노력을 아끼지 않을 것이다.

이 트렌드를 활용하는 방법

★ 자료 판독력을 키워라

다름 아니라 기본적인 자료 판독력data literacy조차 갖추지 못한 사람이 대다수라는 것이 비즈니스 업계의 서글픈 현실이다. 그래서 통계 수치를 잘못 읽고, 연구 자료를 잘못 인용하고, 무수한 자료에서 잘못된, 더 나아가 말도 안 되는 결론을 도출하는 일이 다반사다. 이 문제를 해결하려면 각자의 자료 판독력을 향상시키는 것 외에는 답이 없다. 물론 대다수가 별로 하고 싶어 하지 않는 일이겠지만 말이다. 자료 판독력에 관한 온라인 강의를 듣거나 특정 주제나 특정 산업 부문에 대한 자료를 해석하는 일에 능한 사람들이 쓴 글을 읽는 것도 하나의 방법이다.

★ 공개 자료를 큐레이팅하라

자료 범람의 문제는 공개 자료의 양이 점점 증가하는 데서 비롯된 측면이 크다. 의료 부문에서 나온 한 가지 해법은 이 공개 자료를 큐레이팅하여 그것에서 유용한 정보를 찾아낸 다음에 그 정보를 다른 사람과 공유하는 것이다. 이렇게 공유한 자료는 여러 사람의 손을 거치면서 더욱 가치 있는 정보로 거듭나게 된다. 그리고 다른 부문에서도 이 해법을 활용할 수 있다.

Heroic Design
디자인 중심

대담하고 다소 무례하기까지 한 예상 밖의 방법으로, 세상을 바꾸는 영감이나 아이디어 혹은 신제품을 내놓는 데 결정적인 역할을 하는 것이 바로 디자인이다.

2016년에 역사상 최대 규모의 바다 대청소가 시작됐다. 스물 한 살의 네덜란드 청년 보얀 슬랫Boyan Slat의 기발한 아이디어 덕분이었다. 슬랫의 '바다 대청소The Ocean Cleanup' 프로젝트가 드디어 가동되며, 부유 울타리floating barrier와 해양의 흐름을 이용하여(예전에는 배를 타고 나가 그물로 쓰레기를 건져 올리는 방식이었음) 바다의 쓰레기를 건져내겠다는 원대한 꿈이 3년 만에 드디어 실현되기에 이른 것이다.

아시아 최대 기술 회의인 서울디지털포럼Seoul Digital Forum에서 슬랫은 일본과 한국 사이에 있는 섬 대마도 인근 해양에 첫 번째 부유 울타리를 칠 계획이라고 밝혔다. 이는 아마도 역사상 가장 긴 부유 구조물이 될 것이다.

이 프로젝트는 더 나은 세상을 위한 가치 있는 시도이며 디자인이 문제 해결의 중요한 열쇠가 될 수 있음을 보여주는 아주 좋은 예다. 그동안 디자인은 특정 프로젝트를 진행할 때 거치는 하나의 과정 정도로밖에 생각하지 않았던 것이 사실이다. 디자이너는 창의적인 작업을 통해 더 나은 결과물을 만들어내는 전문가였다.

그런데 요즘은 디자인에 대한 시각이 좀 달라졌다.

비즈니스 업계에서는 애플이나 이케아 같이 디자인을 중시하는 기업이 성공을 거둔 덕분에 디자인이 경쟁우위를 점하는 데 결정적인 역할을 한다는 인식이 굳어졌다. 디자인은 이제 기업의 성공을 견인하는 수준을 넘어 세상을 바꾸는 긍정적인 힘으로 진화하고 있다. 내가 2014년에 처음으로 이에 관해 언급했을 당시 디자인이 세상을 바꾸고 있음을 보여주는 사례가 상당히 많았다. 그 뒤 시간이 흐르면서 이 디자인 중심 개념은 더욱 극적으로 진화했다.

앞으로도 '바다 대청소' 프로젝트처럼 디자인이 인류가 당면한 중요한 문제를 해결하는 방식에 근본적인 변화를 일으키고 있음을 실감할 사례가 더 많이 나올 것이다.

지역적 차원의 더 작은 문제도 예외는 아니다. 정부, 관료, 기업, 보수적 사상가 등에게 문제 해결을 위한 새로운 아이디어의 타당성을 납득시키려 할 때 디자인이 '최종 병기'가 될 수 있다.

소셜 미디어 덕분에 각종 문제에 대한 관심이 높아지면서 전 세계 디자이너들이 문제 해결을 위해 새로운 아이디어를 계속해서 내놓을 것이다. 이렇게 되면 세계에 긍정적인 영향을 미치는, 그래서 세상을 바꾸는 데 이바지할 새로운 제품이나 아이디어, 캠페인을 이끌어내는 데 디자인이 계속해서 주도적인 역할을 할 것이다.

디자인 세상

2014년에 노르웨이 중앙은행이 노르웨이 화폐 변경 계획에 따라 화폐 디자인 공모전을 개최했고 그 결과에 세계의 이목이 집중됐다. 최종적으로 그래픽 디자인 스튜디오 더메트릭시스템The Metric System과 노르웨이 건축 설계 회사 스노헤타 디자인Snøhetta Design의 시안이 각각 앞면과 뒷면 디자인으로 선정되자 언론은 앞 다투어 2017년에 이 최종 시안으로 만든 신형 화폐가 유통되면 세상에서 가장 아름다운 화폐가 될 것이라고 전망했다.

요즘은 좀 더 아름다운 화폐 디자인에서부터 '노년층을 대상으로 첨단 기술을 활용한 혁신적 디자인'을 추구하는 테크세이지 디자인 공모전 TechSAge Design Competition에 이르기까지 다양한 부문에서 다양한 목적으로 수많은 디자인 공모전이 펼쳐지고 있다. 새로운 해결책과 기존 틀을 벗어난 참신한 사고를 지향하는 디자인 공모전이 점점 늘어나면서 디자인 자체의 위력이 한층 강해지고 비즈니스 업계에서도 디자인에 전보다 더 큰 가치를 부여하게 되었다. 존슨앤드존슨, 3M, 펩시콜라 같은 기업 모두가 사내 디자인 업무를 총괄하는 최고디자인책임자CDO를 두고 있다. 필립스Philips, 펩시콜라의 모회사인 펩시코PepsiCo, 현대Hyundai 등은 여기서 한발 더 나아가 CDO를 이사회에 합류시켰다. 디자인의 중요성은 고등 교육 부문에서도 확인할 수 있다. 스탠퍼드 디스쿨Stanford D.School, 버지니아 대학 다든스쿨(경영대학원), 토론토 대학 로트만스쿨(경영대학원) 등은 디자인 작업의 절차와 방법론을 적용하여 문제를 해결하는 이른바 디자인 사고design thinking 접근법을 가르치고 있다.

위프로Wipro, 구글google, 어도비Adobe, 엑센추어Accenture 등을 비롯한 세계적인 컨설팅 및 기술 기업들은 디자인 사고의 확산을 위해 디자인 회사 인수작업에 열을 올리고 있다.

문제를 해결하는 새로운 방법론을 제시하는 것이 바로 디자인의 역할이다. 세상에 긍정적인 영향을 미치거나 실질적인 효과를 발휘하는 해결책을 찾아내는 과정에서 디자인의 역할이 점점 더 중요해지는 것이다. 기술적으로 그것이 가능하든 안 하든 그것은 중요하지 않다.

미래를 디자인하다

거의 대다수 도시에서 가장 큰 변화를 보이는 부문 가운데 하나가 대중교통이다. 그리고 텍사스 주 오스틴은 미국에서 가장 빠르게 성장하고 있는 도시에 속한다. 유명한 디자인 회사 프로그 디자인Frog Design 오스틴 지사의 디자이너들은 대중교통 문제에 대한 해법을 찾고자 머리를 맞댔다. 이들은 결국 창의적인 해법을 고안한 것은 물론이고 상세 지도와 스마트카드까지 만들어냈다. 프로그 디자인의 해법은 해당 지역 관리들에게 소개됐고 세계 곳곳에서 개최된 도시 계획 및 설계와 관련된 각종 행사에서 발표됐다.

또 다른 디자인 회사인 티그Teague는 2015년에 '미래의 항공'에 관한 새로운 청사진을 마련하여 이를 몇몇 항공 관련 행사에서 발표했다. 이 청사진은 개인 소지품을 제외한 모든 수하물은 RFID[34] 태그로 검사하는 방법을 통해 기내용 수하물을 없애고, 중간 좌석은 가격을 할인해 주는 등 기업 판촉용 좌석을 제공하고, 승객이 일정 변경으로 항공기를 타지 못하게 될 경우

---

34 radio frequency identification, 무선인식이라고도 하며, 반도체 칩이 내장된 태그, 라벨, 카드 등의 저장된 데이터를 무선주파수를 이용하여 비접촉으로 읽어내는 인식 시스템

손쉽게 예매 좌석을 교환하거나 재판매할 수 있게 하는 등의 독특한 아이디어로 구성돼 있다. 이러한 노력은 앞으로 불안과 걱정이 아닌 즐거움을 주는 항공 여행이 되리라는 기대감을 높여준다. 그러나 디자인이 중심이 된 이 같은 미래 그림은 단순히 현재의 불만을 해소해주는 데 그치는 것이 아니라 더 큰 관점에서 여러 대안을 열심히 찾아보게 한다는 데 의의가 있으며 이것이 '디자인 중심'이라는 트렌드의 요체다.

이 트렌드의 중요성

지난 몇 년간 세계가 직면한 복잡한 문제에 대한 새로운 해법이 디자인을 통해 나오는 사례가 엄청나게 증가했다. 외관상 조금 더 나아보이게 하는 것이 디자인의 역할이라고 생각해왔는데 이제는 디자인이 변화를 주도하는 요체가 되고 있다. 요컨대 디자인은 아름다운 외관이나 편리한 기능을 위한 도구일 뿐 아니라 문제에 대한 해법 자체로 작용한다. 이에 따라 계속해서 더 많은 조직이 디자인 중심적 사고 체계를 지향하게 될 것이고 일선 디자이너뿐 아니라 디자인 사고를 채택한 엔지니어, 과학자, 연구자 또한 이 새로운 사고방식을 현실화하는 데 앞장서게 될 것이다.

이 트렌드는 누구에게 도움이 되는가?

혁신적인 제품이나 서비스를 새로 시장에 내놓는 일에 초점을 맞추는 정부, 비영리기구, 조직이라면 다들 이 트렌드의 영향을 받을 것이다. 디자인 사고는 이 트렌드의 가장 중요한 요소다. 따라서 타사와의 차별화를 꾀하는 기업이라면 디자인 사고를 바탕으로 한 조직 문화의 혁신을 노려볼 필요가 있다.

이 트렌드를 활용하는 방법

★ 디자인 중심적 사고방식을 채택하라

이디오IDEO의 CEO 팀 브라운Tim Brown은 자신의 저서 《디자인에 집중하라 Change by Design》에서 매일 잠깐이라도 시간을 내서 평범한 일상의 모습을 깊이 있게 관찰하라고 주장한다. 아주 단순한 작업으로 보여도 사실 이것이야말로 디자인적 사고가 지닌 잠재력을 가장 명확하게 표현한 것이라 할 수 있다. 디자인적 사고를 바탕으로 매일의 비즈니스 상황을 관찰하면서 기회 요소와 비효율적인 부분을 찾아낸다면 혁신을 이뤄낼 가능성도 그만큼 커진다.

★ 빅아이디어에 디자인적 요소를 가미하라

프로그 디자인이 불가능하게만 보이는 대중교통의 문제를 해결하고자 도전장을 내밀었을 때, 이들은 일단 디자인 작업을 할 때처럼 여러 대안적 해결책을 종이 위에 그려가며 아이디어를 찾으려 했다. 아주 좋은 아이디어는 있는데 이를 다른 사람에게 납득시키기가 어렵다면 디자인에서 해결의 실마리를 찾을 수 있다. 즉, 디자인을 통해 수많은 사람이 그 아이디어를 이해하고 공유하게 되므로 처음에는 그저 극소수 사람이 관심을 기울이던 그것이 결국은 세상을 바꿀 수 있는 엄청난 것으로 바뀌게 된다.

Insourced Incubation
인소싱 인큐베이션

혁신을 도모하는 기업은 최고의 비즈니스 인큐베이터를 본떠 직원들의 혁신 의지를 북돋움으로써 사내에 혁신의 바람을 일으키는 이른바 '사내 창업 정신'에 눈을 돌리고 있다.

사내 창업 정신intrapreneurship이라는 말 자체가 상당히 모순적으로 들린다. 기업을 경영하는 사람들은 다들 혁신을 첫손에 꼽는다. 그런데 그동안 '기업가(창업) 정신'의 함양을 통해 사내 혁신을 이뤄내려고 한 기업은 없었다.

이와 관련하여 2006년 〈하버드 비즈니스 리뷰〉에 실린 하버드 대학교수 데이비드 가빈David A. Garvin과 린 레베스크Lynne C. Levesque의 논문에 주목할 필요가 있다. 저자들은 '두 문화의 충돌 문제'를 지적하면서 대기업의 관료적이고 보수적인 사고방식이 기발하고 참신한 아이디어의 싹을 아예 잘라버리는 것이 큰 문제라고 했다.

그 당시 이러한 문제를 극복하려 한 대표적인 사례로서 P&G의 CEO 앨런 라플리A.G. Lafley가 2000년대 중반에 도입한 저 유명한 방침을 예로 들었다. 관리자로 하여금 포커스 그룹보다는 현지 소비자에 더 초점을 맞추게 한다는 것이 이 방침의 골자였다. 스타벅스도 이와 비슷하게 시장 및 고객 중심의 접근법을 취하고 있었다. 즉, 관리자가 현지의 문화와 트렌드를 더 잘 이해할 수 있도록 일종의 영감 여행을 한다는 차원에서 지역 곳곳을 직접 발로 뛰어다니라고 독려했다.

이 논문의 결론은 명확했다. 사내에 혁신 문화를 구축하고 싶다면 고객과 더 가까워지라는 것이다. 그리고 이후 10년 동안 혁신과 관련한 관리자의 사고방식은 바로 이러한 개념 틀에 바탕을 두고 있었다. 그런데 지난 몇 년간 이러한 사고방식에 변화가 생기기 시작했다.

'두 문화의 충돌 문제'에 대한 새로운 해법은 혁신자(혁신의 주체) 자체에 초점을 맞추는 것이다. 이러한 전략을 구사하는 기업은 소규모의 혁신 실험에 지원을 아끼지 않으며 스타트업 경진 대회 같은 행사를 주최하기도 한다. 또 이들 기업은 지역 사회에서 창업을 지원 육성하기 위해 액셀러레이터와 인큐베이터를 활용하는 추세를 본보기 삼았다. 또 뛰어난 지략가를 영입하기 위해 유망한 스타트업을 인수하여 그곳의 인재를 흡수하는 이른바 '인수채용acquihiring' 전략도 구사하고 있다.

2016년 들어 기업가(창업) 정신이 충만한 조직 문화를 구축하려는 기업들이 '인소싱 인큐베이터'라는 새로운 접근법으로 방향을 잡기 시작했다. 간단히 말하자면 사내에 또 하나의 사업체를 꾸리듯 민첩하고 피드백이 빠른 특별 팀을 구성한다는 개념이다. 혁신을 저해하는 대기업의 고질적 문화 풍토에 잠식당하지 않도록 충분히 독립성을 유지한 상태에서 일할 수 있게 한다는 것이다.

인소싱 인큐베이션이라는 명칭에서 '인소싱' 부분은 조직 외부에 있던 팀이나 업무 기술을 사내로 끌어들이면 좀 더 효율적인 관리와 통합이 가능하므로 사업적으로 훨씬 나은 결과를 낼 수 있다는 생각에 토대를 둔 것이다.

'인큐베이터 혹은 인큐베이션'도 매우 신중하게 선택한 용어라는 점도 알아줬으면 한다.

인큐베이터란 무엇인가?

미리 정해진 절차에 따라 스타트업을 발굴하고 빨리 창업할 수 있게 도와주는 액셀러레이터와 달리 인큐베이터는 창업에 필요한 자원을 지원해주는 한편 이들이 스스로 진로를 정해 나아가는 것을 허용한다. 국제창업보육협회International Business Incubator Association, InBIA의 추산에 따르면 전 세계에 약 7,000개의 인큐베이터가 있다고 한다. 그러나 동 협회에 따르면 그 대다수를 비영리 정부 기관이 운영한다는 것이다. 동 협회가 발표한 2012년 창업 인큐베이터 산업 실태 자료에 의하면 불과 2, 3년 전만 해도 미국 내 인큐베이터 가운데 영리 조직인 기업이 운영하는 경우는 4%밖에 되지 않았다. 그런데 이러한 경향에도 변화의 조짐이 일고 있으며 아마도 다양한 부문에서 이러한 변화는 더욱 두드러질 것이다.

콘텐츠 스튜디오

광고와 기사의 경계는 명확하다. 광고주는 기사 형태 광고의 문안을 만들거나 이미지 광고(좀 더 최근 경향)에 대가를 지급하는 데 비해 편집부는 기업과는 독립적으로 어떤 기사를 쓸 것인지를 결정하고 보도 내용을 관리한다. 과거에도 그랬고 지금도 여전하다. 그리고 이것이야말로 편파성을 지양하는 공정한 언론의 기본 토대다.

그런데 대다수 거대 언론 매체가 좀 더 네이티브한 형태의 광고를 찾는 광고주의 요구에 부응하여 광고와 기사의 경계가 모호한 새로운 광고 모형을 채택하고 나섰다. 이러한 수요 때문에 수십 개의 콘텐츠 스튜디오가 생겨났다.

뉴욕타임스, 월스트리트 저널, 워싱터니언Washingtonian, 포브스, 뉴욕매거진New York Magazine, 크레인 커뮤니케이션Crain Communication, 타임 등을 위시한 세계적인 미디어 조직들 사이에서 사내에 맞춤형 콘텐츠 스튜디오 설립 붐이 일고 있다. 이제 각 기업은 이러한 스튜디오를 통해 세계 정상급 언론인, 디자이너, 학자, 생산 인력 등의 최고급 인재 풀을 활용하여 고객 맞춤형 백서에서부터 디지털 콘텐츠 허브에 이르기까지 온갖 유형을 총망라한 브랜디드 콘텐츠[35]를 만들어낼 수 있다.

이는 전통적 미디어 업계에 부는 '인소싱 인큐베이터'의 좋은 예다. 출판 및 보도라는 전통적 업무에다 창조적 기능까지 합친 새로운 사업 모형을 토대로 한 미디어 업계의 야심 찬 미래 비전이라 할 수 있다. 예를 들어, 스토리텔링 전문가로 구성된 타임 사의 콘텐츠 스튜디오 팀을 '혁신적 콘텐츠와 창의적인 랩'이라고 표현한다. 앞으로 이러한 콘텐츠 스튜디오의 영향력이 더욱 커질 것이다.

기업의 판촉 및 홍보 수요에 부응하고자 자사의 가장 가치 있는 자산인 초일류급 인재를 활용하여 이처럼 새로운 형태의 콘텐츠 창작을 시도하는 미디어 조직이 많아졌다. 이에 따라 이들 미디어 조직은 전통적 수익원이었던 광고를 능가하는, 아니 적어도 이를 대체할 잠재력을 지닌 또 다른 수익

---

35 branded content, 광고와 독립적인 별도의 형식으로 브랜드에 관한 다양한 이야기를 담아낸 것

모형을 시험해보고 있다.

이러한 스튜디오는 앞으로도 광고 수익 하나만 좇는 것이 아니라 콘텐츠 창조를 통한 수익 창출 노력을 계속할 것이다. 그리고 여기서 성공한다면 미디어 업계의 미래를 개척할 기회를 얻을 것이다. 즉, 자사 홍보에 활용할 콘텐츠를 만들고 싶어도 그 일을 해낼 인력이 없는 기업을 상대로 자사의 스토리텔링 능력과 자산을 활용하여 수익을 창출할 수 있을 것이다.

사내 인큐베이터를 가동하다!

지금 당장은 콘텐츠 제작을 미디어 스튜디오에 맡기는 추세가 유행을 타고 있다. 그러나 아마도 다음 단계는 각 기업이 자체적으로 콘텐츠를 만들어내는 일일 것이다. 더 나아가 기업 자체적으로 콘텐츠 창작 업무를 비롯한 기타 아웃소싱(외주) 업무를 감당할 역량을 키워야 한다는 것이다. 매체 발행사로 하여금 콘텐츠 제작 스튜디오를 설립하게 한 바로 그 트렌드가 이번에는 기업으로 하여금 사내 창업 정신을 고취하기 위한 새로운 방안을 모색하게 했다.

코카콜라는 이를 위해 스타트업을 위한 아이디어 상업화 프로그램인 더 브릿지The Bridge 그리고 코카콜라를 주 후원자로 하는 스타트업 인큐베이터 모형인 코카콜라 파운더즈Coca-Cola Founders 플랫폼을 포함한 다양한 프로그램을 실행하고 있다.

약 1년 전에 메리어트도 유망한 창업자를 물색하기 위한 인큐베이터 프로그램을 시행했다.

그리고 2015년 말경에는 유니레버Unilever가 이와 유사한 스타트업 육성 프로그램인 '파운드리Foundry'를 만들었다. 수많은 아이디어를 검토하여 최적의 협력 기업을 선택하기 위해 꼼꼼하고 복잡한 심사 절차를 거쳐 50개의 스타트업을 선정했다. 스타트업의 육성 및 지원을 통해 창업 정신을 고취하려는 이 같은 시도가 서서히 효과를 나타내고 있다.

요즘은 각 기업이 외부 혁신가와 손잡는 일 외에 자체적인 혁신 도구 마련을 위해 고심하고 있다. 이것이 바로 대기업에서 시작된 혁신 랩(실험 연구소) 모형이다.

주목을 받았던 혁신 랩을 몇 곳 소개하면 다음과 같다.

◆ 포드는 최첨단 기술과 운전 경험 접목에 초점을 맞춰 실리콘 밸리에 혁신연구센터를 마련했다.

◆ 홈디포는 텍사스 주 오스틴에 소재한 블랙루카스BlackLocus라는 스타트업을 인수하여 자체 혁신 연구소를 마련했다. 현재 블랙루카스는 '팀 내 또 하나의 팀'으로 활동하고 있다.

◆ 약품 및 잡화 유통 업체 CVS는 첨단 디지털 의료와 '통합적 개인 맞춤형 약국' 시스템 구축을 목적으로 디지털혁신연구소를 설립했다.

◆ 스타우드 호텔 리조트는 메리어트와의 합병이 성사될지가 불투명한 상황에서도 스타랩Starlab이라는 사내 혁신 연구소를 운영하면서 이미 디지털 샹들리에와 스마트 거울의 시제품, 열쇠 없이 모바일 기기로 입실할 수 있는 시스템, 기타 에너지 효율성을 높이는 다양한 도구와 방법을 개발했다.

◆ 금융 부문에서는 스탠다드 은행Standard Bank, 캐피털원, 비자, 마스터
   카드, 시티, 체이스 은행Chase Bank, 스페인의 BBVA, 호주의 커먼웰스
   은행Commonwealth Bank, 웰스 파고Wells Fargo 등이 새로운 디지털 결제
   모형의 개발과 각 고객을 위한 '발표회' 공간 제공을 목적으로 한 혁
   신 랩을 운영하고 있다.

◆ 세계적인 주류 업체 페르노 리카Pernod Ricard는 현지인의 입맛에 맞
   는 상품을 내놓는다는 계획 아래 각 지역 주류 업체들과 반독립적 협
   력 네트워크를 구축했다. 베를린과 디트로이트 시장을 시작으로 암
   스테르담과 런던, 뉴욕 시장에도 진출할 계획이다.

◆ 최근에 세계적인 쇼핑몰 체인 웨스트필드 그룹Westfield Group은 성업
   중인 샌프란시스코 쇼핑센터 4층을 웨스트필드 랩Westfield Lab으로
   전환하여 이를 인큐베이션 공간으로 활용할 것이라고 발표했다. 쇼
   핑센터 내 작은 공간을 임대하여 새로운 개념이나 아이디어를 시험
   해보는 공간으로 활용하게 한다는 것이다.

◆ 의료보험계획과 전미주택건설업협회NAHB 같은 동업 조합과 정보
   기술 컨설팅 회사 AEEC 역시 기술과 새로운 아이디어가 산업을 어
   떻게 변화시키는지 보여주는 첨단 혁신 랩을 신설한다고 발표했다.

◆ 화장품 유통 체인 세포라Sephora는 매장 전면 유리를 이용한 증강 현
   실 디스플레이, 그리고 아마존 프라임 서비스와 유사한 신속 배송 서
   비스 계획을 시험하고자 혁신 랩을 신설했다.

◆ 패스트푸드 업체 웬디스Wendy's도 혁신 연구소 설립 및 운영 추세에 발맞춰 모바일 결제 기술과 무인 주문 시스템을 시험해보고자 90도 랩90° Labs이라는 자체 아이디어 인큐베이터를 만들었다.

거의 모든 기업이 이러한 트렌드에 편승하여 각기 혁신 랩을 개설하고 난 이후에 그 열기가 시들해지면 그때는 어떻게 될지 궁금할 것이다. 2013년에 자체 연구소를 개설하면서 초기에 이 트렌드를 주도했던 유통 체인 노드스트롬Nordstrom에서 그 해답의 실마리를 찾을 수 있다.

2015년에 노드스트롬은 연구소 규모를 축소하는 중이며 소속 연구원을 다른 부서에 재배치하겠다고 발표했다. 첨단 기술 전문 사이트 긱와이어Geekwire가 그 이유를 묻자 노드스트롬의 대변인은 이렇게 답변했다. "혁신은 어느 한 팀이 담당할 업무가 아니라 전 사원의 담당 업무다." 지금까지 말한 '인소싱 인큐베이터'는 조직 차원에서 요하는 외부의 역량을 일단 사내로 끌어들여 자체 역량화하는 과정이라고 보면 된다.

이러한 혁신 연구소 신설과 사내 창업 정신(인트라프러너십) 고취 노력은 마침내 조직 내에 체화되어 새로운 사고와 색다른 아이디어를 통해 '두 문화의 충돌 문제'를 해결할 중요한 실마리를 얻게 될 것이다.

이 트렌드의 중요성

아주 오랫동안 혁신이라고 하면 조직 내 연구 담당 부서에서 신제품이나 신기술을 개발하는 경우에나 해당하는 말이겠거니 생각해왔다. 그러나 이제는 산업 환경의 변화로 새로운 사업 모형의 필요성과 더불어 혁신 랩의 신설이 붐을 이루면서 조직 내부로부터의 혁신을 조장하기 위해 '인소싱 인큐베이터'로 방향을 잡는 기업이 증가할 것이다. 그리고 이러한 노력이 이미 긍정적인 결과물로 이어지고 있다. 매체 발행사는 미디어 업계의 미래 비전의 하나로서 콘텐츠 스튜디오 운영을 시험해보고 있다. 금융 서비스 기업의 혁신 랩은 새로운 결제 시스템을 개발하여 이를 시험하고 있다. 의료 및 유통 부문에서는 소비자 몰입도 증진과 더 빠르고 더 개인화된 고객과의 상호작용을 위해 무인 주문 및 결제 시스템, 스마트 거울, 디지털 디스플레이 등의 신개념 서비스를 도입하고 있다.

궁극적으로 인소싱 인큐베이터를 통해 혁신을 이뤄낸 기업을 보면서 경쟁사 또한 그러한 모형이 얼마나 가치 있는지를 실감하게 될 것이다. 따라서 앞으로는 너도나도 이러한 모형을 채택해보고 두 문화의 충돌 문제를 해결하는 또 다른 방법은 없는지를 적극적으로 찾아 나서려는 기업이 더 많아질 것이다. 이 단계 이후에 어떻게 하느냐에 따라 승자와 패자가 갈린다. 혁신 연구팀이 위계적 조직 구조의 벽을 넘지 못하고 흐지부지 사라져버리는 것을 두고 보는 기업은 결국 패자로 남을 것이고 노드스트롬처럼 이러한 혁신 노력을 전 조직의 문화로 체화시키는 방법을 찾아내는 기업은 계속해서 승승장구할 것이다.

이 트렌드는 누구에게 도움이 되는가?

경쟁 우위를 점하고자 애쓰는 기업은 사내에 혁신 동력을 마련하는 것에서 기회를 얻을 수 있다. 그러나 이것이 말처럼 쉽지는 않다. 이러한 전략이 성공하려면 사내 혁신 팀이 '통합된 동시에 분리된' 상태를 계속 유지할 수 있게 하는 방법을 찾아야 한다. 업종을 불문하고 혁신을 추구하는 기업이라면 이러한 전략이 분명히 유용할 것이다.

이 트렌드를 활용하는 방법

★ 외부의 혁신가를 불러들여라

혁신을 도모하려는 기업은 대부분 그 첫 단계로 창업 정신이 충만한 기업인을 불러들일 방법을 찾아본다. 그 방법은 스타트업 경진 대회의 형태를 취할 수도 있고 유니레버의 사례처럼 전도유망한 스타트업과 협력 네트워크를 구축하는 것일 수도 있다. 또 좀 더 새로운 방법인 '스위치 피치switch pitch'라는 것도 고려해볼 수 있다. 스위치 피치는 스타트업을 불러다 기업이 당면한 문제를 설명해 주고 적절한 해결책을 제시한 곳과 협력 관계를 맺는 방식이다.

★ 사내 혁신가를 발굴하여 지원하라

어떤 조직이든 혁신 과업을 담당하는 팀이나 직원은 꼭 있기 마련이다. 별로 주목받지 못하는 경우가 많기는 하지만 말이다. '사내 혁신 인큐베이터'라고 해서 꼭 값비싼 기기와 장비로 가득 찬 으리으리한 실험 연구실을 꾸릴 필요는 없다. 그보다는 사내에서 이미 그러한 일을 하는 사람들을 찾아내 이들을 지원하는 것에서 출발하는 것이 좋다.

Automated Adulthood
자동화된 일상

20대 내내 직장과 기타 중요한 인생 대소사를 선택하는 하는 일에 치중하면서 결혼도 늦어지는 통에 초기 성인기가 길어지면서 이러한 젊은 성인의 삶을 편리하게 하게 해줄 다양한 기술과 서비스가 등장하고 있다.

약 10여 년 전에 심리학자 제프리 옌센 아넷Jeffrey Jensen Arnett은 자신의 저서 《초기 성인기Emerging Adulthood》에서 18~29세 젊은 성인을 대상으로 한 조사 결과를 바탕으로 새로운 생애 발달 단계를 제시했다. 사람은 18세가 되면 성인이 된다고 알고들 있으나 아넷은 만혼 현상이 심화하고 직장을 비롯하여 여러 가지 선택 사항이 늘어나는 바람에 자연히 아이도 더 늦게 갖는 사람들이 많아지면서 언제부터 성인이 되는지 혹은 성인이 된다는 것이 어떤 의미인지에 대한 생각도 많이 달라졌다고 주장했다.

또 다른 심리학자 진 트웬지Jean Twenge는 자신의 최신 저서 《미 제너레이션Generation Me》에서 젊은 세대의 행동과 태도를 연구했다. 저자는 특히 이들의 공통 특질인 권리 의식, 자신감, 낙관론을 중점적으로 다루었다. 트웬지는 특히 젊은 세대에게 '자기 자신을 믿기만 한다면 원하는 것은 무엇이든 될 수 있다'는 자신감에 대해 비판적 메시지를 전하고 있다. 트웬지는 이처럼 노력이나 헌신을 중요시하기보다 일방적이고 과도한 자기 확신이나 믿음에만 치우쳐있으면 예상치 못한 결과를 낳을 수도 있다고 경고한다.

사회학자이자 《표류하는 상아탑Academically Adrift》의 공저자인 리처드 애럼Richard Arum과 요시파 록사Josipa Roksa도 이에 동의하면서 미국 내 대학 대다수가 대학생의 생활 경험에 치중하여 학업이나 기타 기본 소양 교육은 뒷전이라고 주장한다.

〈뉴욕타임스〉의 칼럼니스트 데이비드 브룩스David Brooks는 이러한 문화적 변화를 다음과 같이 정리했다. "초기 성인기에 해당하는 사람들이 이 직장에서 저 직장으로, 이 관계에서 저 관계로, 이 도시에서 저 도시로 정신없이 왔다 갔다 하고 있으나 그러한 방황이 과연 생산적인 방황인지 아니면 그저 시간 낭비일 뿐인지 분명히 알아야만 한다. 이 문제는 사실 상당한 내부적 갈등을 유발한다."

그러나 이러한 질문에 답을 찾으려는 과정은 개인적 차원을 넘어 기업에는 하나의 기회가 될 수도 있다.

앞으로는 이러한 젊은 성인이 사회에서 제자리를 잡고 어엿한 성인으로 살아가는 데 도움을 주는 제품이나 서비스 혹은 그러한 분야에 특화된 브랜드가 더욱 많이 등장할 것이다. 이러한 부문에서 이미 혁신의 바람이 불면서 데이트나 연애 관계 문제에 개입하고, 금융 결정을 최적화하고, 협상 기술을 향상시키고, 요리나 재택 간호의 자동화 실현을 주도하고 있다.

초기 성인기의 삶을 윤택하고 편리하게 해주는 각종 자동화 기술과 서비스의 세계, 그것이 바로 자동화된 일상이라는 트렌드의 핵심이다. 이제 직장 생활, 연애 관계, 금융, 가정 등 중요한 4개 분야에서 이러한 기술이 어떻게 구현되는지 살펴보도록 하자.

관계 관리의 자동화

언론인 낸시 조 세일즈Nancy Jo Sales가 〈베너티 페어Vanity Fair〉에 게재하여 적잖은 논란을 불러일으킨 글이 하나 있다. 세일즈는 이 글에서 틴더Tinder 같은 데이트 앱이 쏟아져 나오면서 '오프라인 데이트 시대가 막을 내릴 것'으로 예측했다. 참고로 틴더는 계속해서 나오는 이성의 사진을 보면서 좋고 싫은 반응을 즉각적으로 표시하여 마음에 드는 짝을 신속하게 찾아내는 앱이다.

비판적인 시각이 있기는 하나 첨단 기술 덕분에 데이트나 이성 교제 혹은 연애 방식에 근본적인 변화가 나타났다는 데는 이견이 없다. 훨씬 더 흥미로운 사실은 연애 관계를 유지하고 관리하기가 훨씬 쉬워졌다는 것이다.

브로앱Broapp이 그 좋은 예다. 이는 남성이 여자 친구에게 사랑을 표현하는 문자를 자동으로 보낼 수 있게 만든 일종의 '연애 도우미' 앱이다.

그 외에도 생일을 기억해서 축하 글을 보내주는 앱에서부터 '레시피'라는 명령어를 통해 다른 소프트웨어를 관리하게 해주는 일종의 자동화 서비스 프로그램인 IFTTT[36] 앱에 이르기까지 다양한 유형의 연애 도우미 앱이 속속 등장했다. 이러한 앱을 활용하여, 소셜 미디어에 푹 빠져 사는 여자 친구가 새로운 사진을 올렸을 때 바로 '좋아요' 반응을 하지 않아서 낭패를 보는 일이 없도록 새 사진이 올라오면 자동으로 그 사실을 알려주도록 '레시피'를 만들어 놓을 수 있다.

---

36 If this then that, 이럴 땐 이렇게라는 구조화된 명령어를 통해 일정한 작업을 자동으로 실행

데이트, 연애, 성생활 등은 특히 초기 성인기 사람들의 삶에서 빼놓을 수 없는 중요한 일이다. 앞으로는 단순히 데이트만이 아니라 이성 간의 관계를 유지하고 관리하는 일에도 이러한 자동화 패턴이 널리 활용될 것이다.

가정 내 자동화

요리는 익숙해지지 않으면 정말 하기 어렵다.

그래서 이제 막 성인기에 들어선 사람들 대다수가 가장 골치 아파하는 문제 가운데 하나가 요리를 배우는 일이다. 물론 이에 대한 가장 간단한 해결책은 요리를 직접 하지 않고 사 먹는 것이다. 이러한 경향을 반영하듯 2015년에 식품연구원Food Institute이 조사한 바로는 밀레니얼 세대는 일주일에 평균 50.75달러를 외식하는 데 사용한다고 한다.

그런데 이러한 추세에 반기(?)를 든 스타트업이 생겨났다. 더 싸고 더 건강한 요리를 가정에서 직접 해먹게 하려고, 사람들이 자신을 갖고 한번 요리에 도전해 보고 싶다는 마음이 들게끔 상세한 조리법과 함께 손질된 식재료를 배송하여 나름의 성공을 거두고 있다. 이에 따라 식재료 배송업이 새롭게 부상하고 있으며 월평균 300만 건을 배송하는 블루에이프런Blue Apron과 월평균 200만 건을 배송하는 플레이티드Plated가 이 업계를 선도하고 있다. 현 추세 대로라면 앞으로 10년 후면 식재료 배송 부문의 매출이 30억 달러에서 50억 달러로 증가할 것으로 내다 보고 있다.

요리 외에 첨단 기술을 통한 '가정 내 자동화'를 확인할 수 있는 부문은 또 있다. 예를 들어, 네덜란드의 한 디자인 스튜디오가 채소 인식기Vegetable Recognizer라고 하는 계산대용 프로젝션 스크린(영사막)을 개발했다. 계산대에 오른 채소를 자동으로 인식하여 이 채소로 만들 수 있는 요리의 레시피를 알려주는 방식이다. 또 애플 직원 출신 두 사람이 '준June'이라는 스마트 오븐을 개발했다. 이 오븐은 요리 시간과 온도를 원격 조정할 수 있는 통합 앱을 기반으로 한다.

혁신은 주방에서만 이루어진 것이 아니다. 룸바Roomba는 오래전부터 로봇 청소기를 만들었는데, 앞으로도 지속적으로 스마트 변기에서부터 자가 세정 유리, 문 자동잠금장치와 조명에 이르기까지 생활 곳곳에서 혁신을 이뤄낼 것을 약속하고 있다.

이러한 가정 내 자동화가 완결된 미래에는 요리하기 쉽게 미리 다듬어 배송된 식재료와 상세한 조리법을 통해 간편하게 요리할 수 있는 것은 말할 것도 없고, 청소할 필요도 없고 손으로 문을 잠글 필요도 없으며 조명을 끄고 켤 필요도 없다.

그리고 가정 내의 자동화는 직장 내 자동화로 그 영역이 확대될 것이다.

직장 내 자동화

대다수 직장인들이 하루 평균 100통에서 150통의 이메일을 받는다. 이에 따른 스트레스와 생산성 저하 문제는 절대로 가벼이 넘길 수준이 아니다. 이메일은 시간 낭비의 주범인데도 대다수 기업은 이를 성가시기는 하나 어쩔 수 없는 '필요악'으로 치부한다.

이러한 환경에서 '이메일 킬러'라는 별칭이 붙은 앱이 업계의 큰 사랑을 받으며 실리콘 밸리의 총아로 떠올랐다. 업무 처리상의 시간 낭비를 줄여줄 목적으로 고안된 이 앱은 바로 슬랙slack이었다. 슬랙은 채팅 소프트웨어와 메시지 전송 프로그램이 결합한 앱 기반 의사소통 도구다. 2014년 2월에 첫 선을 보인 이후로 폭발적인 성장세를 나타내자 슬랙 사용자인 〈타임〉의 한 저널리스트는 '지난 30년 이래 신규 앱이 이토록 광범위한 산업 부문에 걸쳐 이렇게 급속히 전파된 사례로는 슬랙이 유일할 것'이라는 표현까지 써 가며 흥분을 감추지 못했다.

자동화를 통해 성가시기 그지없는 의사소통 업무를 간편하게 처리할 수 있게 한 것이 이 같은 인기의 비결이다. 그러나 이는 첨단 기술이 복잡하고 성가신 일을 얼마나 쉽게 처리할 수 있게 해주는지를 보여주는 극히 일부 사례에 불과할 뿐이다. 이외에도 연봉 협상 능력이나 직장 내 의사소통 기술 향상에 도움을 주는 앱이 수십 개에 달한다. 자동화된 음성 인식 소프트웨어도 날로 진화하여 컴퓨터 앞에 앉아 일일이 문자를 입력하지 않고도 문서가 깔끔하게 완성된다. 또 자동 수정 및 실시간 의견 제시 도구 덕분에 문서 작성 과정이 한결 수월해졌다.

이러한 자동화 시스템은 어떤 효과를 나타내는가? 의사소통, 협상, 갈등 해결, 기타 중요한 직장 생활 기술이 자동화를 통해 한결 향상될 것이다. 전에는 열심히 배우고 갈고 닦아야 했던 각종 업무 기술이나 행동이 자동화되어 젊은 성인들을 비롯하여 더 나이 든 세대까지 잡다한 업무를 처리해야 하는 스트레스에서 많이 해방될 것이다.

재무 관리의 자동화

베스트셀러 작가이자 기업인인 라미트 세디Ramit Sethi는 지난 몇 년간 그전에는 아무도 시도하지 않았던 방식으로 금융 자산을 관리하는 방법을 가르쳤다. 자신이 쓴 책의 제목이기도 한 세디의 웹 사이트 '부자가 되는 방법을 가르쳐 주겠다I Will Teach You to Be Rich'는 누구나 부채에 허덕이지 않고 재정적 자립을 이룰 방법을 제시하는 데 초점을 맞추고 있다. 신용 카드 회사와 협상하는 방법에서부터 각종 수수료나 비용을 절약하는 방법, 재무 관리 자동화에 이르기까지 다양한 기법을 소개한다.

이러한 재무 자동화는 결코 사소한 것이 아니다. 현재 은행 계좌에 돈이 얼마나 있는지, 각종 세금이나 청구금의 납부 기한은 언제인지, 수수료를 부과하는 곳과 부과하지 않는 곳은 어디인지 등을 상세히 알아두면 쓰지 않아도 되는 수수료를 1년에 수백 달러, 경우에 따라서는 수천 달러까지 절약할 수 있다. 물론 말하기는 쉬워도 실천하기는 매우 어렵다. 돈 낼 날짜를 자주 깜빡하는 사람이 어디 한둘인가 말이다.

이러한 상황에는 자동화가 확실한 답이 된다. 신용 카드 대금은 자동이체를 통해 결제가 자동으로 이루어지도록 설정한다. 최근에 출시된 에이콘Acorn이라는 앱을 이용하면 미리 정해 놓은 예금액을 토대로 대금을 결제할 때 발생하는 잔돈을 모아 소액 투자를 할 수 있다. 벤모Venmo나 페이팔Paypal 같은 서비스 덕분에 결제 방식에도 변화가 일어나고 있으며 레스토랑에서 음식 값을 내거나 택시 요금을 결제할 때 여럿이 나눠서 낼 수 있게 해 주는 앱도 많이 등장했다.

초기 성인기 사람들이 가장 부담스러워할 법한 분야가 아마도 세금과 관련한 부분일 것이다. 그런데 세금 관련 서비스 회사인 에이치앤드알 블록H&R Block의 온라인 서비스 혹은 온라인 세금 신고 도구인 터보택스TurboTax의 진화된 인터페이스 덕분에 세금 신고 및 납부 관련 부분의 자동화 수준이 더욱 높아졌다.

이와 같은 재정 관리 자동화 덕분에 초기 성인기 사람들은 자신이 직접 재정적인 부분을 관리한다는 뿌듯한 느낌과 함께 단기적 및 장기적 차원에서 재정과 관련한 중요한 선택이나 결정을 할 때 더 자신감을 보일 수 있다. 비록 이것이 기계적 알고리즘을 통한 관리 시스템 덕분이기는 하지만 말이다.

이 트렌드의 중요성

10여 년간의 연구를 통해 '초기 성인기'라고 하는 새로운 생애 발달 단계에 대한 이해도가 높아졌으며 20대 연령 집단인 이들을 겨냥한 산업 부문이 앞으로 큰 기회를 얻게 될 것이다. 젊은 세대 중에 생산성과 효율성 측면에서 새로운 기술을 가르치고, 삶의 중요 영역을 관리하고, 더 나아가 연애나 직장 생활에서의 편의성을 높이고자 기술적 도구에 의존하는 사람들이 증가할수록 이들이 완전한 성인이 될 미래는 자동화 기술이 더욱 보편화하게 될 것이다.

이 트렌드는 누구에게 도움이 되는가?

밀레니얼 세대를 겨냥하는 기업이라면 이 트렌드의 효과에 주목해야 한다. 젊은 소비자층은 성가시고 복잡한 일이나 작업을 자동화하여 시간을 좀 더 효율적으로 쓸 수 있기를 바라며 이를 가능케 하는 기술이 나오기를 기대한다. 이들은 일과 사생활의 균형이 유지되기를 원하다. 따라서 기업, 특히 첨단 기술 기업이 이러한 서비스를 제공해야 할 것이다.

이 트렌드를 활용하는 방법

★ 초기 성인기를 하나의 발달 단계로 이해하라

최근 들어 산업계에서 청년기와 성인기 사이에 또 하나의 발달 단계가 존재한다는 사실에 주목하고 있다. 중간에 끼인 이 단계를 초기 성인기라 칭하든 달리 표현하든 간에 이를 생애 발단 단계의 하나로 이해하는 것 자체에 중요한 의미가 있다. 즉, 이러한 인식의 전환이 이 세대를 바라보는 시각에 그리고 이들에 접근하는 방식에 변화를 일으킬 수 있다. 초기 성인기의 사람들은 정보에 목말라 있고 자동화를 통해 이러한 욕구를 제대로 충족할 수 있기를 원한다. 따라서 자신들을 발달 주기상의 한 단계에 속한 세대로 이해하고 존중하는 기업에 몰입감을 느낄 것이다. 그러므로 이러한 기업이 되도록 노력해야 한다.

★ 자동화를 통해 복잡성을 해결하라

초기 성인기의 사람들이 못 견뎌 하는 부분이 있다면 그것이 바로 불필요한 복잡성일 것이다. 이 세대에 접근하려면 불필요한 단계나 복잡한 요구 사항을 간결하게 정돈하는 일이 무엇보다 중요하다. 사전에 너무 많은 정보를 꼬치꼬치 캐묻지 말라. 전자 방식이 아니라 종이 서류에 잡다한 내용을 다 채워 넣게 하지도 말라. 아주 작은 노력이 젊은 세대 고객에게 만족스러운 경험을 선사해줄 것이다.

Obsessive Productivity
생산성에 대한 집착

주의 집중하는 시간이 짧아지고 항상 기술에 초점을 맞추다 보니 생산성에 치중하는 사람들이 늘어간다. 이러한 경향이 강박적 집착이 되어 거의 모든 기업의 상호 작용과 기타 경험에 지대한 영향을 미친다.

몇 년 전에 인류학자 웬즈데이 마틴Wendesday Martin은 맨해튼에 거주하는 부유층 엄마들만 아는 비밀을 우연히 알게 됐다. 자신의 저서《파크 애비뉴의 영장류Primates of Park Avenue》를 검토하던 마틴은 부유층 엄마들이 자녀와 함께 디즈니 월드에 놀러 갈 때 좀 더 편하게 즐기려고 서로 어떤 편법을 공유하는지를 알게 됐다.

한마디로 말해 이들은 관광 안내자로 장애인을 원하고 있었다. 장애인을 동반한 가족은 놀이 기구 앞에서 길게 줄을 서지 않아도 되는 특혜를 이용하려는 생각에서였다. 따라서 분명히 안내인으로 고용한 장애인을 마치 가족인 듯 데리고 다니는 것이다. 이처럼 장애인 안내인을 동반하는 것 자체가 특권층 혹은 부유층의 상징처럼 돼버렸다. 마틴은 인터뷰를 통해 이렇게 말했다. "이러한 불법적 행위를 한다는 것은 자신이 이 내부 정보를 입수할 수 있다는 의미고, 그렇다는 것은 결국 자신이 특권층임을 온몸으로 드러내는 것이나 다름없다."

이것은 2014년에 처음 주장했던, 생산성에 강박적으로 집착하는 트렌드의 존재를 확인시키는 가장 확실한 사례였다. 비즈니스 트렌드를 소개한 기사를 검색해보면 세계에서 가장 창의적이고 가장 바쁘고 가장 성공한 부자들이 어떻게 생산성을 높였으며 여기서 무엇을 배워야하는지를 소개한 기사가 한두 개는 꼭 끼어 있다.

그 대단한 사람들이 밝힌 생산성 향상 기법은 다들 수긍할만한 당연한 것(페이스북에 할애하는 시간을 줄여라!)에서부터 다소 어렵기는 하나 상당히 구미가 당기는 것(받은 메일함을 비워라!)에 이르기까지 매우 다양하다.

생산성 향상에 초점을 맞춘 새로운 도구와 전문가가 제시하는 비결을 계속해서 접하다 보면 자연스럽게 한순간이라도 낭비하는 일은 없어야 한다는 생각에 더욱 집착하게 된다.

그런데 꼭 필요한 일만 남기고 나머지는 외주를 통해 해결하는 식으로, 시간에 쫓기기는커녕 주당 4시간씩만 일하며 유유자적하는 새로운 유형의 기업인이 각광받기 시작했다.

그러면서 이러한 생활방식의 가치를 인식하는 사람들이 점점 늘고 있다. 이 장에서는 새로운 유형의 뉴스 전달자이자 정보 큐레이터의 역할에 초점을 맞출 것이다.

이 가운데 특히 주목을 받은 두 큐레이터를 집중적으로 살펴보도록 하자.

정보 큐레이터

데이브 펠Dave Pell은 '인터넷의 편집장'으로 불리는 유명 인사이며 매일 끝없이 쏟아지는 인터넷상의 정보 중에서 가장 흥미로운 것 열 가지만 추려 정리한 덕분에 충성스러운 회원을 많이 거느리고 있다. 펠의 재치와 독창성에 매료된 마리아 코니코바Maria Konnikova라는 작가는 이 사이트를 '알아야 하고, 알고 싶어 하고, 또 읽었어도 읽지 않은 체하고 싶은 다양한 뉴스로 인도해주는 유익하고 흥미로운 곳'이라 칭했다.

충성도 높은 회원 기반을 확보한 또 다른 사이트가 마리아 포포바Maria Popova의 브레인 피킹스Brain Pickings다. 이 사이트는 예술, 과학, 디자인, 역사, 철학 등 다양한 분야의 책을 총망라하여 핵심 사항만 쪽쪽 뽑아 제공한다. 펠과 포포바 두 사람의 글은 트위터에 성급하게 올리는 마구잡이식 글과는 차원이 다르다.

제대로 된 큐레이션, 즉 수많은 읽을거리 중에 알짜배기를 추려내는 작업에는 시간이 적잖이 걸린다. 이러한 작업을 통해 수많은 독자로부터 신뢰를 얻을 수 있고 결과적으로 사람들의 시간을 엄청나게 절약해줄 수 있다. 이것이야말로 생산성에 강박적으로 매달리는 미디어 소비자에게 딱 맞춤인 서비스다.

표면적으로는 생산성을 최우선시하는 사람들이 긴 콘텐츠를 읽는 데 시간을 소비한다는 것은 모순처럼 보일 수 있다. 그러나 생산성이 높다는 것은 되도록 적게 읽는 것을 의미하는 것이 아니다. 불필요한 부분은 모두 제거하고 정교한 큐레이션을 통해 알짜배기만 추려낸 콘텐츠를 읽는 데 20분을 투자하는 것은 매우 가치 있는 일이며 절대로 시간 낭비가 아니다.

시간 활용 최적화 앱

이 트렌드의 핵심은 시간 낭비를 피해겠다는 것이다. 그러니 시간을 잡아먹는 잡다한 일들을 자동화를 통해 간편하게 처리해주는 앱이나 서비스 혹은 그러한 서비스를 제공하는 스타트업이 급성장하는 것이 어찌 보면 당연한 현상이다.

스타벅스나 도미노 피자 같은 식음료 브랜드는 고객이 모바일 기기로 주문한 다음 상품을 직접 가져가거나 배송 받을 수 있는 앱을 활용하고 있다. 미국의 프레시 디렉트Fresh Direct나 영국의 세인즈베리Sainsbury 같은 식료품 업체도 온라인 쇼핑 서비스를 제공하는데, 이때 고객은 직접 배송을 택하거나 아니면 주문은 온라인으로 하고 상품 수령은 매장에 직접 가서 하는 이른바 클릭앤드콜렉트click and collect를 선택할 수 있다. 매장에서 상품을 수령할 때도 굳이 차에서 내리지 않고도 바로 가져갈 수 있게 배려해준다.

식품 업계 외에도 사람들이 귀찮아하는 일을 대신 해주어 시간을 효율적으로 쓸 수 있도록 도와주는 스타트업이 성행하고 있다.

예를 들어, 윈잇WinIt은 뉴욕에서 주차 위반 딱지를 뗐을 때 스마트 기기의 앱을 통해 이를 신속하게 해결해준다. 루시폰LucyPhone은 고객 센터에 전화를 걸었을 때 바로 연결되지 않으면 나중에 전화를 건 사람의 차례가 왔을 때 자동으로 전화를 연결해주는 앱이다. 차례가 오기를 마냥 기다리지 않아도 되니 그만큼 시간을 절약할 수 있다. 지금까지 이렇게 해서 절약한 시간을 누계하면 총 70만 800시간(연수로 하면 80년)이 넘는다고 한다.

금융 부문도 상황은 마찬가지여서 고객의 시간을 절약해주는 방향으로 움직이고 있으며 이러한 서비스를 제공하는 앱을 현금자동입출금기처럼 당연시하는 경향이 생겼다. 현재 게임 앱을 제외하고 가장 인기 있는 앱은 대부분이 생산성을 높이는 데 초점이 맞춰져 있으며 가장 혁신적인 신규 금융 앱도 거의 시간 절약에 중점을 두고 있다.

스마트 기기

2014년에는 '내러티브 카메라'라는 제품에 관해 쓴 적이 있다. 일상의 모든 것을 카메라에 담아 남기고 싶은 인간의 오랜 욕구를 반영한 제품이다.

이러한 유형의 디지털 기기는 결국 사생활 침해 문제로 이어질 수 있다고 우려하는 사람도 물론 있다. 그런데도 자동화로 잡다한 일을 처리하여 시간 절약을 해주는 상품이 많이 출시됐고 이것이 큰 호응을 얻고 있다는 것이 현실이다.

제품의 바코드를 스캔하여 자동으로 장보기 목록에 올리는 히쿠Hiku에서부터 독특한 시스템으로 비타민과 맛을 보충해주는 스마트 물병 라이프 퓨얼스Lifefuels에 이르기까지 다양한 디지털 기기가 출시됐다. 잡음을 없애주는 헤드폰도 쏟아져 나오고 있다. 다들 집중을 방해하는 소음으로부터 해방시켜 생산성을 높여준다고 선전한다. 보건 의료 부문에서도 수면의 양과 질 그리고 사무실에서 의자에 앉아 일할 때 가장 좋은 자세에 이르기까지 모든 사항을 측정하는 각종 센서와 착용형 스마트 기기를 선보이고 있다. 전부 생산성 향상을 목적으로 한 것이다.

이와 같은 착용형 스마트 기기 시장이 계속해서 성장하면 생산성에 집착하는 고객의 욕구가 좀 더 자동화된 방식으로 충족될 것이다.

제로 UI : 인터페이스 제로

IT 디자인 팀의 여전한 숙제는 인터페이스를 사용할 때의 마찰을 최대한 줄이는 일이다. 그래서 유용성과 직관적 디자인이라는 두 요소를 충족시켜 최대한 단순한 디자인을 만들고자 무진 애를 쓴다. 이러한 맥락에서 2015년에 제로 UI, 즉 '인터페이스 제로' 운동이 가시화하기 시작했다. 제로 UI는 인공 지능, 스마트봇,[37] 음성 명령 등의 첨단 IT 기술이 조만간 인터페이스 없이 작동하는 스마트 기기의 세상을 열 것이라는 예측에 기반을 둔 디자인 철학이다.

사람한테 말하듯 컴퓨터와 대화할 수 있다면 굳이 인터페이스가 왜 필요하겠는가?

아마존, 마이크로소프트, 구글, 애플 등 IT 업계 거물 기업 전부가 인공 지능과 이를 통한 제로 UI를 현실화하는 작업에 엄청난 투자를 하고 있다. 마이크로소프트의 코타나Cortana와 애플의 시리Siri 그리고 아마존의 알렉사Alexa와 이를 기반으로 한 장치 에코Echo 등이 대표적이다. 페이스북도 메신저 기반의 음성 인식 서비스인 엠M을 출시했다.

마이크로소프트의 연구소 넥스트NExT의 제너럴 매니저 릴리 청Lily Cheng은 이와 같은 혁신의 미래를 다음과 같이 전망했다. "앞으로 온라인 상의 대화는 디지털 '비서'를 통해 이루어질 것이다. 이렇게 되면 컴퓨터, 휴대 전화, 인간의 기억, 관계 등에 대한 생각에 많은 변화가 생길 것이다."

제로 UI 개념은 상대적으로 인공 지능과 관련성이 덜해 보이는 부문의

---

37 smart bot, 서비스 이용자가 정보를 검색하거나 이용할 때 해당 정보를 사람이 찾아주는 것처럼 음성이나 글자로 알려주는 인공 지능

디자인에도 영향을 미칠 것이다. 예를 들어, 디지트Digit는 은행 계좌와 연동하여 더욱 자동화된 방식으로 더 빠르게 사용자의 주거래 계좌에서 가상 계좌인 디지트 계좌로 이체할 수 있게 해주는 앱이다. 클래스도조ClassDojo는 교사와 학부모가 더 편리하게 소통할 수 있게 해주는 앱이다.

피터Peter는 '인공 지능 기반 개인 변호사'로서 자동화 메시지를 통해 간단한 법무를 처리해준다.

이러한 앱은 전부가 또 다른 앱을 내려 받기 할 필요 없이 이메일처럼 매일 사용하는 도구와 통합하여 사용한다는 개념을 실현한 것이다. 전보다 더 생산적인 삶을 만든다는 명목으로 바야흐로 인터페이스가 과거의 산물이 돼버리는 이른바 '포스트 앱' 시대가 다가오고 있다.

이 트렌드의 중요성

점점 스마트해지는 기술이 우리가 원하는 것을 정확히 포착하고 스타트업이 우리의 시간과 에너지를 절약하는 쪽으로 혁신의 방향을 잡는 현상이 두드러질수록 소비자는 부문을 가리지 않고 생산성을 높여주는 도구를 더 열심히 원하게 된다.

이러한 기대와 욕구가 커지면서 생산성과 효율성에 대한 갈증은 소비자의 단순한 바람 수준에서 강박에 가까운 집착으로 바뀌었다.

이러한 강박적 욕구를 채워줄 기술은 더욱 많이 등장할 것이고 생산성에 집착하는 소비자의 요구에 부응하여 소비자와 소통하고 이들의 몰입도를 높이는 방법에도 많은 변화가 있을 것이다. 속도 자체가 경쟁 우위 확보를 위한 핵심 요소가 될 것이다. 시간 절약을 최우선시하거나 한 번에 여러 가지 일을 처리함으로써 시간을 효율적으로 활용하고 싶어 하는 사람들을 겨냥하여 이들에게 속도에 초점을 맞춘 프리미엄 서비스를 제공하는 것으로 시장 우위를 점할 수 있을 것이다.

이 트렌드는 누구에게 도움이 되는가?

절차 혹은 과정을 비즈니스의 본질로 삼은 기업이라면 이 트렌드가 매우 유용하게 활용될 수 있다. 전자 상거래 기업은 온라인상에서의 구매 경험을 중시하므로 구매 절차를 최적화하는 데 이 트렌드를 활용할 수 있다. 포장이나 제품 개발팀은 시간이 각 단계의 소비자 경험에 어떤 영향을 미치는지 또 그 시간을 줄여 최적의 경험을 제공하기 위해 무엇을 해야 하는지 생각해야 할 것이다. 따라서 이들에게도 이 트렌드가 유용한 도구가 될 것이다.

이 트렌드를 활용하는 방법

★ 비효율성을 개선하라

기업과의 상호 작용 측면에 대한 소비자의 이해도가 높아질수록 비효율적이거나 느린 인터페이스에 대한 인내심은 점점 줄어든다. 따라서 소비자가 가려워하는 부분을 이해하지 못하고 소비자가 들인 시간과 돈에 대해 적절한 보상을 제공하지 않거나 이 부분에 대한 상호 작용을 포기한다면 순식간에 고객을 잃는 수가 있다.

★ 속도로 승부를 보라

소비자가 생산성을 최우선시하는 상황이라면 속도만이 경쟁 우위를 담보할 수 있다. 어떤 유형의 제품이나 서비스를 제공하든 간에 소비자의 시간을 절약해주는 기업이 소비자의 선택을 받는 최종 승자가 될 것이다. 지금은 아마존의 프라임 같은 총알 배송 서비스가 업계의 표준이 됐다. 따라서 이제는 생산성을 높여주는 최적의 서비스를 제공하든가 아니면 소비자의 속도 기준에 미치지 못하는 경우 그러한 '느린' 서비스가 왜 필요한지 그 이유를 소비자에게 충분히 납득시켜야 하는 상황이 됐다.

IDEA THREE

트렌드 리포트 2

많은 사람들이 미래를 논할 때 과거는 돌아보지 않으려 한다. 그러나 시간이 지난다고 해서 지나간 트렌드 예측이 무의미해지는 것은 아니다. 이전 트렌드 가운데 미래에도 영향을 미칠 것으로 판단되는 트렌드를 선택하여 다시 정리했다.

트렌드 요약

◆ 문화 및 소비자 행동
우리 자신을 바라보는 시각 그리고 인기 있는 문화 패턴에 관한 트렌드

모두가 스타

셀피 자신감

마음 챙김 명상

◆ 마케팅 및 소셜 미디어
기업이 소비자의 충성도와 몰입도를 높이고자 노력하는 방식에 관한 트렌드

착한 브랜딩

유통의 역발상

소극적 마케터

◆ 미디어 및 교육
학습과 엔터테인먼트에 영향을 미치는 콘텐츠와 정보에 관한 트렌드

한눈에 알아볼 수 있는 콘텐츠

감정에 기반을 둔 마케팅

익스페리미디어

◆ 기술 및 디자인
우리의 행동에 영향을 미치는 기술 혁신과 제품 디자인에 관한 트렌드

불완전성

예방적 보호

조작적 중독

◆ 경제 및 창업 정신
미래의 일과 수익에 영향을 미치는 사업 모형, 스타트업, 경력에 관한 트렌드

스몰데이터

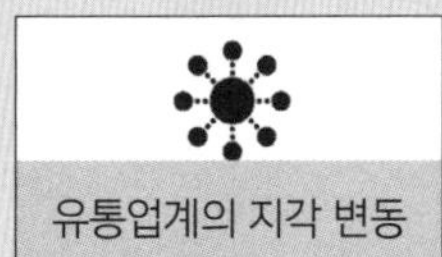
유통업계의 지각 변동

소단위 소비

Everyday Stardom
모두가 스타

개인 맞춤화 현상이 가속화하면서 마치 TV나 영화에 나오는 스타처럼 대접받기를 원하는 소비자가 점점 증가하고 있다.

이 트렌드의 전망

인기 스타가 되고 싶은 열망은 누구에게나 있다. 그러나 스타 되기가 어디 그리 쉬운 일인가! 그런데 이제는 개인 맞춤화 서비스를 통해 아주 잠깐이나마 스타가 된 듯한 경험을 해볼 수 있을 것이다.

나이키가 개발한 피트니스 앱 나이키 플러스Nike+가 그 좋은 예다. 나이키 플러스 개발팀은 사용자가 1년 동안 거둔 운동 성과를 축하해주는 매우 창의적인 방법을 고안했다. 바로 삭제될 것이 뻔한 이메일을 보내는 대신 좀 더 개인화된 뭔가를 만들어낸 것이다. 프랑스의 유명 일러스트레이터에게 의뢰해 각 개인의 신체 정보에 위치 및 날씨 정보를 결합하여 10만 개 이상의 애니메이션을 만들어냈던 것이다. 이 애니메이션은 나이키 플러스 사용자 개개인을 위한 맞춤형 비디오 속에 짜깁기 되어 사용자로 하여금 다음해에 더 나은 성과를 내겠다는 결의를 다지게 해줬다. 실제로 소비자는 나이키 플러스 덕분에 자신이 등장하는 쇼의 진짜 주인공이 될 수 있었다.

나이키 외에도 개인 맞춤화 서비스를 통해 개별 소비자를 슈퍼스타처럼 대접하는 기업이 한둘이 아니다. 코카콜라는 콜라병에 사람의 이름을 새겨 넣어서 큰 인기를 끌었다. 자신의 이름이나 친지, 가족의 이름을 찾아가며 콜라를 사먹는 재미가 쏠쏠했던 것이다. 구글의 전 기술 담당 수석 부사장 빅 군도트라Vic Gundotra가 '이 지구상에서 가장 뛰어난 기술 리뷰어'라 칭했던 동영상 제작자 마크 브라운리Marques Brownlee 같은 유튜브 유명 인사도 소비자의 제품 선택에 중대한 영향을 미친다.

앞으로는 더욱 소비자를 슈퍼스타처럼 대접하는 기업이 증가할 것이고 소셜 플랫폼을 통해 인기 스타로 부상하는 사람도 더 많아질 것이다. 그리고 소비자들 사이에 자신도 그와 같은 경험을 할 수 있으리라는 기대감이 높아질 것이다. 이렇게 되면 기업으로서는 값이 싸고 비싸고를 떠나 자사 제품이나 서비스를 사용하는 고객 모두가 VIP 대접을 받았다고 느낄 만한 고객 경험을 제공해야 한다는 압박감이 강해질 수밖에 없을 것이다.

이 트렌드는 누구에게 도움이 되는가?

이 트렌드의 핵심 요소는 리더십과 비즈니스의 경계를 어떻게 넘어서느냐다. 유통 및 신체 활동과 관련된 브랜드에도 이 트렌드가 상당히 유용할 것이다. 또 더 진화한 개인 맞춤화 서비스를 통해 고객 경험을 향상시키고 특정 집단에 대해 영향력을 발휘하거나 앞에서 이끌고 싶을 때 이 집단의 충성심을 고양하는 데 주력하는 기업에도 크게 유용할 것이다.

이 트렌드를 활용하는 방법

★ 개인 정보를 입수하라

다들 너무 개인적인 질문을 하는 것은 무례한 일이라고 알고 있다. 그런데 사적인 질문을 삼가려 하다 보면 고객을 '스타' 대접 해주는 데 꼭 필요한 정보를 얻기 어려울 수 있다. 디즈니의 팔찌형 ID 카드 '매직밴드'는 엄청난 양의 개인 정보를 수집한다. 그러나 이 대부분이 고객 편의 증진을 위해 유용하게 쓰인다. 고객의 개인 정보를 더 많이 입수할수록 평생 잊지 못할 맞춤형 경험을 제공하는 방법을 찾는 데 큰 도움이 될 것이다.

★ 입수한 정보는 최대한 활용하라

그동안 축적한 자료를 활용하지 않고 방치하는 것만큼 안타까운 일도 없다. 이런 '보물 중의 보물'을 활용하지 못해 큰 기회를 놓치는 기업이 적지 않다. 고객의 주소 정보를 보유하고 있는가? 그렇다면, 노골적인 판촉물이 아니라 뭔가 전향적인 메시지를 전달하기 위해 이 정보를 사용한 적이 있는가? 여기서 말하고자 하는 골자는 단순히 통계 수치 몇 개 채워 넣으려고 개인 정보를 수집하는 것은 의미가 없다는 말이다. 정보를 수집하려면 이용 목적이 분명해야 한다. 애초에 활용할 생각이 없다면 아예 수집할 생각도 말라.

업계에서 자주 하는 말이 상품을 팔려 하지 말고 고객 경험을 만들어주는 데 치중하라는 것이다. 이 말은 시대를 막론하고 언제 어디서든 항상 적용된다. 모두가 스타라는 트렌드를 효율적으로 활용하려면 단순히 기억할 만한 고객 경험을 창조하는 것뿐 아니라 필요할 때 그 경험을 공유할 수 있게 도움을 줌으로써 사람들이 실제로 그것을 기억할 수 있게 해줘야 한다.

Selfie Confidence
셀피 자신감

공들여 만든 온라인 인격 덕분에 셀피 같은 소셜 콘텐츠를 통해 자신감을 북돋우는 사람들이 늘고 있다.

이 트렌드의 전망

온라인상에서 만들어진 인격이 친구나 가족에게 보이는 '디지털 얼굴'에 반영되면 이것이 결국은 현실 세계에서 자기 자신에 대한 지각, 즉 자기 자신을 어떻게 생각하는지에도 계속해서 영향을 미칠 것이다.

예를 들어, 얼마 전에 영국 여성 렉시 하포드Lexxie Harford의 이야기로 온라인이 떠들썩했던 적이 있었다. 선천적인 질병 때문에 하포드의 얼굴에는 반쪽을 다 가릴 정도로 큰 붉은 반점이 있었다. 다들 '너무 끔찍한 얼굴'이라고 놀렸으나 하포드는 자기 자신에 대한 긍정적 자신감을 바탕으로 화장도 하지 않은 민낯을 당당하게 찍어 한 사진 공유 사이트에 올렸다. 이 사진은 수천 명이 공유했으며 하포드는 곧바로 사이버 폭력에 맞선 아름다운 영웅이 됐다.

이와 비슷한 감동적인 이야기는 꽤 많다. 이러한 이야기는 잘 나온 사진으로 자기 자신을 긍정적으로 바라보는 등 온라인상의 자신의 모습 혹은 인격을 잘 관리하여 자신감을 회복하는 내용이 주를 이루었다.

광고에도 이 같은 트렌드가 반영됐다. 빅사이즈 의류 전문 브랜드 레인 브라이언트Lane Bryant와 도브Dove의 광고가 대표적이다. 레인 브라이언트의 광고 콘셉트는 '나는 천사가 아니다#ImNoAngel'였다. 여기서 말하는 엔젤은 바로 세계적인 속옷 브랜드 빅토리아 시크릿의 깡마른 모델을 말한다. 레인 브라이언트는 현실적인 몸매를 지닌 모델을 등장시켜 건강한 관능미를 부각시켰던 것이다. '좋아요! 따위 필요 없어요#NoLikesNeeded' 라는 도브의 광고 문구 역시 이와 같은 맥락에서 나온 것이다. 다른 사람 눈에 비친 자신이 아니라 나 자신의 시선이 중요하다는 의미이며 있는 그대로의 자신을 긍정적으로 바라보라는 것이 핵심이다. 자신의 모습을 긍정적으로 바라보며 셀피[38]를 타인과 공유하면서도 굳이 '좋아요'를 눌러 달라 요구하지 않는 당당함을 표현한 것이다. 이처럼 셀피를 당당히 올리며 스스로 자존감을 높이는 행동은 남의 시선 혹은 다른 사람의 평가에 개의치 않고 좀 더 자신 있게 살아가겠다는 의지의 표현인 셈이다. 이제 '셀피'는 다른 사람의 인정을 구걸하는 행위에서 자신을 당당하게 표현하는 수단으로 바뀌었다.

셀피 외에도 다양한 방식으로 당당하게 자신을 노출하는 추세가 확산되고 있다. 여기에 가장 맞춤한 예를 하나 소개하자면 이렇다. 〈패스트컴퍼니〉는 '올해의 창의적인 예술가' 명단에 문신 예술가 비니 마이어스Vinnie Meyers의 이름을 올렸다. 뉴올리언스 유방재건수술센터The Center for Restorative

---

Breast Surgery와 함께 유방 절제술을 받은 여성들이 한 사람의 여성으로서 좀 더 자신감을 느끼며 살아갈 수 있도록 이들에게 유두 문신 시술을 해준 공로를 인정한 것이다.

온라인에 공개한 자신의 모습이 자신감을 얻는 데 중요한 역할을 하고 결국은 이것이 자신이 자기 자신을 바라보는 시각 그리고 다른 사람이 자신을 바라보는 시각에 영향을 미칠 것이다.

이 트렌드는 누구에게 도움이 되는가?

다른 사람의 시각이 아닌 바로 자신이 가치 있게 생각하는 것을 기준으로 자신과 타인을 지각하는 방법을 제시할 때 이 트렌드가 매우 도움이 될 것이다. 또 충성도 높은 열성적 고객이 올린 셀피에 자사가 배경이나 소도구로 들어가 있다면 해당 기업은 아주 열성적인 브랜드 전도사를 한 명 얻게 되는 셈이다. 물론 자사가 배경으로 쓰인 셀피를 찾아낼 수 있다면 말이다.

이 트렌드를 활용하는 방법

★ 셀피에 대한 편견을 극복하라

내가 찍어 내가 올린 내 모습(사진)을 보고 내가 만족스러워하며 마음껏 자신감을 불태우는 행위는, 자칫 나밖에 모르는 자기중심적 사고로 발전할 수 있다는 것이 셀피의 가장 큰 맹점이다. 사실 자기애의 함정에 빠져 버리면 타인에 대한 공감력이 떨어질 수밖에 없다. 그래서 이른바 '셀피 세대'를 못마

땅하게 바라보는 사람들은, 이러한 행동을 자기애적인 욕구를 충족하는 얄팍한 행위 그 이상도 이하도 아니라고 폄훼하고 싶은 생각이 들기도 할 것이다. 그러나 이 트렌드를 제대로 활용하려면 제일 먼저 이러한 옹졸한 사고방식에서 벗어나 셀피가 지닌 긍정적인 힘을 인정하는 것부터 해야 한다.

★ 사진을 분석하라

셀피에 자사를 넣는 고객과 접촉하려면 먼저 그러한 셀피부터 찾아야 한다. 그러나 안타깝게도 문자가 첨부돼 있지 않으면 그러한 셀피를 찾는 것은 불가능하다. 그런데 천만 다행히 마케팅 회사 디토랩Ditto Labs 같은 혁신적 선구자들이 온라인상에 올린 모든 셀피를 조사하여 특정 브랜드의 로고라든지 특정한 섬유, 유명 인사의 얼굴 등을 찾아내는 소프트웨어를 개발한 덕분에 자사 브랜드가 담긴 셀피를 쉽게 찾아낼 수 있게 됐다.

★ 셀피를 공유하기 쉬운 환경을 조성하라

식음료 소비자 조사와 컨설팅 전문 회사인 테크노믹Technomic이 2015년도 식품 시장의 10대 트렌드를 발표했는데 이때 첫손에 꼽힌 것이 식사 및 레스토랑에 대한 인식 변화였다. 즉, 이제 식사를 하는 일은 그저 배를 채우기 위한 행동만이 아니라 남에게 뽐내고 싶은 권리를 표현하는 행동이 됐고 레스토랑은 그러한 권리를 누리게 하는 무대가 됐다. 따라서 소셜 미디어에 능한 고객을 겨냥하여 이들이 올리는 셀피에 자사가 배경으로 들어가기를 바란다면 와이파이를 제공한다든지 기타 사진 촬영에 도움이 되는 환경을 조성하는 것이 큰 도움이 될 것이다.

Mass Mindfulness
마음 챙김 명상

명상, 요가, 조용한 응시 및 묵상 등은 개인이나 조직이 성과, 건강, 동기화 증진을 위해 사용하는 매우 강력한 도구가 된다.

이 트렌드의 전망

일본의 정리 컨설턴트 곤도 마리에의 베스트셀러《인생이 빛나는 정리의 마법》은 전 세계적으로 200만 부 이상이 팔렸고, 수많은 곤도 추종자는 깨끗이 정리한 자신의 집이나 방의 사진을 찍어 올리며 곤도의 주장에 지지를 표했다. 여백과 비움을 강조하는 동양 철학에 바탕을 둔 이 정리 원칙은 뭐든지 너무 많이 쌓아 놓고 사는 서구인의 삶의 방식을 변화시키는 계기로 작용한 것 같았다. 그리고 정리 정돈을 통해 무질서를 해소한다는 이 같은 발상은 명상 개념과도 맥을 같이한다. 한때는 먼 나라 이야기로 치부됐던 명상이 이제 서구 사회에도 급속히 뿌리 내리고 있다.

최근 이러한 추세가 저명한 기업인의 사고방식에도 변화를 일으키고 있다는 조짐이 계속해서 포착됐다. 또 한 명의 일본인 기업인이 내건 매우 독특한 경영 철학도 눈여겨볼 만했다. 83세인 고령의 억만장자 이나모리 가즈오가 그 주인공이다. 가즈오는 일본의 대표적 전자 회사 교세라Kyocera Corporation를 640억 달러 규모의 대기업으로 키워 놓았고 2010년에는 경영 악화로 파산에 이른 일본항공Japan Airlines의 회장직을 맡았다. 그리고 이듬해에는 일본항공을 부활시켰고 도교 증시에 재상장까지 시켰다. 이러한 기적이 어떻게 가능했을까?

가즈오는 최근에 〈블룸버그 뉴스Bloomberg News〉와 가진 인터뷰에서 이렇게 말했다.

"기업의 리더는 물질적으로나 정신적으로 직원들을 행복하게 해줘야 한다. 달걀이 필요하다면 암탉을 잘 보살펴야 한다. 알을 낳으라고 암탉을 들들 볶거나 죽이면 달걀은 절대로 얻지 못한다."

저 유명한 테드TED 강연에서도 명상을 중시하는 이 같은 추세를 확인할 수 있었다. 테드 강연회의 후원사이기도 한 델타항공Delta Air Lines은 테드 강연회장에서 '동중정Stillness In Motion, 動中靜'으로 표현되는 브랜드 경험을 통해 '움직임 속의 고요'를 추구하는 행사를 주최했다.

델타항공 팀이 심혈을 기울여 이를 위한 구조물을 설계했고 테드 강연 참가자 중에 원하는 사람은 이 구조물로 들어가 특별한 브랜드 경험을 하게 된다. 델타항공 측이 제공하는 발광 구체(빛나는 작은 공 모양)를 들고 구조물 안으로 들어가면 심박 센서가 그 사람의 심장 박동수를 측정한다. 그리고 몸과 마음을 충분히 이완시킬 수 있는 환경이 조성된 구조물 안에서 결국에는 최저 심박 수 상태에 이르게 된다. 테드 강연 참가자 중 거의 절반이 여기에 참여했고 최저 심박 수에 도달했을 때의 상태를 사진으로 찍어 소셜 미디어에 올렸다.

동양 사상이 바탕이 된 이러한 트렌드는 고급 화장품 브랜드 탓차Tatcha를 비롯한 몇몇 성공 기업에도 그대로 반영돼 있다. 탓차는 하버드 대학 경영학 석사 출신인 빅토리아 차이Victoria Tsai가 일본 게이샤가 사용하던 전통적 비법이 미용에 탁월한 효과가 있다는 사실을 알고 세계 여성에게 아름다움을 선사하겠다는 취지에서 설립한 회사였다.

또 어른용 컬러링북이 선풍적인 인기를 끌었던 것도 이러한 명상 트렌드와 무관하지 않다. 조용히 마음을 가라앉히고 색칠을 하다 보면 쌓였던 스트레스도 사라지는 효과가 있었다. 2015년 말에 유명한 미술용품 제조사 크레욜라Crayola까지 색연필 및 크레용과 함께 컬러링북을 내놓을 정도로 그 열풍이 대단했다.

이러한 사례 모두가 동양의 명상 전통에 토대를 둔 것이며, 동양 철학과 서양 생활방식의 결합이라 할 수 있는 이러한 트렌드는 계속해서 새로운 사고방식과 전혀 예상치 못했던 새로운 사업 모형의 등장을 촉진할 것이다.

이 트렌드는 누구에게 도움이 되는가?

명상이 개인적 차원의 수양 도구에서 조직 차원의 철학으로 진화하고 있다. 따라서 조직이나 기업에서 직원 훈련 및 학습 프로그램을 담당하는 사람들은 이 트렌드에 주목해야 한다.

이 트렌드는 쇼핑 방식 그리고 어떤 브랜드를 선택하느냐와 같은 차원의 소비자 행동에 영향을 미친다. 또 기업의 '부드러운 측면'에 초점을 맞추게 되면서 리더십과 조직 관리에도 영향을 미칠 것이다. 끝으로 과도한 업무에 시달리는 사람 혹은 가정생활과 직장 생활의 균형을 유지하고픈 사람에게도 큰 도움이 될 것이다.

이 트렌드를 활용하는 방법

★ 작은 것부터 조금씩 시작하라

명상도 그렇고 요가도 그렇고 처음에는 어떻게 해야 할지 막막해서 일단 겁부터 먹게 된다. 개인 강사를 고용하거나 요가 센터를 꾸준히 다니는 일이 누구에게나 쉽지는 않다. 그런데 다행히도 헤드스페이스Headspace처럼 천천히 시작해볼 수 있게 도와주는 앱이나 도구가 계속 등장하고 있다. 또 여러 가지 활동과 모임으로 바쁘게 움직이다가도 잠깐 짬을 내어 숨 고르기를 할 여유를 갖게 해주는 새로운 기법들이 인기를 끌고 있다.

★ 조직원 간의 결속력 강화에 도움이 되는 활동을 하라

어떤 팀이든 매일 하는 일상적 업무와 관련된 활동이 있고 또 팀원으로서 해야 할 일들이 있다. 누구나 조직의 일원으로서의 소속감이나 유대감을 느끼고 싶어 한다. 그런데 그러한 소속감은 일상 업무만으로는 쉽게 형성되지 않는다. 팀 구성원에게 일 외에 다른 활동에 함께 참여할 기회를 제공하는 데서 그러한 유대감이 형성될 수 있다. 즉, 팀원들이 함께 명상하는 시간을 갖는다면 서로 유대감도 깊어지고 상호 신뢰감도 높아질 수 있다.

Branded Benevolence
착한 브랜딩

단순히 돈을 기부하거나 긍정적인 이미지 홍보 수준을 넘어 공익적 활동에 적극적으로 참여하는 것에 초점을 맞춰 이를 브랜드화하는 기업이 점차 증가하고 있다.

이 트렌드의 전망

기업의 사회적 역할과 관련한 한 가지 바람직한 징후가 바로 공익을 중시하는 기업이 점점 증가하고 있다는 점이다. 소비자가 구매 결정을 할 때 기업의 윤리나 경영 방침이 중요한 기준이 되는 요즘 같은 세상에서는 환경이나 고객, 사회 전체 등 어느 부문에 혜택이 돌아가는 것이든 간에 기업의 공익적 활동이 중요한 경쟁력이 되고 있다.

이와 관련하여 사우스웨스트항공Southwest Airlines의 새로운 마케팅이 큰 주목을 받았다. '투명성'이라 칭한 이 마케팅은 좌석에서부터 각종 편의시설에 이르기까지 승객에게 부과하는 운임 및 비용을 공정하고 투명하게 밝히겠다는 것이었다. 최고마케팅책임자 케빈 크론Kevin Krone은 이렇게 말했다. "우리는 근거 없이 비용을 부과하지 않으며 통상적 비행과 관련된 사항에마저 비용을 부과하는 관행에 동의하지 않는다. 우리는 아무것도 속이지 않는다." 이러한 방침은 미국 국적 항공사로서는 매우 이례적인 일이었다. 이러한 이례적인 운임 부과 정책 덕분에 사우스웨스트항공은 고객 만족도와 충성도 지수에서 타 항공사를 크게 앞지를 수 있었다.

이후 고객이 중요하게 생각하는 다양한 쟁점에 초점을 맞춰 경영 방침을 정하는 기업이 많아졌다. 일례로 클라우드 기반 고객관계관리CRM 전문업체 세일즈포스Salesforce.com의 CEO 마크 베니오프Marc Benioff는 남녀 동일임금을 목표로 남성과 여성의 임금 격차를 순차적으로 줄여나가 진정한 의미의 남녀평등 원칙을 실현하겠다고 선언했다.

이러한 추세는 계속되어 착한 브랜딩이 전략 회의의 중심 화두로 거론되고 있으며, 그동안 기업의 사회적 역할에 대한 경영진의 생각에도 많은 변화가 있었다. 대의 혹은 명분은 잠재적 직원 및 현 직원 그리고 소비자 모두가 중요하게 생각하는 가치다. 따라서 '착한 브랜딩'은 고객의 브랜드 충성도를 높이는 한편 유능한 인재를 끌어들이는 데 결정적 역할을 할 것이다.

이 트렌드는 누구에게 도움이 되는가?

고객 관리와 사업 운영에 공익 개념을 접목시키는 이 같은 트렌드는 업종을 불문하고 모든 기업이 주목해야 할 중요한 추세다. 이 트렌드는 기존의 공익적 프로그램을 좀 더 포괄적인 전략으로 체계화하려는 기업에 특히 유용하다.

이 트렌드를 활용하는 방법

★ 돈과 시간을 함께 투자하라

금전적 기부는 그 효과가 지속적이지 못하고 파급력이나 영향력도 별로 없다. 요컨대 시간과 노력은 들이지 않고 돈으로만 해결하는 것은 별로 의미가 없다. 이제는 소비자도 기업의 기부에는 세금 공제 혜택이 따른다는 사실쯤은 다들 알고 있다. 그러므로 기부 외에 대의를 실현할 다른 방법을 찾는 일이 매우 중요하다. 다른 대의를 실현하는 일에 직원들의 참여를 어떻게 이끌어낼 것인가? 금전 외에 달리 무엇을 줄 수 있는가? 이러한 질문에 대한 해답을 찾는 것이 브랜드의 가치를 높이는 데 그리고 좀 더 인간적인 삶을 추구하는 데 도움이 될 것이다.

★ 공익적 활동을 기업의 사명으로 삼아라

착한 브랜딩이라는 트렌드와 관련하여 기억해야 할 중요한 사실은 이 트렌드는 사회적 가치 그 이상의 의미를 지닌다는 점이다. 즉, 중요한 메시지를 전파하고 공유한다는 차원에서 이 트렌드는 문화적인 가치와 의미까지 지닌다고 할 수 있다.

★ 아무나 하지 못할 희생을 기꺼이 감수하라

자율 주행차 개발 회사인 텔사Telsa는 자동차 업계에 자사의 특허 기술을 공개했다. 약품 및 잡화 유통 업체 CVS는 연간 약 20억 달러의 매출 손실을 감수하면서까지 담배 판매를 중단했다. 이러한 사례는 기업이 좀 더 가치 있는 것을 위해 무언가를 포기하는 행위도 사회적 공헌 활동이 될 수 있음을 보여주는 것이다.

Reverse Retail
유통의 역발상

브랜드 친화도를 높이려는 목적으로 고감도 매장 내 경험에 초점을 맞추는 기업이 증가하고 있다. 이러한 매장 내 고객 경험이 온라인 채널을 통해 실제 구매로 이어지는 것을 기대하는 것이다.

이 트렌드의 전망

매장 내 매출을 극대화하는 한편 소비자의 구매 채널 선택권을 최대한 보장하는 차원에서 온라인과 오프라인을 망라한 실질적인 '다채널' 구매 개념을 구현하고자 고심하던 패션이나 전자 제품 유통 브랜드가 이러한 트렌드를 주도했다.

근래에 싱가포르의 SPC 쇼핑몰이 온라인과 오프라인 쇼핑 통합 계획을 추진하면서 이러한 추세가 본격화됐다. 싱가포르 우체국인 싱포스트 Singpost는 온라인 주문, 매장 내 쇼핑, 가정 내 배송(드론 이용까지 염두에 두었음)을 통합한 새로운 쇼핑 개념을 도입했다. 이 신개념 쇼핑 계획은 2017년 중반에 현실화될 예정이며 벌써 '미래의 쇼핑몰 개념'이라며 선전에 열을 올리고 있다.

이 트렌드는 근거리 사물 간의 무선 통신을 가능케 하는 '니어러블 nearable' 기술의 등장이라는 측면과 맞물리면서 더 큰 관심을 받았다. 고객 경험을 향상시키고 한층 진보한 맞춤형 서비스를 제공하기 위해 주로 모바일폰과 연계된 부착형 스마트 기기를 통해 사물 간 소통을 가능하게 하는 기술을 활용하는 것이다.

모바일 기기를 통한 실시간 위치 정보를 활용하려는 기업들은 이 니어러블 시장을 둘러싸고 각축전을 벌일 것이다.

처음에는 간단한 판촉 서비스를 전달하는 데 초점이 맞춰져 있었으나 앞으로는 소비자의 온라인 브라우징(필요한 정보를 검색하는 것)에 관한 자료(고객이 특정 상품을 주시한 시간 등)를 수집하는 것에서부터 순회 판매원을 통해 소비자에게 즉시 지원 서비스를 제공하는 것에 이르기까지 그 적용 범위가 확대될 것이다.

이 트렌드는 유통 업체 외에 의료 부문 같은 의외의 분야에도 영향력을 발휘하고 있다. 의약품을 취급하는 월마트와 CVS 같은 브랜드 역시 모바일 앱, 위치 정보, 간이 진료 서비스 부문에서 더 나은 고객 경험 창출을 위한 투자를 진행하고 있다.

온라인 및 원격 의료 서비스 업체는 가상 진료와 치료 부문의 서비스 향상에 초점을 맞추고 있다. 기술적 진보가 계속되고 다채널형 고객 경험 증진에 초점을 맞추는 기업이 점점 늘어남에 따라 이러한 추세는 앞으로도 계속될 것이다.

이 트렌드는 누구에게 도움이 되는가?

특정 소매 채널을 통해 판매되는 상품을 제조하는 기업이나 유통 업체이면서 브랜드 몰입감을 높여주는 고객 경험을 제공하고 싶어 한다면 이 트렌드가 분명히 도움이 될 것이다. 오프라인 쇼핑 경험이 나중에는 온라인 쇼핑으로 이어지게는 하는 것이 이 트렌드의 핵심이다.

유통 업체로 하여금 오프라인 쇼핑 경험을 창조하게 하고 특정한 행사를 기반으로 하는 서비스 혹은 쌍방향적 쇼핑 경험을 만드는 데 도움이 되는 플랫폼을 제공하는 것이 큰 도움이 된다. 이외에 직원을 채용한다거나 직원에게 새로운 기술을 가르치는 것과 같은 다양한 활동에도 이 개념을 적용할 수 있다.

어떤 제품을 판매하든 간에 이 트렌드는 판매 모형을 한번 뒤집어 생각해보게 하고 오프라인 쇼핑 경험이 온라인 구매로 이어지는 방법을 모색하게 해준다.

이 트렌드를 활용하는 방법

★ 애플의 '지니어스 바'와 같은 고객 센터를 운영하라

'유통의 역발상' 개념이 가장 잘 구현된 현장이 바로 애플의 지니어스 바 Genius Bar가 아닐까 한다. 애플은 주로 온라인으로 자사 제품을 구매한 고객을 위해 직영 매장에 전문 기술자를 파견하여 수리 등의 서비스를 제공하게 하는데 이 수리 공간을 지니어스 바라고 한다. 고객이 개인 맞춤형 기술 지원을 받고 싶어 할 때 그러한 서비스가 제공되면 만족감이 높아지기 마련이다.

★ 신기술을 시험해보라

특히 이 트렌드를 선도하려는 패션 유통 업체들은 매장 내에서 스마트 거울('매직미러'라고도 함), 쌍방향 터치스크린, 자동 주문 시스템 등을 망라한 신기술을 적극적으로 시험해본다. 그런데 그것이 어떤 기술이든 간에 파트너와 손잡고 기존의 기술을 활용한다면 직접 신기술을 구축해야 하는 부담 없이도 혁신을 이루어낼 수 있다.

★ 차후 구매를 겨냥하여 마케팅 차원의 볼거리를 제공하라

BMW 주행 훈련소Performance Driving School는 자동차를 사지 않은 고객에게도 운전 기술을 가르쳐주고 공장 견학의 기회도 제공한다. 마이크로소프트는 쇼핑몰 중앙에 엑스박스XBOX 게임기를 놓고 쇼핑객이 지나가다 이 장치로 게임을 해보거나 다른 사람이 게임하는 모습을 지켜보게 했다. 두 기법 모두 상당한 효과가 있었다. 그러한 경험을 하게 되면 당장은 아니더라도 나중에라도 그 제품의 구매를 한 번쯤 생각해보게 되기 때문이다.

The Reluctant Marketer
소극적 마케터

단순한 판촉의 수준을 넘어 마케팅의 범위가 확대됨에 따라 각 기업과 경영진은 전통적 마케팅 기법을 포기하고 콘텐츠 마케팅 개념을 수용하는 한편 고객 경험 창조 및 증진을 위해 많은 투자를 한다.

이 트렌드의 전망

기존의 마케팅 개념과 역할의 포기를 압박하는 마케팅 업계의 환경 변화로 말미암아 마케팅 조직의 정체성 위기가 가속화됐다. 펩시코의 마케팅 담당 이사 브래드 제이크먼Brad Jakeman이 한 회의에서 '디지털 마케팅'이나 '광고 대행사' 같은 구시대적인 용어는 인제 그만 내다 버려야 한다고 주장한 것이 이러한 추세의 도화선이 된 측면이 있다. 실제로 이러한 주장에 자극받아 기존의 마케팅 혹은 광고 서비스의 개념을 재정의하려는 시도가 있었다.

이에 따라 '디지털에 기반을 둔 마케팅 연구소'라든가 '개선된 광고 대행사' 등의 대안적 정의로 마케팅 조직의 정체성을 재정립하려는 곳도 있었다. 그러나 진짜 고민은 이처럼 명칭을 어떻게 바꿀 것이냐가 아니었다. 문제의 핵심은 마케팅 서비스를 제공하던 한 부서가, 관련된 모든 일을 다 수행하는 단일 영역으로 통합됐다는 데 있다. 그런데 대다수 대행사는 이처럼 급격한 환경 변화에 아직 준비가 돼 있지 않았다. 다른 부문에서는 콘텐츠 마케팅을 비롯하여 오히려 방해만 되는 판촉 메시지 대신에 좀 더 가치 있는 것에 초점을 맞추는 추세가 계속됐다.

위스키 브랜드 조니 워커Johnnie Walker는 배우 주드 로를 주인공으로 한 새 광고 영상물 〈신사의 내기Gentleman's Wager II〉를 내놓았다. 메리어트는 사내 콘텐츠 스튜디오를 마련했다. 칸 국제광고제에서는 P&G의 생리대 브랜드 올웨이즈Always의 '여자애처럼#likeagirl'과 같은 콘텐츠 중심의 통합 광고가 수상의 영예를 안았다. 마케팅, 저널리즘, 예술이 혼합되는 추세가 계속되면서 앞으로도 이 트렌드는 더욱 큰 영향력을 발휘할 것이다.

이 트렌드는 누구에게 도움이 되는가?

이 트렌드에 가장 민감한 반응을 보이는 사람은 조직의 리더나 CMO(최고마케팅책임자) 혹은 마케팅 부서에서 일하는 사람들일 것이다. 마케팅 업계만큼 변화가 빠른 곳도 없을 것이다. 특히 기업의 CMO 그리고 기업 환경과 역량에 적합한 CMO의 역할이 무엇인지를 고민하며 새로운 역할 모형을 찾는 리더에게는 그야말로 결정적인 트렌드가 될 것이다. 다양한 유형의 미디어를 창조하기는 하나 마케팅의 맥락에서 그러한 역할의 의미를 생각해 본 적은 없는 사람들, 그러나 지금은 자신의 모든 역량을 발휘하여 흥미를 끌 만한 이야기를 만들어내는 작업을 하는 사람들 또한 이 트렌드에 주목해야 할 것이다.

이 트렌드를 활용하는 방법

★ 판촉이 아니라 고객 경험에 초점을 맞춰라

전통적 방식의 마케팅 훈련을 받은 사람들은 배송 서비스 같은 기타 고객 경험 요소들은 전통적인 마케팅의 범주에 속하지 않는다고 생각한다. 그러나 이러한 생각이 잘못됐다는 인식이 차츰 강해지고 있다. 고객이 이미 자사의 제품을 구매한 이후임에도 그 제품의 사용 방법에 관한 콘텐츠를 만들고 있는가? 단순히 제품을 더 많이 팔려고만 하는 것이 아니라 고객 경험 증진에 초점을 맞춰 좀 더 긍정적인 마케팅과 입소문을 내는 데 치중하는 것이 핵심이다.

★ 포괄적인 팀 통합을 지원하라

앞으로는 운영, 재무, 스토리텔링 등 전통적 마케팅 이외 다른 분야 출신의 사람들이 마케팅 업무라는 이름으로 함께하게 될 것이다. 이렇게 다른 분야의 기술과 역량이 합쳐지면 큰 시너지 효과를 기대할 수 있다. 따라서 다양한 기술과 역량을 지닌 사람들이 함께 일하는 것을 당연하게 여기는 조직 분위기를 조성하여 팀원 전체가 전통적 시각에 갇힌 제한된 역할론에서 벗어나 좀 더 넓은 시각으로 마케팅 업무에 임하게 하는 것이야말로 마케팅 조직을 이끄는 수장의 가장 중요한 임무다.

Glanceable Content
한눈에 알아볼 수 있는 콘텐츠

주의 집중하는 시간이 점점 줄어들고 온갖 유형의 온라인 콘텐츠가 폭발적으로 증가하는 상황이다. 따라서 한눈에 쏙 들어오는 콘텐츠를 만드는 일에 집중할 수밖에 없다.

이 트렌드의 전망

온라인 동영상이 인터넷을 지배하며 활개를 치고 있다. 전보다 전파력은 훨씬 강해졌고 길이는 더 짧아졌다. 인기를 끌었던 신형 소셜 네트워크 가운데 하나인 비미BeMe는 단 4초 만에 동영상을 기록하여 공유할 수 있게 해준다. 애너하임에서 열린 제6회 비드콘[39]에 전 세계의 온라인 동영상 제작자와 팬들이 다시 모였다. 3일간 진행된 이 행사에는 유명한 온라인 동영상 스타들이 자리를 함께하여 초단편 콘텐츠에 관해 폭넓은 논의가 이루어졌다.

---

[39] VidCon, 세계 최대 온라인 동영상 회합

그리고 웹 페이지 양 가장자리에 활용하는 세로 광고에서부터 비미 같은 '글랜서블glanceable' 플랫폼, 유튜브 자체의 진화 등을 주제로 한 발표와 토론이 이어졌다. 2015년 비드콘에는 2만 명이 이상이 참석했고 다음과 같이 그 해의 비드콘을 자체 평가했다.

올해 비드콘에 참석한 사람이 다음해에는 온라인 동영상의 슈퍼스타가 되어 나타난다. 온갖 장르의 동영상이 제작되고 있다. 우리는 영화 이후 가장 중요한 문화 동력이 바로 온라인 동영상이라 믿어 의심치 않는다.

온라인 동영상이 미래 엔터테인먼트 산업에서 차지하는 비중과 학습 방식에 미치는 영향력 그리고 누구나 쉽게 온라인 스타가 될 길을 열어준다는 점을 생각한다면 위 주장에 동의하지 않을 수 없다.

한눈에 알아볼 수 있는 콘텐츠라는 트렌드는 온라인 동영상 외에 일상에서 매우 복잡하면서도 의외의 방식으로 접하는 사물의 디자인에도 영향을 미친다. 로스앤젤레스의 시의원 폴 크레코리언Paul Krekorian의 주도로 새로운 주차 표지판 100여 개를 시범적으로 설치한 예를 들 수 있다. 이것은 너무 복잡하게 표시돼 있어서 주차를 하라는 것인지 말라는 것인지 헷갈리는 표지판 때문에 주차할 때마다 불편을 겪은 적이 있는 디자이너 니키 실리안텡Nikki Sylianteng이 주차 공간과 주차하지 못하는 공간을 누구나 한눈에 알아보기 쉽게 표시해 놓은 것이다. 눈에 확 들어오는 이 간결한 표지판은 큰 호응을 얻으면서 다른 도시에서도 이에 대한 문의가 빗발쳤다.

엔터테인먼트에서부터 주차 표지판에 이르기까지 유형을 불문한 모든 콘텐츠를 더 빠르고 더 쉽게 이해하고 싶은 사람들의 욕구, 디자인, 콘텐츠 개발 등등의 요소가 겹쳐지면서 '한눈에 알아볼 수 있는 콘텐츠'라는 트

렌드는 다가오는 미래에도 콘텐츠, 디자인, 의사소통에 다양한 형태로 큰
영향을 미칠 것이다.

이 트렌드는 누구에게 도움이 되는가?

이 트렌드는 지식과 정보, 재미를 제공하여 대중의 이목을 집중시키는 데 사
활을 걸 수밖에 없는 미디어와 엔터테인먼트 브랜드에 가장 큰 영향을 미친
다. 또 미디어 부문 외에 콘텐츠를 활용하여 사람들의 시선을 끌거나 제품을
판매하려고 애쓰는 브랜드도 이 트렌드에 주목할 수밖에 없다. 업종과 유형
을 불문한 모든 브랜드가 콘텐츠 마케팅을 핵심 전술로 인식하게 된 만큼 마
케팅의 일부로서 콘텐츠를 적극적으로 활용하는 마케팅 및 소통 부서라면
당연히 이 트렌드가 크게 도움이 될 것이다. 특히 B2B 기업처럼 콘텐츠 의존
도가 높은데도 간결성과 명확성을 원하는 소비자의 욕구를 반영하지 못한
채 쉽게 알아보기 어려운 복잡하고 산만한 콘텐츠를 양산하는 데 익숙한 기
업에 시사하는 바가 크다.

이 트렌드를 활용하는 방법

★ **콘텐츠 큐레이팅에 주목하라**

매일 쏟아져 나오는 뉴스를 보기 쉽게 정리하여 회원의 이메일 계정으로 보
내주는 '더스킴theSkimm'은 창업 후 불과 3년 반 만에 구독자를 150만 명이나
확보했다. 28세인 언론인 출신의 두 여성이 만든 이 뉴스레터는 색다른 시

각으로 뉴스를 맛깔나게 정리하여 보내주는 것으로 큰 호응을 얻고 있으며 평균 이메일 개봉률이 45%나 된다. 이는 업계 평균 개봉률 18%와 비교하면 상당한 비율이다. 이 사례는 콘텐츠 큐레이팅의 가치를 보여주는 강력한 증거다.

★ 기사 제목에 초점을 맞춰라

언론 매체가 대중의 시선을 사로잡고자 가장 심혈을 기울이는 부분이 바로 글 제목이다. '절대로 믿을 수 없는 일이 벌어졌다'는 식의 선정적 문구는 개인적으로 별로 선호하지 않는다. 그러나 이러한 개인적 선호도와는 별개로 사람들의 시선을 조금이라도 더 오래 잡아두려면 흥미를 유발할 수 있도록 제목을 잘 뽑는 것이 중요하다.

★ 콘텐츠의 주제를 분석하라

'한눈에 알아볼 수 있는 콘텐츠'를 만들려면 사람들이 무엇을 제일 걱정하는지를 알아야 한다. 구글의 키워드 분석 도구나 '인기 글' 목록을 이용하면 사람들이 관심을 보일만한 콘텐츠 주제를 선택하는 데 도움이 된다. 사람들이 무엇을 원하는지를 알면 더 의미 있고 가치 있는 콘텐츠를 만들어낼 수 있을 것이다.

Mood Matching
감정에 기반을 둔 마케팅

반응이나 감정 인식 기술이 날로 정교해지면서 미디어, 광고 그리고 게임이나 학습 같은 몰입적 경험에서 소비자의 감정을 중시하는 경향이 강해지고 있다.

이 트렌드의 전망

'생체 인식 센서가 내장된 세계에서 가장 작은 착용형 스마트 기기'라는 떠들썩한 홍보와 함께 출시된 스마트 반지smart ring가 있었다. 이것이 바로 무드메트릭Moodmetric 스마트 반지다. 이 제품은 감정 상태를 알려주는 반지 형태의 스마트 기기로서 착용자의 피부 전도도를 측정하여 감정 상태를 인식하고 스트레스나 불안 수준을 색깔로 표시해준다. 이외에도 끊임없이 변화하는 우리의 감정 상태를 직접 눈으로 확인할 수 있게 해서 감정 조절을 통해 대인관계를 향상시키는 것을 목적으로 하는 혁신적인 제품이 많이 나왔다.

애플은 2015년 10월에 '스마트 반지'의 특허를 출원하면서 세간의 이목을 집중시켰다. 같은 시기에 무드메트릭과 오우라Oura 반지 제조사인 핀란드의 스타트업 오울루Oulu 역시 전 세계에서 1만 5,000여 명이 참석한 '스칸디나비아 스타트업 기술 회의'인 슬러시Slush에서 착용형 스마트 기기를 선보였다.

무드메트릭의 최고운영책임자COO 니나 벤호Niina Venho는 이 같은 감정 인식 기술의 목적은 '하루 온종일 변화를 거듭하는 자신의 감정 상태를 잘 파악하여 언제 스트레스를 가장 많이 받는지 혹은 어떤 것이 마음을 안정시키는 데 도움이 되는지 등을 깨닫게 함으로써 자기 자신에 대해 좀 더 잘 알수 있게 하는 것'이라고 설명했다. 이처럼 자신의 감정 상태를 잘 읽어서 삶의 질을 높인다는 발상은 직장 생활의 질을 향상시키는 쪽으로도 그 영역이 확장됐다. 일례로 행복한 직장 생활에 초점을 맞춘 다양한 앱 가운데 니코니코Niko Niko가 큰 인기를 끈 것은 바로 이러한 맥락에서다. 이 앱을 사용하면 오른쪽이나 왼쪽으로 화면을 쓸어넘기는 스와이프swipe 동작 만으로 상관한테 받는 압박감의 정도라든가 구내식당 음식의 질 등 다양한 주제에 대한 만족(혹은 불만)의 정도를 표시할 수 있다.

실시간으로 이루어지는 이러한 조사에서 입수한 자료를 통해 직원의 감정 상태를 즉시 파악할 수 있다. 또 관리자는 이 자료를 참고하여 부하 직원들이 불만을 토로하기 전에 혹은 한계점에 도달하기 전에 미리 문제를 해결할 수 있다. 이와 같은 감정 인식 장치나 도구가 좀 더 보편화하면 감정이 행동에 영향을 미친다는 사실이 더욱 실감 날 것이다. 또 새로운 도구와 착용형 스마트 기기를 통해 매 순간 우리의 감정 상태를 평가하고, 공유하고, 이해하고, 측정하는 이른바 무드 매칭 트렌드에 대한 관심은 앞으로도 계속될 것이다.

이 트렌드는 누구에게 도움이 되는가?

이 트렌드는 대형 광고주를 상대하는 출판 및 미디어 업체를 비롯하여 다양한 업종에 영향을 미친다. 그리고 이는 특정 업종에만 의미가 있는 트렌드가 아니라 다른 사람의 믿음 체계나 상품 판매 및 구매에 영향을 미치는 이른바 추세 선도자와 소통해야 할 처지에 있는 사람이라면 누구나 이에 주목해야 한다.

사람의 감정은 절대 무시해서는 안 된다. 감정 상태를 잘 파악하여 이에 맞춤한 경험을 제공한다면 사람들의 행복과 만족감을 높일 수 있을 것이다.

이 트렌드를 활용하는 방법

★ 감정의 점화 효과에 초점을 맞춰라

감정이 생각이나 행동에 어떤 영향을 미치는지를 연구한 결과 특히 상호 작용 과정에서 발생하는 감정이 브랜드 지각에 절대적인 영향을 미치는 것으로 나타났다.

따라서 처음 상호 작용할 때 고객이 느끼는 감정에 초점을 맞춤으로써 감정의 점화 효과를 불러일으키는 것이 중요하다. 이는 첫인상의 중요성과 같은 맥락에서 이해할 수 있다. 한편, 디지털 세상에서는 고객을 처음 대한 그 순간에 시큰둥한 반응을 보인다거나 제대로 대우하지 못하거나 좋은 인상을 남기지 못하는 등 고객으로 하여금 불쾌한 경험을 하게 하면 바로 고객을 잃을 수 있다.

콘텐츠 마케팅을 이용하려는 기업은 콘텐츠의 유용성, 즉 중요한 문제에 대해 적절한 해결책을 제시해주는 유용한 콘텐츠인가 아닌가만 생각하지 말고 고객의 감정을 제대로 반영한 콘텐츠인지도 고려해야 한다. 소비자가 흥분한 상태일 때는 마음을 진정시켜주는 콘텐츠가 필요하다. 또 소비자가 욕구불만을 느낄 때는 단순성과 인간적인 것으로 승부를 보는 것이 답이다. 요컨대 소비자의 감정 상태에 맞춰 콘텐츠를 만들 수 있어야 하고, 또 그래야만 한다.

Experimedia
익스페리미디어

콘텐츠 개발자는 매우 독특한 방식으로 사회적 실험 조사와 실제 상호 작용을 토대로 인간의 행동을 연구하여 좀 더 현실적이고 재미있는 이야기를 만들어낸다.

이 트렌드의 전망

해마다 수많은 트렌드가 생겨난다. 이러한 트렌드 중에는 시간이 흐르면서 특정한 방향으로 진화하는 것도 있고 처음 모습을 그대로 유지하는 것도 있다. 예를 들어, 우리의 사회적 행동을 더 통렬하게 비판하게 하는 요소로 작용하거나 새로운 업종 및 전혀 예상치 못했던 브랜드의 주목을 받으며 그 영향력을 확대하는 방향으로 진화하는 트렌드가 있다. 또 처음 소개된 모습 그대로 유지되는 익스페리미디어 같은 트렌드도 있다. 그리고 이러한 유지형 트렌드는 시간이 흐르면서 그 트렌드를 입증하는 증거 사례를 점점 더 양산하게 된다.

실험과 미디어를 결합하는 이 트렌드가 소개되고 난 뒤 미디어, 브랜드 마케팅, 소비자 행동 부문에서 수십 개의 사례가 꾸준히 더해지면서 당분간은 이 트렌드가 계속 유지되리라는 사실을 확신시켰다.

어니스트티Honest Tea가 그 좋은 예다. 어니스트티는 미국 주요 도시에 팝업 스토어[40] 27개소를 설치했다. 이 팝업 스토어는 지켜보는 사람이 없는 무인 판매장에서도 사람들이 양심적으로 음료를 사고 값을 치르는지를 알아보기 위한 일종의 실험 매장이었다. 시민의 양심 수준을 알아보기 위한 이 실험에서 최고의 정직 지수를 기록한 지역은 하와이 호놀룰루였다.

사회적 기업 혹은 착한 브랜드의 선두 주자인 탐스슈즈Toms Shoes는 벌써 8년째 '신발 없는 하루'라는 캠페인을 진행하고 있다. 가난한 사람들에게 신발을 기부하기 위해 매년 5월 21일을 '신발 없는 날'로 정하고 해시태그#withoutshoes와 함께 맨발로 생활하는 사진을 SNS에 올리면 기부가 이루어지는 형식이었다. 이 행사로 작년에 가난한 아이들에게 신발 26만 5,000켤레를 기부할 수 있었다.

카드와 엽서 전문 업체 홀마크Hallmark는 발렌타인데이 때 활용하여 큰 성공을 거뒀던 전략을 어머니날에도 사용했다. 즉, 자식이 보낸 감사 카드를 받아 본 부모의 반응이 어떤지를 카드에 내장된 카메라에 담았다. 때가 되면 그저 건성으로 몇 자 적어 보내는 자식들에게 카드를 받고 기뻐하는 부모의 모습을 보여 주고 진심으로 부모님을 즐겁게 해드리는 일이 무엇인지 생각해보게 한 멋진 캠페인이었다.

도브는 2004년에 광범위한 실험 조사 결과를 바탕으로 '진정한 아름다

---

40 pop-up store, '갑자기 나타나는 창'이란 의미의 '팝업 창'과 같은 맥락에서 짧은 기간 운영한 후 사라지는 임시 상점

움Real Beauty'을 내건 캠페인을 시작했었다. 당시 조사에서 자신을 아름답다고 생각하는 여성은 단 2%에 불과했다.

좀 더 최근에는 쇼핑몰 입구를 둘로 나누어 각각 '아름답다'와 '평범하다'라는 문구를 달아 놓고 여성이 어느 쪽 문으로 들어가는지 알아보는 실험을 진행했다. 그리고 '아름답다 쪽의 문을 선택하라#choosebeautiful'는 캠페인을 벌였다. 모든 여성은 자신이 생각하는 것보다 훨씬 아름답다는 생각을 심어주기 위함이었다.

사회적 기업의 이미지를 내세운 위 사례들은 동시에 익스페리미디어의 중요한 사례이기도 하며 이 같은 추세는 계속 이어지며 더 많은 사례를 양산해낼 것으로 보인다.

이 트렌드는 누구에게 도움이 되는가?

지난 10년 동안 이 부문에서 도브가 워낙 걸출한 족적을 남긴 덕분에 동종 업계인 미용 및 위생 용품 브랜드가 이 트렌드를 적극적으로 활용한 측면이 있다.

그러나 미용 및 패션 부문뿐만 아니라 패키지 소비재consumer packaged goods, 주류, 심지어 금융 서비스 부문에 이르기까지 수많은 브랜드의 경우도 익스페리미디어 기법은 사람들이 공유하고 싶어 하는 흥미롭고 가치 있는 콘텐츠를 만들어내는 데 매우 유용하다. 미디어와 엔터테인먼트 쪽으로 나가려 하거나 플랫폼을 더 키우고 싶은 독립 콘텐츠 개발자도 이 트렌드에 주목해야 할 것이다.

이 트렌드를 활용하는 방법

★ 복잡한 주제를 시각화하라

최근에 이 트렌드를 성공적으로 활용한 예가 바로 프루덴셜Prudential Financial 이 하버드 대학의 대니얼 길버트Daniel Gilbert 교수와의 협력 작업을 통해 내놓은 시리즈 광고였다. 광고는 은퇴의 의미를 생각해보고 은퇴 이후를 잘 준비할 수 있게 한다는 목적으로 실제 실험 장면을 보여주는 내용이었다. 이 시리즈의 최신판은 세계에서 가장 큰 도미노를 쓰러뜨리는 실험으로 구성돼 있으며 이 실험으로 이 분야의 세계 신기록까지 수립했다. 이를 통해서도 알 수 있듯이 시각적인 실험을 이용하면 이해하기 어려운 복잡한 주제를 단순화하여 한눈에 이해할 수 있게 해준다.

★ 감동적인 이야기를 하라

도브의 2013년 판 '진정한 아름다움' 캠페인 동영상은 유튜브 조회수 500만을 돌파했다. 이전 캠페인 때와 마찬가지로 이번에도 실제 실험 장면을 사용한 동영상이었다.

이번에는 FBI 출신의 몽타주 전문가가 그린 여성의 얼굴 그림을 이용하여 '당신이 생각하는 것보다 당신은 훨씬 아름답다'라는 브랜드 메시지를 전달하고자 했다. 실험자 본인이 자신의 얼굴을 묘사한 내용과 다른 사람이 묘사한 내용을 바탕으로 그림을 그렸을 때 다른 사람이 묘사한 내용으로 그렸을 때의 얼굴이 더 아름다웠다. 실제 실험 장면으로 구성된 이 광고는 몰입력이 상당히 강했기 때문에 기존의 광고보다 도브의 브랜드 메시지를 전달하는 데 훨씬 더 강력한 효과를 냈다.

★ 직접 실험 계획을 수립하여 실행하라

실험 장면과 미디어를 결합한다는 발상의 가장 큰 장점 가운데 하나는 이를 통해 자신만의 실험을 구성하는 데 필요한 아이디어를 얻을 수 있다는 점이다. 이러한 작업을 하려면 전문 동영상 팀과 함께 방대한 지식과 경험이 필요하리라 생각할 것이다. 그러나 한번 실험해보고 싶다는 충동이 들게 하는 강한 호기심 그리고 기꺼이 도움을 주겠다는 사람들을 작업에 참여시킬 용기와 의지, 그것만으로 충분하다.

Unperfection
불완전성

사람들이 더 개인화된 경험 혹은 좀 더 인간적인 부분이 강조되는 경험을 원하게 되면서 고의적으로라도 완벽하지 않은 모습 혹은 인간적인 모습에 초점을 맞추는 경향이 강해지고 있다.

이 트렌드의 전망

열여덟 살의 오스트레일리아 소녀 에세나 오닐Essena O'neill은 소셜 미디어를 뜨겁게 달궜던 사건의 주인공이었다. 오닐은 엄청나게 많은 팔로워를 거느린 이른바 SNS의 슈퍼스타였다. 그런데 어느 날 '홍보 목적으로 찍은 가짜'라며 자신의 인스타그램 계정에 있던 2,000여 장의 사진을 모두 삭제한 다음 '소셜 미디어는 허상이다'라는 말을 남겼다. 이런 일이 있고 난 그다음 주에 계정에 남아 있던 사진의 제목을 수정해서 올린 내용이 50만 팔로워의 눈길을 사로잡았다. 특히 비키니를 입고 찍은 날씬한 모습의 사진에 대해서는 이렇게 적었다.

진짜가 아님 : 이 한 장을 얻으려고 100장 넘게 사진을 찍었다. 뱃살이 나와 보일까봐 하루 종일 굶다시피 하면서 여동생을 시켜 사진을 찍고 또 찍어서 결국 그럴듯하게 나온 이 한 장을 건졌다.

미국의 저명한 코미디언 에이미 슈머Amy Schumer가 타이어 제조사 피렐리Pirelli가 제작하는 '피렐리 달력'의 모델이 되어 세미 누드 사진을 촬영하면서 패션 및 뷰티 업계의 주목을 받았다. 고정 관념에 사로잡힌 고착화된 여성상女性像을 비웃기라도 하듯 1인 코미디 투어 포스터를 남성용 정장에 시가와 위스키를 든 모습으로 찍었을 정도로 이 부분에서 남다른 행보를 보였던 슈머는 피렐리 달력에 오른 사진에 대해 트위터에 이런 글을 올렸다. "아름답고, 풍만하고, 강하고, 날씬하고, 뚱뚱하고, 예쁘고, 못생기고, 섹시하고, 구역질나고, 그러나 흠잡을 데 없이 완벽한 여자. 애니 레보비츠[41]에게 감사!" 이는 패션 및 엔터테인먼트 광고계의 새로운 추세, 즉 화장하지 않은 채로 촬영하고 이후 보정도 하지 않은 모습으로 자연스러움을 추구하는 경향이 반영된 것이라 할 수 있다.

또 '어글리 스웨터 파티'[42]가 유행한 덕분에 어글리 스웨터 전문 제조사 팁시 엘브스Tipsy Elves는 2015년 말에 600만 달러의 매출을 올리면서 500대 고속 성장 기업 중 258위에 오르는 기염을 토했다.

그리고 소셜 미디어에도 현실적인 내용을 올리는 쪽으로 추세 변화가 일어나고 있다. 전에는 괴롭고 불안정한 시기에 발생한 일이나 사건 같은 것은 친구 혹은 가족과 공유하지 않으려 했으나 이제는 그러한 부분을 솔직히

---

41 Annie Leibovitz, 존 레논을 찍은 사진으로 잘 알려진 미국의 사진작가
42 Ugly Sweater Party, 촌스러운 스웨터를 입고 즐기는 파티

드러내려는 쪽으로 추세가 바뀌고 있다. 부족한 부분이나 완벽함과는 거리가 먼 자신의 모습을 드러내도 이제는 조롱하거나 비웃기보다 진심으로 공감하고 격려해주려는 사람들이 많아졌다. 다시 말해 다른 사람의 부족한 부분을 더 많이 알게 되면서 서로 위로하고 격려하는 분위기가 조성됐다.

'완벽할 수 없음'을 인정하는 이러한 추세는 계속될 것이고 두려움을 극복하고 솔직함과 진실성으로 승부하겠다는 사람이나 기업에게 더 많은 기회가 주어질 것이다.

이 트렌드는 누구에게 도움이 되는가?

경쟁이 치열한 업종인 경우에 이 트렌드가 특히 중요한 의미가 있다. 경쟁자가 바글바글한 시장에서는 다른 기업과 차별화되는 뭔가가 있어야 한다. 이럴 때 불완전성에 초점을 맞추는 것에서 돌파구를 찾을 수 있다. 자사 제품이나 서비스가 완벽하지 않다는 점을 인정하고 들어가면 인간적인 면이 부각되면서 소비자로부터 긍정적인 반응을 얻어내는 효과가 있다.

이 트렌드를 활용하는 방법

★ '완벽하지 않음'은 흠이 아니라 차별화된 특성이라는 점을 기억하라

매년 3억 톤의 식품이 버려지고 있다는 뉴스를 접한 프랑스의 대형 유통 업체 인터마르셰Intermarché는 괴상하게 생긴 사과, 웃기게 생긴 감자, 좀 오싹하게 생긴 오렌지, 생기다 만 레몬, 망가진 가지, 보기 흉한 당근, 꼬맹이 오

렌지 등 못생긴 과일과 채소를 담은 포스터를 만들었다. 그리고 몇몇 시험 매장에 이 포스터를 붙여놓고 이 '모양이 흉한' 과일과 채소를 할인된 가격으로 판매하여 큰 성공을 거뒀다. 모양이 완벽하지 않다는 것은 손상됐다거나 쓸 수 없다는 것과는 의미가 다르다. 그런데도 못생긴 감자는 못 먹는 것이라는 잘못된 인식이 팽배해 있는 것이 사실이다. 위 인터마르셰의 사례는 이러한 잘못된 인식도 얼마든지 변화시킬 수 있다는 점을 보여줬다.

★ 의도적으로 모자라는 부분을 만들라

〈와이어드〉의 편집장 스콧 대디히Scott Dadich는 때로는 대놓고 불완전한 것을 만들어내는 것이 효과가 있을 수 있다고 말한다. 이는 대다수 식품 제조업체가 수긍하는 부분이기도 하다. 이른바 소량 생산되는 수제 식품이 인기를 끌고 맥도날드의 맥머핀 중에 기존의 '하키퍽'보다 즉석에서 요리해주는 에그 화이트 맥머핀에 관심이 집중되는 현상을 생각하면 답이 나올 것이다. 이렇게 일부러 약간 모자란 부분을 만드는 것이 더 나은 결과를 낳을 수 있다.

★ '모자란 부분'을 수용하라

NPR의 청취자는 여러 방송인 가운데 귀에 확 들어오는 목소리의 소유자로 다이앤 렘Diane Rehm을 꼽는다. 그러나 사실 렘은 경련성 발성 장애를 앓았고 이 때문에 목소리가 특이하게 달라졌다. 그런데 이 '불완전한' 목소리가 오히려 렘의 독특한 매력이자 개성으로 간주됐다. 다들 완벽한 발음과 낭랑한 목소리로 뉴스를 전달하는 방송인들 틈에서 약간 쉰 렘의 특이한 목소리는 뭔가 색다른 느낌을 주면서 수많은 팬이 렘의 목소리에 귀를 기울이고 있다.

Predictive Protection
예방적 보호

사생활 보호 문제에 더욱 민감해지고 첨단 기술의 역할에 대한 기대와 의존도가 높아지면서 좀 더 안전하고 좀 더 효율적이고 좀 더 만족스러운 삶을 살 수 있게 해주는 좀 더 직관적인 제품, 서비스, 특성을 추구하게 됐다.

이 트렌드의 전망

일상생활 전반에 걸쳐 안전성 개념이 중요한 화두가 된 덕분에 내가 처음 언급한 이후에도 이 트렌드가 꾸준히 지속돼 왔다.

예를 들면, 스포츠용품 브랜드인 언더아머는 미식축구와 같은 신체 접촉이 많은 스포츠의 선수를 위해 충격 흡수력과 전반적 신체 보호 기능을 강화한 언더웨어를 출시했다. 사생활 보호에 대한 관심이 증가하고 개인 신상 정보를 비롯한 각종 중요 자료의 침탈 문제가 심각해지자 모바일 칩 제조사 퀄컴Qualcomm 역시 다양한 악성 코드로부터 칩셋을 보호하기 위한 새로운 보안 기술을 선보였다.

여기서 중요한 것은 이러한 트렌드가 건축가의 개념 설계에 지대한 영향을 미칠 수 있다는 점이다. 사람들이 무엇을 원할지 예측하고 위험을 미연에 방지하고 공상과학 소설에서나 있을 법한 개인 맞춤형의 첨단 전략을 구현해주는 신개념 통합 건축 설계의 본보기로서의 '스마트 빌딩'에 이러한 예방적 보호 개념이 구체적으로 반영될 수 있다.

일례로 '미래의 빌딩'으로 불리기도 하는 암스테르담의 한 구조물은 거주자가 무엇을 원하는지를 미리 예측한다. 세계적인 회계 컨설팅 기업 딜로이트Deloitte의 암스테르담 사옥('에지Edge'로 불림)은 세계 최고의 '인텔리전트 빌딩'으로 불리기에 전혀 손색이 없다.

스마트폰과 연동된 이 건물은 일단 입주자의 차량이 주차장으로 들어서면 이를 바로 감지하여 사무실 안의 기온이나 습도 등을 일하기 가장 좋은 상태로 맞춰놓는다.

심지어 개방형 아트리움(건물 중앙 공간) 설계와 정교한 온도 및 기류 조절을 통해 마치 실외에 있는 것 같은 상태를 유지할 수도 있다. 물론 밖에 비가 올 때도 이러한 쾌적한 공간감을 충분히 느낄 수 있다.

기술이 계속 발달하고 '스마트'라는 이름을 붙인 기기나 제품, 건물 등이 점점 늘어나면서 심각한 문제(바이러스 감염이나 부상)에서부터 단순한 불편함(주차장을 찾느라 시간을 낭비하는 것)까지 척척 해결되는 환경 속에서 살아갈 수 있을 것이다.

앞으로도 건물뿐 아니라 이러한 보호 기능이 탑재된 다양한 제품이 쏟아져 나올 것이다. 그리고 이러한 제품은 사고나 위험이 발생하기 전에 미리 보호 기능이 발동하도록 설계될 것이다.

이 트렌드는 누구에게 도움이 되는가?

최신 정보를 수집하는 업종과 이 트렌드를 활용하는 업종이 중복되는 경향이 있는데 이 사실이 매우 중요하다. 어쨌거나 예방적 보호 서비스 기능을 제공한다는 것은 유용한 정보를 수집하여 고객이나 사용자의 만족도를 높이는 방향으로 이러한 정보를 활용한다는 것과 맥을 같이한다. 그리고 이러한 서비스는 특정 업종이나 브랜드에 국한된 것이 아니며 스포츠용품이나 유통업 같은 기타 업종의 경우도 고객에게 예방적 보호 서비스를 제공하는 데 도움이 되는 상황은 얼마든지 있다.

이 트렌드를 활용하는 방법

★ 제품의 특성을 순서화하라

다른 브랜드와 차별화된 제품이나 서비스를 선보이고 싶다면 일단 가장 중요한 제품 특성이나 요소가 무엇인지 찾아내 이를 목록으로 만들어라. 그러나 앞서 설명했던 피트니스 트래커 사례에서 볼 수 있듯이 가장 유용할 것이라 생각했던 특성인데 정작 그것을 사용하는 고객은 그 특성을 별로 중요하게 생각하지 않을 수도 있다.

중요성을 기준으로 하지 말고 예방성을 기준으로 하면 어떨까? 다시 말해, 고객이 이런저런 귀찮은 작업을 하지 않고 손 놓고 가만히 있어도 가장 안락하고 가장 편리하게 생활할 수 있게 해주는 특성을 최우선으로 하고 나머지는 부차적인 특성으로 이해하라는 의미다. 이렇게 고객의 시각에서 중요한 제품이나 서비스 특성의 순서를 정하면 관측 방식에 대해서도 기존과는 다른 시각으로 접근해볼 기회가 생기고 또 고객이 보호받고 싶어 하는 것을 정확히 포착하여 고객이 가려워하는 부분을 제대로 긁어줄 수 있을 것이다.

★ 첫거래 이후에는 자동 결제되는 방식을 채택하라

정기 구매형 상거래가 성공을 거둔 것도 '설정 후 자동 수행' 방식이 먹혔던 이유가 크다. 즉, 고객이 일단 가입하여 초기 설정만 해두면 중간에 다시 재수정하거나 점검하지 않아도 알아서 상품을 구매하는 셈이 되므로 번거롭게 일일이 찾아가며 구매하지 않아도 편리하게 원하는 제품을 손에 넣을 수 있기 때문이다. 마케팅 전략의 정석定石에서는 다소 빗나간 측면이 없지 않다. 그러나 여기서 중요한 점은, 고객은 계속해서 사이트를 들락거리며 필요한 부분을 수정하는 번거로운 작업이 필요 없는, 사용하기 편리한 방식을 원한다는 사실이다.

Engineered Addiction
조작적 중독

행동 과학을 통해 습관 형성에 관한 이해도가 높아지면서 디자이너와 엔지니어들이 소비자의 시간과 돈, 충성도를 얻어내기 위한 방법으로 의도적으로 중독성 있는 경험을 만들어내려는 경향이 생겼다.

이 트렌드의 전망

첨단 기술에 대한 열광적 집착을 넘어 중독 수준에까지 이르는 상황은 어제오늘의 일이 아니다. 〈애틀랜틱〉은 최근호에서 미국 전역에서 인터넷 중독 치료 센터의 등장에 관한 내용을 다루었다.

이러한 치료 프로그램 중에 '오지 치료 여행Outback Therapeutic Expedition'이라는 것이 있었다. 이는 스마트폰 의존도가 높은, 그래서 중독이 의심되는 청소년을 대상으로 한 프로그램으로서 '환자(?)'를 유타 주에 있는 사막으로 데리고 가서 스마트 기기나 첨단 기술을 멀리 한 채 간이 쉼터 짓기라든가 매듭 묶는 법 배우기 등과 같은 활동을 하게 하는 것이다. 중독이라는 것이

거의 그렇듯이 이러한 치유 프로그램의 핵심은 아이들에게 휴대폰이 없어도 살 수 있다는 사실을 보여줌으로써 그러한 기기에 대한 의존성을 치료하는 것이다.

중독과 관련하여 신생 학문인 신경미식학neurogastronomy에도 주목할 필요가 있다. 신경미식학은 인간의 오감과 맛을 느끼는 감각의 상호 작용을 연구하는 학문이다.

국제신경미식학회International Society of Neurogastronomy 연례회의에서 맛에 대한 경험을 조작할 수 있는지 혹은 과학으로 개인이 느끼는 음식의 맛을 변화시킬 수 있는지에 관해 폭넓은 논의가 이루어졌다. 긍정적(비만이나 충동적 폭식증으로 고생하는 환자에게 건강한 식습관을 형성시킴) 혹은 부정적(이윤이 많이 남는다는 이유로 중독성이 강한 인스턴트 식품을 판매함)이든 간에 신경미식학은 매우 광범위하게 활용될 수 있다.

조작적 중독과 관련하여 미국에서 성행 중인 팬듀얼FanDuel이나 드래프트킹스DraftKings 같은 판타지 스포츠 게임[43] 플랫폼에도 주목할 필요가 있다. 그런데 급성장세를 보이던 두 플랫폼이 송사에 휘말리면서 세간의 주목을 받게 됐다. NFL이 워낙 큰 인기를 누리는 스포츠이고 광고 시장 규모도 엄청난데다 베팅까지 이루어지는 온라인 게임 플랫폼이라는 점이 맞물리면서 소비자의 이목이 이곳에 집중됐다.

이후 스포츠 게임 플랫폼에 대한 규제가 더욱 강화되고 있음은 물론이고 이 사이트 이용자, 더 정확하게는 온라인 게임에 쉽게 빠져드는 사람들에 대한 관심이 증폭됐다.

---

43 사용자가 실제 프로 선수로 가상의 팀을 구성하고 선수 성적에 따라 팀 점수를 획득하며, 우승자에게는 실제로 상금이 제공되는 일종의 베팅 게임

이러한 유형의 플랫폼이 어떻게 중독 행동을 일으키는지 또 엔지니어나 디자이너가 그러한 중독을 어떻게 유도하는지에 관한 담론은 이러한 중독이 어떻게 시작되는지(특히 가상현실처럼 중독성이 강한 기술의 경우), 우리가 일반적으로 사용하는 인터페이스가 이러한 중독 현상과 어떤 관계가 있는지, 정상적인 소비자가 이러한 중독 환경에 빠지지 않으려면 어떻게 하는지 등에 관한 담론으로 이어질 것이다.

이 트렌드는 누구에게 도움이 되는가?

게임 디자이너도 이 트렌드를 활용하는 방법에 관해 할 말이 꽤 많겠으나 제품 설계팀에서 사용자 인터페이스 개발을 담당하는 사람이라면 다들 이 트렌드를 가장 유용하게 활용할 방안을 찾으려 할 것이다. 정보, 교육, 학습 부문 역시 이 트렌드에 주목할 것이고 특히 게임이나 소프트웨어 등 이미 다른 업종에서 사용 중인 기술을 효율적으로 활용하는 것에 관심을 보일 것이다.

이 트렌드를 활용하는 방법

★ **고객의 행동에 대해 보상을 하라**

충성도 향상 프로그램도 일종의 보상 기제이며 중독성 있는 경험을 형성시키는 데 도움이 될 수 있다. 포인트를 지급하는 것이든 배지를 수여하는 것이든 인센티브로 사용할 도구가 무엇인지는 상관없다. 사람들의 마음을 움직여 다시 한 번 찾고 싶은 생각이 들만큼 확실하고 현실적인 보상을 제공하는 것이 중요하다.

★ 인간의 보편적인 정서에 호소하라

온라인 학습 사이트 큐리어시티Curiosity.com는 머리카락을 곱실거리게 하는 방법이라든가 우쿨렐레를 연주하는 방법 등 다양한 주제에 관한 단편 동영상을 제공한다. 이 사이트에는 짤막한 콘텐츠로 구성된 고품질 동영상이 많이 있다. 초간단 학습법을 제공하므로 뭐든 금방 배울 수 있다는 자신감에 이것저것 여러 가지를 배우려는 사람들이 아주 많다. 이 사이트의 주소로 쓰인 '호기심curiosity'이란 단어만 봐도 사이트를 접한 사람들로 하여금 다양한 것을 배우고 싶게 만드는 힘이 어디에서 나오는지 짐작할 수 있을 것이다.

Small Data
스몰데이터

소비자가 사물인터넷 환경에서 다양한 온라인 활동을 통해 스스로 정보를 수집하는 경향이 강해지면서 기업이 소유한 빅데이터의 가치가 하락하고 있다. 즉, 소비자가 직접 수집하여 곧바로 사용할 수 있는 스몰데이터의 가치가 훨씬 높아지고 있다.

이 트렌드의 전망

스몰데이터의 잠재력에 초점을 맞춰보자. 각 기업은 전에는 존재하지 않았던 혹은 적어도 이용 자체를 하지 않았던 새로운 유형의 자료인 스몰데이터를 활용하여 소비자에게 더 나은 고객 경험을 제공할 기회를 얻을 수도 있다. 2015년 말에 전자·디지털 상거래 업계의 고객 센터 운영자들이 제2회 연례 '인텔리전트 어시스턴트 컨퍼런스Intelligent Assistants Conference'에 참석차 한자리에 모였다.

첨단 기술 업체 창업자들이 인공지능, 기계 학습, 자연어 처리[44] 및 고객 경험에 관한 주제 발표를 하는 자리였다.

이 회의에서 마이웨이브MyWave라는 뉴질랜드의 한 소기업이 미국에서 이미 인기를 얻고 있는 인텔리전트 어시스턴트(인공지능 비서) 앱을 소개하며 다음과 같은 호기로운 전망을 내놓았다. "결국은 소비자가 자신의 개인 정보를 기업과 공유하는 방식 그리고 공유하는 시기까지도 결정하게 될 것이다."

마이웨이브의 창업자 겸 CEO 제랄딘 멕브라이드Geraldine McBride는 미래는 기존의 고객관계관리Customer Relationship Management, CRM가 아니라 고객주도관계관리Customer Managed Relationship, CMR가 대세가 될 가능성이 높다고 했다.

스몰데이터를 중요시하는 추세에 걸맞게 마이웨이브의 앱을 비롯한 인공지능 비서 앱이, 기대한 바로 그대로 이미 사용자의 비서 노릇을 톡톡히 수행하고 있다. 즉, 이러한 앱 덕분에 사용자는 가장 싼 가격에 물건을 구입할 수 있고 실시간 교통 정보도 확인할 수 있다. 또 구매에 필요한 서류 작성 같은 성가신 일도 자동으로 처리할 수 있고 좀 더 맞춤화된 서비스나 금전적 혜택을 대가로 고객이 자신의 정보를 선택적으로(정보 공유에 동의하는 방식으로) 제공할 수도 있다.

이 사례 모두가 스몰데이터 개념이 구체화되는 모습을 보여주는 것이다. 빅데이터에서 스몰데이터로 초점이 옮겨가고 있음을 보여주는 사례는 이외에도 아주 많다.

베스트셀러 경영서의 저자이자 소비자 전문 연구자인 마틴 린드스트롬Martin Lindstrom은 약간 다른 시각에서 스몰데이터 개념을 조명했다. 린드스트롬은 직접 관찰과 소비자와의 대화 그리고 오랜 세월 소비자를 연구한

---

44 natural language processing, 컴퓨터를 이용하여 인간 언어의 이해, 생성 및 분석을 다루는 인공 지능 기술

결과를 《스몰데이터Small Data》에 담았다. 린드스트롬이 말하는 '스몰데이터'는 직접 관찰을 통해 수집한, 사람들의 일상생활에 관한 지극히 개인적인 혹은 소소한 정보를 의미한다. 린드스트롬은 이렇게 말한다. "소비자를 관찰하면서 그것이 의식적이든 무의식적이든 간에 우리의 일상 속에서 이루어지는 행동 하나하나가 우리가 어떤 사람인지를 알게 하는 중요한 단서라는 사실을 알게 됐다. 빅데이터는 기업의 미래를 전망하는 데 필요한 방대한 양의 비개인적 자료를 쏟아낸다. 그러나 정작 실질적인 가치가 있는 정보는 개인적 자료인 스몰데이터다."

소비자 연구자가 수집한 정보든 아니면 소비자가 직접 수집한 정보든 간에 스몰데이터에 초점을 맞추는 경향은 앞으로도 줄곧 계속될 것이다. 소통의 주도권을 쥐게 된 소비자에게 이들이 만족스러워할 맞춤형 제품이나 서비스를 제공하려 한다면 개인 정보는 필수적이다. 이 같은 트렌드를 간파하지 못하고 빅데이터라는 허울 속에만 갇혀 있으면 남의 다리만 긁다 끝날 수도 있다.

이 트렌드는 누구에게 도움이 되는가?

빅데이터는 대기업이나 정부의 소관이라 쉽게 접근할 수 없을지 몰라도 스몰데이터는 소비자 조사를 통해 고객의 피드백을 얻으려는 소기업이나 사이트 최적화에 관심이 있는 블로거 등 누구라도 이용할 수 있다. 고객이 공유하기로 한 개인 정보 가운데 특히 중요한 것만 선별하고 이러한 정보를 토대로 고객 맞춤형 서비스를 제공하는 방법을 찾아내는 것이 핵심이다.

이 트렌드를 활용하는 방법

★ 소비자가 보유한 정보를 공유해달라고 요청하라

소비자가 자신의 개인 정보를 수집하여 보유하고 있다고 해도 기업이 이러한 정보를 마음대로 입수할 수는 없을 것이다. 그러나 그렇다고 해서 기업이 스몰데이터를 전혀 활용하지 못한다고는 할 수 없다. 예를 들어, 스포츠 센터나 헬스 센터를 운영할 때 고객에게 더 나은 서비스를 제공할 목적으로 건강 및 신체 관련 정보를 비롯한 개인 신상명세서를 작성하게 할 수도 있기 때문이다. 요컨대 고객이 수집한 개인 정보를 입수하여 활용할 방법은 얼마든지 있다.

★ 인기를 끄는 신제품에 주목하라

소비자 가전 전시회Consumer Electronics Show를 통해 소비자의 관심을 끌면서 폭넓게 사랑받는 제품이 어떤 것인지를 잘 관찰하면 뜻밖의 기회를 포착할 수도 있다. 네스트Nest같은 자동온도조절기를 설치하는 사람들이 늘어나면 이들과 에너지 절약에 관한 이야기를 할 기회도 늘어날 것이다. 따라서 에너지 절약에 초점을 맞춘 제품으로 새로운 사업 영역을 개척할 수 있다. 요컨대 업종을 불문하고 자사 제품이나 서비스에 영향을 미칠 만한 신제품이 있는지에 항상 관심을 기울여야 한다.

Disruptive Distribution
유통업계의 지각 변동

중간 상인을 없애고 고객과 직접 관계를 맺는 새로운 모형이 종래의 유통 체계에 일대 혁신을 불러오고 오고 있다.

이 트렌드의 전망

2015년 말에 〈포천〉은 자금 조달 규모를 기준으로 했을 때 기업 가치가 10억 달러 이상인 스타트업, 즉 '유니콘' 100여 곳을 발표했다. 유니콘에 속한 기업 대다수가 업계에 지각변동을 일으킬 획기적 아이디어를 들고 나와 대중의 주목을 받았다. 우버, 에어비앤비, 페이스북 등 모두가 기존의 업계 질서를 근본부터 뒤흔든 기업이다.

이제는 '핀테크'로 분류되는 금융 공학 스타트업이 대단한 성장 잠재력을 보이며 전술한 것과 같은 기업의 뒤를 이을 것으로 보인다. 업계를 선도하는 스타트업 코인베이스Coinbase가 벤처 캐피털 회사와 은행 양측의 지지를 받으면서 온라인 가상 화폐 비트코인Bitcoin에 대한 관심이 높아졌고 이러한 관심은 투자로 이어졌다.

미 시장 조사 기관 매솔루션Massolution은 연구 보고서를 통해 전통적으로 스타트업에 대한 투자는 주로 벤처 캐피털에 의존해왔으나 이제는 크라우드펀딩의 비중이 늘어날 것으로 내다봤다. 업계의 편향된 시각이 존재함에도 이 보고서는 금융계에서 벌어지고 있는 새로운 투자 모형 그리고 이러한 비전통적인 자금 조달 유형이 보편화하는 현상에 주목했다.

크라우드 컴퍼니Crowd Companies의 창업자인 경제 분석가 제레미아 오양Jeremiah Owyang이 최근에 〈벤처 비트Venture Beat〉를 통해 밝힌 바에 따르면 공유 경제가 170억 달러 규모의 기업과 10여개의 '유니콘'을 탄생시켰다고 한다. 공유 경제(협력 경제라고도 함)의 부상으로 금융 서비스 부문의 지각 변동을 부추기는 현상이 계속되면서 지분 투자형 크라우드 펀딩equity based crowdfunding이 증가한 덕분이다.

이처럼 기존 판도를 바꿀만한 유통 혁신은 작은 그러나 결코 중요성이 덜하지 않은 실험적 시도에 힘입은 바 크다. 이러한 시도는 투철한 실험 정신을 바탕으로 항상 새로운 모형을 고안하고 시험해보는 혁신적 기업인이 있기에 가능한 일이었다. 최근에 알래스카에서 주류 업체의 시음장 개장을 허용하는 법안이 통과된 덕분에 주류 업계에서도 유통 혁신을 시도한 기업인이 등장했다.

포트 칠쿳Port Chilkoot, 하이 마크High Mark, 앵커리지Anchorage 등을 포함하여 새로 문을 연 양조장이 인기를 끌면서 본토에서 멀리 떨어진 알래스카가 주요 관광 명소가 되어 수많은 관광객을 끌어들이고 있다.

서점 점원 출신인 모리오카 요시유키는 도쿄 번화가에 '모리오카 서점'이라는 작은 서점을 하나 냈다. 이 서점은 일주일에 책을 딱 한권만 팔면서 저자와의 만남이라든가 지역 사회 문제에 대한 토론, 책과 관련된 전시회와 대화 등에 더 많은 시간을 할애하는 매우 참신한 아이디어로 세간의 관심을 끌었다.

이 서점이 앞으로 얼마나 더 버틸 것인지 혹은 이 참신한 발상이 과연 대유행을 일으킬지 어떨지와는 별개로 이러한 트렌드에 관한 한 모리오카 서점은 작년 한 해 동안 기업인의 마음을 움직인 가장 완벽한 사례다.

시간이 지나면 새로운 아이디어로 무장한 스타트업이 속속 등장하여 기존의 시장 경쟁자보다 훨씬 빠르고 효율적으로 혁신을 이뤄나갈 것이다. 따라서 제품이나 서비스를 판매하고 소비자에게 전달하는 방식에 근본적인 변화를 도모하는 이 같은 트렌드는 앞으로도 계속, 아니 앞으로는 이 트렌드에 더 속도가 붙을 것이다.

이 트렌드는 누구에게 도움이 되는가?

자사 제품이나 서비스를 시장에서 혹은 전문 유통 업체를 통해 판매하는 기업이라면 어디나 이 트렌드의 영향을 받을 것이다. 기존의 고객 기반을 적극 활용하여 이들이 원하는 제품이나 서비스를 직접 제공하는 방법을 찾아야 한다.

자사의 제품이나 서비스를 소비자에게 판매하고 전달하는 방식에 근본적인 변화가 일어나고 있는 환경에서 기존의 판매 및 유통 방식을 고수하는 것으로 과연 살아남을 수 있을까? 이는 미래를 대비하는 모든 기업이 한 번쯤 생각해봐야 할 중요한 질문이다.

이 트렌드를 활용하는 방법

★ 꿈을 꾸고 작게나마 그것을 실천하라

노스다코타 주에서 농장을 경영하는 사람들 몇몇이 의기투합하여 워싱턴 DC에 '파운딩 파머스Founding Farmers'라는 레스토랑을 차리기로 했다. '농장에서 식탁까지' 원스톱 서비스를 제공한다는 취지에서였다. 미식가는 물론이고 영향력 있는 쟁쟁한 정치인이 우글대는 정치 1번지에서 식재료 생산자와 소비자가 직접 연결되는 새로운 형태의 테마 레스토랑을 한번 시작해보자는 것이 목적이었다. 여기서 중요한 것은 실험 정신이다. 좋은 아이디어가 떠올랐다면 일단 소박하게라도 그 아이디어를 한번 시험해보는 것이 중요하다.

★ 비록 완벽하지 않더라도 더 나은 방안이 있다면 이를 시도하라

러시아의 온라인 쇼핑몰 라모다Lamoda는 운송 차량을 확보하여 자체 배송 시스템을 구축하는 것으로 유통의 문제를 해결했다. 구미가 당기는 방법이기는 하나 비용이 많이 들고 너무 복잡하다는 것이 걸림돌이다. 이보다 접근하기가 좀 쉬운 방법은 유통 과정에 대한 업체의 통제력이 좀 더 강화된 유통 모형을 찾는 것이다.

이와 관련하여 눈여겨볼 기업이 바로 아마존이다. 아마존 판매 모형의 특징은 저자와 출판사에 돌아가는 이윤이 많다는 것이다. 그러나 아마존이 고객 자료를 독점하고 있는 만큼 저자와 독자의 거리는 여전하므로 이 또한 완벽한 모형이라고 보기는 어렵다. 요컨대 이 트렌드를 제대로 활용하려면 여러 대안 중에 가장 나은 대안을 선택하고 직접 배송 원칙에 최대한 근접할 수 있도록 노력하라.

Microconsumption
소단위 소비

새로운 결제 모형이 등장하고 소단위 부분 구매가 가능해지면서 이러한 소형화 추세에 걸맞은 가격 책정 및 결제 방식을 시도하는 기업이 늘고 있다.

이 트렌드의 전망

소비자가 특정 제품이나 광고에 집중하는 시간은 점점 줄어들고 첨단 기술로 무장한 소비자는 기업이 봐주기 바라며 내보내는 광고를 거르거나 건너뛰는 경향이 강해졌다. 그러므로 기존과는 다른 새로운 마케팅 방법을 개발하는 일이 시급하다. 요새 들어 온라인 클릭 사기[45] 광고에 무관심한 소비자, 창의력 부족, 시대착오적인 발상 등 광고 및 마케팅 부문에 전방위적 위기가 닥쳐오면서 다수 매체에서 광고의 '종말'을 운운할 정도로 마케팅 업계의 고

---

45 click fraud, 온라인 광고의 클릭수를 고의로 부풀려 광고 비용을 올리거나 홍보 효과를 왜곡하는 행위

민은 깊어졌다.

마케터라면 귀에 못이 박히게 들어왔을 매우 상투적인 조언이겠으나 어쩔 수 없이 이번에도 역시 답은 '창의력'에서 찾아야 할 것 같다. 그런데 작년에는 광고의 문구나 콘텐츠보다는 플랫폼 자체에서 창의성을 구현하는 현상이 두드러졌다. 한눈에 알아볼 수 있도록 짤막하게 구성하고 또 재미 요소를 가미하여 몰입도를 높인 새로운 형태의 마이크로 광고Microadvertising가 그 좋은 예다.

짧은 정보 광고informercial를 내보내는 모바일 앱 믹맥MikMak이 이러한 변화의 흐름의 중심에 섰다. 믹맥은 동영상을 기반으로 한 이 광고를 '미니머셜minimercial'이라고 칭하기도 했다. 모바일 기기에 익숙한 밀레니얼 세대를 겨냥하여 이들이 동영상을 보듯 광고를 볼 수 있게 한다는 취지였다. 여기서는 판촉이 아니라 몰입이 최우선이다. 제품을 팔겠다고 달려들기 전에 일단 고객의 시선부터 사로잡는 것이 관건이다. 믹맥의 창업자 겸 CEO 레이첼 티포그라프Rachel Tipograph는 이렇게 말했다. "우리는 본질적으로 물건을 파는 '엔터테인먼트' 회사다."

불특정 다수 대중을 상대로 길게 뽑아놓은 광고 메시지가 아니라 한눈에 확 들어오는 짧은 문구를 이용하여 30초짜리 초단편 동영상으로 모바일 사용자의 눈을 사로잡는 것이 목적이었다.

앞서 소개했던 '더스킴' 역시 이 분야를 선도한 또 다른 주자였다. 더스킴은 150만 명의 사용자와 45%의 개봉률을 자랑하는 인기 이메일 서비스 앱이다. 공동 창업자 대니얼 와이즈버그Danielle Weisberg와 칼리 자킨Carly Zakin은 매일 아침 눈뜨자마자 스마트폰부터 챙겨보게 만드는 등 자신들이 사람들의 아침 풍경을 바꿔놓고 있다고 말했다.

사람들이 광고에 주목하는 시간이 점점 더 줄어들면 들었지 늘지는 않을 것이다. 따라서 흥미 요소를 가미한 짧은 콘텐츠로 승부를 보려는 경향은 앞으로도 계속 유지될 것이다.

이 트렌드는 누구에게 도움이 되는가?

일반 소비자와 광고주에게 어필해야 하는 콘텐츠와 미디어 업계가 이 트렌드에 가장 주목할 것이다. 제품이나 구매 절차를 소단위로 구분하여 결제를 완료하는 방법을 고민하는 기업도 이 트렌드를 눈여겨볼 필요가 있다. 자동차 제조사와 임대 서비스 대행사는 임대 기간을 시간 단위 혹은 분 단위로 짧게 끊어서 진행하는 임대도 생각해볼 만하다. 미디어 사이트는 이야기 단위로 광고비를 책정할 수 있다. 현재의 제품 및 서비스의 포장이나 유통 방식 그리고 결제 시스템에 변화를 주고 싶은 기업이라면 이 트렌드를 활용하여 다가오는 미래를 준비할 필요가 있다.

이 트렌드를 활용하는 방법

★ 첨단 결제 방식을 경쟁사보다 먼저 수용하라

한때 각 업종에서 '비트코인을 수용한 최초 기업'임을 선언하고 나서는 브랜드가 줄을 이었다. 항공 업계에서는 에어발틱Air Baltic이 선두주자였다. 만화책 소매업계에서는 멜트다운 코믹스Meltdown Comics가 첫 테이프를 끊었고 잡지 업계에서는 타임Time Inc.이 선두주자였다. 새로운 결제 방식을 받아들이는 기업은 점점 더 늘어날 것이다. 따로 기술 투자를 하지 않고도 새로운 유형의 결제 시스템으로 전환하는 것이 용이하다면 이러한 추세는 더욱 가속화할 것이다.

★ 소단위 콘텐츠를 개발하라

콘텐츠의 길이를 되도록 짧게 가져간다는 것은 '한눈에 알아볼 수 있는' 콘텐츠를 만든다는 차원에서도 의미가 있다. 넷플릭스가 고객의 사이트 접속 시간을 분석해보니 지속 시간이 10분이 채 안 되는 경우가 전체의 87%나 됐다. 그런데 넷플릭스가 제공하는 콘텐츠는 10분이 넘어가는 것이 대부분이었다. 그러므로 해결의 실마리를 어디에서 찾아야 하는지는 분명했다. 그래서 넷플릭스는 모바일 사용자를 겨냥하여 2~5분짜리 콘텐츠를 만들기로 했다. 이는 한눈에 소화할 수 있는 짧고 간명한 콘텐츠로, 고객의 소단위 소비 욕구를 충족시키고자 하는 기업이라면 한번 시도해볼 만한 전략이다.

IDEA
FOUR

트렌드
활용 지침

교차 사고 :
트렌드를 활용하는 방법

2009년에 세계적인 주류 업체 짐빔Jim Beam의 마케팅 담당 이사였던 톰 마스 Tom Maas가 마침내 자신의 마음에 쏙 드는 음료를 만들어내는 데 성공했다. 마스는 오래전부터 남미 사람들이 즐겨 마시는 전통 음료 '오르차타'를 베이스로 한 크림 리큐르[46]를 개발하는 일에 몰두해왔다.

마스는 럼주에 크림과 계피, 바닐라를 혼합하여 럼차타RumChata라는 신종 술을 만들어냈다.

그런데 처음에는 반응이 신통치 않았다. 그러다가 바텐더들이 럼차타 맛을 '시나몬 토스트 크런치' 시리얼에 부은 우유 맛에 비유하면서부터 판매

---

46 cream liquor, 부드러운 맛을 위해 크림을 넣어 만든 주류

가 호조를 띠기 시작했다.

바텐더들이 음료의 풍미를 높이려고 럼차타를 섞어 쓰기 시작하자 주류상과 유통점으로부터 주문이 발생했다. 한편 술집에서 럼차타를 베이스로 한 음료를 제공하게 하고자 '시리얼 슈터 보울cereal shooter bowls' 같은 독창적인 판촉 행사를 벌이기도 했다.

결국은 이 창의적인 시도가 마침내 효과를 내기 시작했다.

최근에 〈비즈니스위크〉는 10억 달러 규모의 미국 크림 리큐르 시장에서 럼차타의 시장 점유율이 5분의 1에 이르렀으며 일부 지역에서는 세계 최대 주류 기업 디아지오Diageo 소유인 이 부문의 절대 강자 베일리스Bailey's 아이리쉬 크림(크림 리큐르의 원조)의 판매량을 넘어서기 시작했다고 전했다.

이보다 더 중요하고 더 의미 있는 사실은 전문가들이 럼차타를 업계의 판도를 바꾸는 엄청난 '작품'으로 인정했다는 점이다.

획기적인 제품을 어떻게 만들었나?

한마디로 럼차타는 소비자 행동과 시장 상황을 자세히 관찰한 결과물이다. 마스가 우리가 말하는 이른바 트렌드 큐레이션 접근법을 사용하여 이러한 신제품 아이디어를 생각해낸 것은 아닐지도 모른다. 그렇다 해도 역설계 과정을 통해 럼차타의 성공 요인을 분석해보면 도움이 될 만한 정보를 얻을 수 있을 것이다.

일단 지난 몇 년 동안의 트렌드 가운데 럼차타 아이디어를 얻는 데 영향을 미친 빅 트렌드 몇 가지를 포착할 수 있을 것이고, 이러한 트렌드를 보면 럼차타의 성공 요인을 어느 정도 가늠할 수 있을 것이다.

- 제품에 관한 흥미로운 뒷이야기를 알고 싶어 하는 소비자의 욕구 증가
- 음식에 관한 TV 프로그램이 많아지면서 창의적인 가정 요리에 대한 관심 증가
- 미국 전역에서 남미 문화에 대한 관심 증가

돌이켜보면 이러한 관찰 결과는 분명히 럼차타 같은 제품의 탄생에 긍정적인 영향을 미쳤을 것으로 보인다. 물론 현재 시점에서 과거를 돌이켜보니까 이처럼 결과론적인 말을 쉽게 할 수 있는 것도 사실이다.

중요한 것은 과거를 되짚어보는 것이 아니라 가까운 미래를 바라보며 이 같은 성공을 일궈낼 수 있느냐다.

교차 사고

통상적으로 우리 주변 세상의 변화 흐름을 반영한 빅 아이디어를 트렌드라고 한다. 그러나 안타깝게도 머릿속에 그리는 개념과는 달리 실제 상황에 적용하는 경우에는 이 빅 아이디어의 가치를 쉽게 이해하기 어렵다.

미래연구소The Future Laboratory의 트렌드 예측가 크리스 샌더슨Chris Sanderson은 트렌드를 '발생하기 기다리는 수익 혹은 대기 수익'이라고 표현한다. 그럴듯하게 들릴지 몰라도 그러한 수익이 실현되려면 트렌드를 발견하고, 큐레이팅하고, 기술하는, 역량 그 이상이 필요하다.

트렌드는 이를 실전에 활용하는 방법을 배울 수 있을 때에만 가치가 있다.

현 트렌드를 고려할 때 아무래도 기존의 제품 라인을 포기해야 할 것 같은가? 아니면 사업 방향을 전환해야 하는가? 아직 성과를 내지 못했는데 현재의 사업 방향을 그대로 유지해야 하는 것일까? 기업인이라면 누구나 해답을 찾기가 어려운 이러한 문제와 씨름하게 된다. 그래도 다행스러운 것은 올바른 사고 모형만 따른다면 해답을 찾을 수 있다는 점이다. 이제부터는 트렌드를 실전에 적용하는 데 필요한 도구, 지식, 절차 등을 설명할 것이다.

지난 몇 년 동안 수십 개 기업과 수천 명의 개인에게 트렌드 활용법을 전수하면서 항상 사용했던 개념이 바로 '교차 사고intersection thinking'였다.

> 교차 사고는 표면적으로는 서로 관련이 없어 보이는 아이디어의 공통점 혹은 교차 지점을 포착하여 성공을 뒷받침할 새로운 아이디어, 새로운 방향, 새로운 전략을 찾아내는 방법이라 할 수 있다.

나는 특정 팀이나 기업으로 하여금 시장 트렌드에 기반을 둔 새로운 접근법을 찾아내도록 할 때 교차 사고라는 워크숍 모형을 주로 사용했다. 이후 장에서는 내가 주로 사용하는 워크숍 모형 가운데 네 가지를 차례로 설명할 것이다. 워크숍 모형에 들어가기 전에 먼저 교차 사고를 실전에 적용하는 것과 관련한 세 가지 원칙부터 살펴보도록 하자.

원칙 1 : 차이점보다는 유사점을 먼저 찾아라

내 친구인 파올로 나가리Paolo Nagari는 해외에 근무하는 임원들에게 성공에 필요한 기술을 가르치고 있다. 그런데 다른 대다수 전문가와 달리 나가리의 워크숍 모형은 특정 문화권에서 '해야 할 것과 하지 말아야 할 것'을 가르치는 일에 초점을 맞추지 않는다. 문화가 다른 타국에서 성공하려면 해야 할 것과 하지 말아야 할 것을 적어 놓은 목록을 숙지하는 것만으로는 충분치 않다.

나가리는 자국과 타국의 문화적 차이점보다는 유사점을 먼저 보라고 권고한다. 이는 익숙하지 않은 아이디어를 수용하는 상황에서도 곱씹을 가치가 있는 말이다.

특정 트렌드의 배경이나 관련 분야가 자신의 업종과는 전혀 상관이 없어 보여도 다시 들여다보면 생각보다 비슷한 부분이 많을 것이다. 코카콜라 이사 출신인 제프리 던Jeffrey Dunn은 2008년에 볼트하우스 팜즈Bolthouse Farms의 사장이 됐다. 볼트하우스는 '꼬마 당근' 신화를 만들어내면서 글자 그대로 당근 산업을 재건시킨 농업 기업이었다.

던이 사장에 취임했을 당시 당근(그리고 꼬마 당근) 판매가 감소하고 있었다. 해결책이 필요했던 던은 그래서 광고 대행사 '크리스핀 포터 플러스 보거스키Crispin Porter + Bogusky, CP+B'를 찾았다.

CP+B로서도 결코 만만하게 달려들 사안은 아니었다. 그러나 아주 단순한 사실에 바탕을 두고 광고 전략을 수립하기로 했다. 즉, 사람들은 과자 같은 인스턴트 식품을 좋아하고 몸에 좋은 것을 먹으라는 말은 아주 싫어한다는 사실이었다.

CP+B의 크리에이티브 디렉터(광고 제작 책임자) 오미드 파행Omid Farhang은 훗날 한 인터뷰에서 이렇게 말했다. "사실 꼬마 당근은 우리가 좋아하는 과자류의 특성을 많이 공유하고 있다. 과자 색깔처럼 눈에 확 띄는 진한 오렌지색에다 아삭아삭 씹히는 맛도 있고 소스 같은 것에 찍어먹기도 편하다. 게다가 은근히 중독성 있는 맛까지 있다."

이에 따라 CP+B는 코카콜라 같은 다른 소비재 기업의 마케팅 전략을 참고하여 '당근을 과자처럼 먹어요!'라는 광고를 만들어냈다. 광고가 나가자마자 당근 매출이 10%~12% 상승했다. 전혀 공통점이 없어 보였던 과자와 채소인데도 이 두 가지를 관통하는 유사점에 초점을 맞춘 덕분이었다.

원칙 2 : 의도적으로라도 자신의 원래 목적에서 한걸음 물러서라

프랜스 요한슨Frans Johansson은 기업과 인간의 행동을 예리하게 관찰하는 사람이다. 요한슨의 첫 번째 저서《메디치 효과Medici Effect》는 다양한 업종의 다양한 사람들이 상호 교류와 융합을 통해 기존의 틀을 깨는 새로운 아이디어나 제품을 만들어내는 이른바 교차 사고의 힘을 강조하고 있다.

두 번째 저서인《클릭 모먼트The Click Moment》는 인생을 살면서 마주치는 뜻밖의 행운이나 기회에 관한 이야기를 하고 있다. 저자는 어떻게 하면 그러한 행운을 누릴 기회를 더 많이 잡을 수 있는지에 초점을 맞췄다. 그 사례를 들면서 이미 잘 알려진 스타벅스의 탄생 비화를 다시 언급했다. 스타벅스의 회장 하워드 슐츠Howard Schultz가 밀라노에 갔을 때 거리 곳곳에 있는 에스프레소 커피점이 매우 인상적이었던지라 미국에도 이런 커피점이 있으면 어떨까 생각했다고 한다. 스타벅스는 결국 원두를 판매하는 소매점에서 커피 전문점으로 방향 전환을 했다. 흥미로운 점은 슐츠가 애초에 밀라노로 간 목적은 그저 그곳에서 열리는 상품 전시회에 참석하기 위해서였다는 사실이다. 그런데 숙소인 호텔에서 나와 전시회장까지 걸어가는 길에 거리에 늘어선 커피점을 보고 영감을 얻었던 것이다.

이 이야기는 원래 목적에서 시선을 돌려 생각하다 보면 전에는 생각지도 못했던 더 좋은 아이디어가 떠오를 때가 있다는 사실을 보여주는 아주 좋은 사례다.

원칙 3 : 낯선 문화 속으로 들어가 보라

방콕 거리를 걷다 보면 이상한 광경이 눈에 들어올 때가 있다. 무슨 이유에

선지 저녁 6시가 되면 사람들 전부가 가던 길을 멈추고 가만히 서 있다. 나중에 사람들에게 그 이유가 궁금해서 물어보니 태국에는 하루에 두 번(아침 8시, 저녁 6시) 국가를 연주하는데, 국가가 흘러나오면 모두가 하던 일을 멈추고 부동자세를 취해 국가에 대한 충성심을 표시한다는 것이다.

이 장면을 한번 보면 그 기억이 오래도록 잊히지 않을 것이다. 여행 경험이란 바로 이런 것이다. 집 밖을 나서 어슬렁거리든 낯선 곳으로 떠난 것이든 장소는 중요치 않다. 익숙한 곳이라면 평소와 다른 시각으로, 낯선 곳이라면 호기심 어린 눈으로 주변을 둘러보는 것이 큰 도움이 될 때가 있다. 평소에 생각하지 못했던 것을 생각하게 하는 것, 그것이 바로 여행의 묘미다.

요즘처럼 모바일 지도를 항상 지니고 다니는 세상에서는 어디든 가지 못할 곳도 없고 찾지 못할 곳도 없다. 그러니 낯선 곳에서 방황할 일은 없을 것이다. 그런데 이러한 배회나 방황이 필요할 때가 있다. 그리고 그럴 때는 모바일 지도는 집에다 두고 혼자 나서는 것이 좋다. 교차 사고가 왜 중요한지 또 중요한 만큼이나 실천하기가 얼마나 어려운지를 이만큼 잘 대변해주는 예도 없을 것 같다.

앞서 말한 대로 모바일 지도는 집에 두고 혼자 나서야 할 때가 있다. 이러한 선택을 하는 데 도움이 되는 것이 바로 워크숍이다. 이제부터 워크숍이 왜 그렇게 효과적인지를 좀 더 상세하게 설명하도록 하겠다.

워크숍의 효과

워크숍은 개인이나 소집단이 머리를 맞대고 문제의 해결책을 찾거나 혁신적으로 사고하는 방안을 모색하는 모임이자 그러한 활동을 말한다.

언뜻 들으면 매우 복잡한 작업으로 느껴질지 모른다. 특정한 트렌드를 자신의 상황에 적용하여 활용해보고자 할 때 특히 더 그러할 것이다. 그러나 특히 트렌드를 활용하는 하나의 방법으로서 워크숍을 권하는 데는 그럴만한 이유가 몇 가지 있다.

1 자신의 관심사에 초점을 맞춘다

우리는 다들 바쁘다. 그래서 하루 온종일 한가하게 앉아 요즘 트렌드에 관해 생각해볼 시간적인 여유가 없다. 자신이 현재 몰두 중인 현안이 정말로 중요한 것인지 확인하려면 판에 박힌 일상에서 한발 물러나서 워크숍이라는 형태로 일정 기간 고민의 시간을 갖는 것이 도움이 된다.

2 정해진 절차를 따른다

방향을 일일이 알려주는 지도까지는 필요 없어도 추구하는 목적이나 도달하고자 하는 목적지는 미리 정해두는 것이 좋다. 워크숍에서 무엇을 어떻게 할지를 정하는 방법은 많다. 중요한 것은 일단 워크숍의 목적이 분명해야 한다는 점이다. 참석자 모두가 자신들이 달성해야 하는 목표를 정확히 인식하고 공동 목표 실현을 위해 서로 협력할 수 있기 때문이다.

3 책임감을 부여한다

워크숍이 효과적인 또 한 가지 이유는 관계자들, 즉 목표를 공유하는 사람들이 한자리에 모여 행동 방침을 논의할 수 있는 장을 마련해주기 때문이다. 물론 이처럼 여럿이 아닌 혼자서 트렌드 적용 방법을 고민하며 결정할 때도 책임감은 중요하다.

그동안 마케팅이나 비즈니스 트렌드 혹은 미래를 주제로 하여 수십 차례 워크숍을 열었고 그때마다 거의 현 트렌드나 상황을 발표하는 것으로 순서를 시작했다. 그러나 워크숍의 궁극적인 목적은 새로운 트렌드를 찾아내는 것이 아니라는 사실을 항상 기억해야 한다.

앞서 설명한 큐레이팅 절차에 따라 자신이 직접 찾아낸 트렌드나 다른 사람이 찾아낸 트렌드 혹은 기타 믿을 만한 출처에서 밝힌 트렌드 등을 큐레이팅 한 연후에 워크숍을 여는 것이 가장 바람직하다. 요컨대 트렌드 워크숍의 목적은 새로운 트렌드를 찾아내는 것이 아니라 이미 추려낸 트렌드를 자신이 처한 상황이나 문제를 해결하는 데 활용하는 방법을 논의하는 것이다.

워크숍을 성공적으로 치르는 다섯 가지 열쇠

워크숍을 성공적으로 치러 최상의 성과를 내고자 한다면 다음과 같은 몇 가지 기본 원칙을 지켜야 한다.

1 공정한 진행자가 있어야 한다

아무래도 논의 주제와 가장 관련이 깊은 사람이 워크숍 진행자로 최적임자라고들 생각한다. 그러나 사실은 그렇지가 않다. 오히려 토의를 이끌어내고, 대화의 내용이 주제를 벗어나지 않게 조정하고, 의도적으로 특정한 답을 유도하거나 특정한 관점에서 질문을 던지는 일 없이 객관적인 질문을 던질 수 있는 사람이 워크숍 진행자로 더 적합하다.

2 비판이 아니라 공감을 유도한다

'브레인스토밍에 나쁜 아이디어란 것은 없다'는 말을 귀가 따갑게 들어왔을 것이다. 사실 기술적으로는 맞는 말이다. 그러나 실제로는 기본 전략에서 벗어난 아이디어, 실현 불가능한 아이디어, 쓸모없는 아이디어 등 '나쁜' 아이디어가 분명히 있다. 그래도 다행히 실제 워크숍 상황에서는 이런저런 아이디어의 유용성 따위를 구분하기가 쉽지 않다. 그러므로 참석자 모두가 특정 아이디어에 대해 비판부터 하느라 시간과 에너지를 낭비하기보다는 일단 공감하는 환경을 조성하는 것이 바람직하다.

3 '그래, 그리고' 화법을 채택한다

즉흥 연기를 하는 배우는 다른 사람과 협력하는 것이 매우 중요하다는 점을 항상 강조한다. 그러한 차원에서 '그래, 그러나yes, but'라고 하기보다는 '그래, 그리고yes, and'라고 말하는 것이 좋다고 주장한다. 사실 '그래, 그러나'는 그냥 '그러나'로 시작하는 것보다 부정적인 뉘앙스가 훨씬 강하다. 이처럼 '긍정에 긍정을 더하는' 어법은 분석과 비판보다 공감과 공유를 우선시하게 한다. 따라서 이는 효과적이고 성공적인 워크숍의 핵심 요소이기도 하다.

4 전문가처럼 완벽하게 준비하라

'쓰레기를 넣으면 쓰레기가 나온다'는 말을 다들 들어봤을 것이다. 워크숍 장면에서는 이 말의 가치가 열 배는 늘어난다. 워크숍에서 할 질문, 필요한 자료, 마음가짐 등을 제대로 준비하지 않으면 만족할 만한 결과를 기대할 수 없다. 준비를 제대로 하라고 해서 몇 개월 이상 시간을 들여가며 조사를 하라는 것이 아니다. 다만, 워크숍에서 다룰 주제나 중요한 문제 등은 충분히 숙지하고 있어야 한다.

5 개요를 정리하라

적지 않은 비용과 시간을 들여 워크숍을 진행해놓고 그 기간에 한 일을 정리하지도 않은 채 참석자들을 빈손으로 돌려보내는 것만큼 허무한 일도 없다. 워크숍에서 있었던 대화 내용을 요약하고, 앞으로 해야 할 행동 지침을 정리하고, 아까운 시간을 할애한 사람들이 워크숍에서 배운 것을 제대로 이해했는지 확인하고, 배운 내용을 실전에 활용하는 방법을 정리해주는 것은 진행자의 몫이다.

트렌드 워크숍의 네 가지 모형

워크숍의 포맷과 진행 방법의 종류를 일일이 열거하자면 한도 끝도 없다. 그러나 나는 주로 네 가지 워크숍 모형을 사용한다.

1 고객과의 상호 작용 트렌드 워크숍　고객과의 상호 작용 과정을 단계별로 정리하여 각 단계에 맞춰 트렌드를 적용한다.

2 브랜드 스토리텔링 트렌드 워크숍　현 트렌드에 대한 이해를 바탕으로 고객과 공감할 수 있는 효과적인 브랜드 스토리나 메시지를 만든다.

3 사업 전략 트렌드 워크숍 새로운 시장 진출, 제품 출시 전략, 사업 모형의 전환, 현 트렌드와 새로운 경쟁 상황을 기반으로 한 수익 모형 등을 창출한다.

4 기업 문화 트렌드 워크숍 현 트렌드에 맞춰 기업 문화를 최적화하고 경력 개발 계획을 수립한다.

소집단을 위한 조언

이후 장의 내용은 원래 워크숍 참석자를 염두에 두고 쓴 것이나 소기업이나 소집단에도 얼마든지 적용할 수 있는 내용이다.

워크숍의 가치라든가 교차 사고의 중요성을 애써 인정하고 싶지 않은 마음이 들 수도 있다. 그러나 변화와 혁신을 도모한다면 이러한 접근법을 한 번 시도해보라고 권하고 싶다. 대기업이나 대규모 팀의 일원이라고 해서 무조건 워크숍이나 교차 사고의 가치를 외면하는 것 또한 어리석은 일이다. 개인이든 집단이든 그 규모를 불문하고 이는 충분히 활용 가치가 있는 접근법이다. 기존의 틀을 깨고 미래를 위한 혁신 전략을 수립해보도록 하자.

트렌드 파악에 도움이 되는
7대 정보 출처

트렌드 예측과 관련하여 상당히 유용한 정보원情報源이 있으며 나 또한 이 정보원을 많이 참고했다.

개중에는 이 책에 이미 언급한 것도 있을 것이다. 그래도 한눈에 보기 좋도록 그 목록을 다시 정리했다. (이코노컬처Iconoculture처럼 누가 봐도 유용한 정보원 가운데 몇몇은 일반인은 이용할 수 없고 회원만 볼 수 있기 때문에 이 목록에서 제외했다.)

다음에 열거한 정보원은 주목할 가치가 충분한 매우 유용한 자료를 꾸준히 제공하고 있다.

각 정보원은 내 필독 자료 목록에 항상 들어 있으며 '트렌드 리포트'를 준비할 때마다 참고했다.

1 트렌드워칭 : trendwatching.com

현존하는 트렌드 및 미래 예측 정보원 가운데 가장 유용하다고 감히 말할 수 있다. 이 사이트는 전 세계에서 활동하는 수천 명의 트렌드 스포터 네트워크를 활용하여 예리하고 통찰력 있는 트렌드 정보를 제공하고 있으며 나 역시 이곳에서 유용한 자료를 많이 얻는다. 내가 포착한 트렌드가 진정한 트렌드인지 확인하는 과정에서 이 사이트를 방문했을 때 이곳에서도 내가 찾은 것과 비슷한 트렌드를 제시할 때가 있었다. 이 사이트를 방문하여 회원 가입을 하면 트렌드 리포트를 매월 무료로 받아볼 수 있다. 여유가 있다면 유료(매월 199달러) 회원에 가입하여 프리미엄 서비스를 받아보라고 권하고 싶다.

2 PSFK : www.psfk.com

이 사이트를 만든 피어스 포크스Piers Fawkes를 5년여 전에 한 행사장에서 처음 만났는데 그때부터 미래의 직장 혹은 유통업의 미래 같은 굵직한 주제를 다루는 이 팀의 역량에 늘 감탄하고 있다. 이 팀이 발표하는 보고서 중에는 광고주의 후원을 받는 것도 있다. 따라서 이러한 자료는 무료로 이용할 수 있다. 이 사이트를 꾸준히 방문하면 새로운 아이디어, 큐레이팅이 완료된 관찰 사항, 나중에 참고할만한 다양한 이야기에서 영감을 얻을 수 있을 것이다.

3 존 나이스비트의 《메가트렌드》 : *Megatrends* by John Naisbitt

트렌드와 미래를 다룬 서적 가운데 이 책이 지난 30년 동안 베스트셀러 자리를 지켜온 데는 다 그만한 이유가 있다. 저자는 1980년대 초 시점에서 미래의 모습을 그려냈을 뿐 아니라 당시의 시대 상황도 비교적 정확하게 기술하고 있다. 이 책이 출간되고 나서 시간이 많이 흘렀음에도 현재와 미래를 바라보는 저자의 통찰력과 예리한 관찰력이 빛나는 이 책은 여전히 매우 가치 있는 자료로 인정받고 있다.

4 마틴 레이먼드의 《트렌드 예측 교본》:

The Trend Forecaster's Handbook by Martin Raymond

트렌드 예측에 관한 안내서 같은 것은 존재하지 않는다. 그래도 여기에 가장 근접한 것이 바로 이 책이다. 교본류가 거의 그러듯이 이 책도 값이 상당히 비싸다. 그러나 그 알차고 충실한 내용을 보면 비싼 값어치를 하고도 남는다. 트렌드 예측에 관한 것이라면 다 망라했다고 해도 과언이 아닐 정도로 거의 백과사전 수준의 방대한 정보량을 자랑한다. 세계적인 미래학자와의 인터뷰에서부터 유용한 보충 자료(전문가 집단을 선정하고 이들과 인터뷰하는 방법 등)에 이르기까지 두고두고 읽고 또 읽을 가치가 충분한 내용으로 가득 차 있으므로 꼭 사서 읽어보기 바란다. 돈이 아깝다는 생각이 절대 들지 않을 것이다.

5 쿨헌팅 : www.coolhunting.com

농부들이 운영하는 농산물 전문 매장에 갔는데 농산물 자체는 놀랄 만치 싱싱하고 품질도 흠잡을 데가 없다. 그런데 진열 상태가 엉망이라 너무 아쉬웠다고 하자. 그래도 쿨헌팅 사이트의 정신없는 구조에 비하면 아무것도 아닐 것이다. 조잡한 디자인이라든가 체계가 부족한 점이 좀 아쉽다. 그래도 쿨헌팅은 유용한 콘텐츠로 가득차 있다. 단순 검색이 아니라 여유를 가지고 사이트를 둘러볼 안내심만 있다면 유용한 정보를 많이 얻을 수 있다.

제목만 보면 쿨헌팅과 무슨 연관이 있는 것으로 오해할 수도 있겠으나 사실은 전혀 관계가 없다. 사이트의 구조는 여느 사이트와 크게 다르지 않다. '이색적인 장소'에서부터 '건축'에 이르기까지 특정 분야에 관한 모든 블로그 글이 소개돼 있다. 글 하나하나가 상당히 유용하며 이 글에서 저 글로 이동하며 읽기도 쉽다. 그래서 이 사이트를 돌아다니다 보면 체계적으로 완벽하게 정리된 서고 안을 돌아다니며 이 책 저 책 마음대로 뽑아서 보는 듯한 그런 기분이 든다.

사실 내가 읽었던 트렌드 리포트 가운데 의욕만 앞서고 결함이 많았던 리포트는 대부분이 슬라이드셰어에서 찾은 것이었다. 그렇게 부실한 리포트가 많은데 굳이 이 사이트를 필독 목록에 넣은 이유가 무엇일까 궁금할지도 모르겠다. 그러나 리포트의 품질을 떠나 일단 이 사이트에 들어가 보면 뜻밖에 도움이 되는 정보를 많이 얻을 수 있다. 트렌드 예측에 관한 자료 중에는 별로 가치가 없는 것도 있다. 그러나 일단 그러한 리포트를 읽고 그 질을 논하는 과정 자체에서 트렌드 읽기와 관련한 중요한 기술을 배울 수 있다. 이외에도 가독성이 높은 시각적 자료를 통해 새로운 업종이나 시장에 관한 아이디어를 얻거나 익숙하지 않은 분야를 접해볼 기회가 된다.

역트렌드 :
트렌드의 이면

이탈리아 피에몬테 지역은 9월 말부터 11월 초까지 미식가들이 즐겨 찾는 곳이다. 그 이유는 두 가지다. 첫 번째 이유는 네비올로 포도로 만든 이탈리아 최고의 포도주 바롤로 때문이고 두 번째 이유는 알바 지역에서 매년 열리는 '흰 송로버섯 축제'가 10월 첫 주에 그 절정에 이르기 때문이다.

송로버섯은 세계 정상급 셰프들이 첫손에 꼽는 식재료이며 그중에서도 흰 송로버섯은 매우 귀해서 파운드당 2,000달러를 호가할 때도 있다. 셰프들은 알바 산 송로버섯은 다른 지역에서 생산된 것과는 비교 자체가 불가능한 최상품 중의 최상품이라고 입을 모은다. 수 세기 동안 '포도주의 왕'이라 불릴 정도로 유명한 바롤로 포도주 역시 이탈리아가 자랑하는 명품이다.

세계적으로 자랑할 만한 특산물이 두 개나 되는 피에몬테에도 한 가지

골치 아픈 문제가 있다. 송로버섯과 포도에 각각 적합한 날씨가 서로 정반대라는 것이다. 송로버섯은 습도가 높은 여름에 가장 잘 성장하는데 포도는 건조하고 쨍쨍한 날씨일 때 가장 잘 자란다. 그래서 어느 해든 간에 이 두 가지가 똑같이 잘 될 수는 없다.

뒤집어 생각하기 그리고 역트렌드

지금까지 우리가 사는 세상에 영향을 미치는 트렌드를 찾아내는 과정과 방법 그리고 이렇게 찾아낸 트렌드를 실전에 적용하는 방법을 설명했다. 여기에 소개된 트렌드를 읽으면서 한편으로는 이 트렌드에 완전히 어긋나는 상황이나 사례를 떠올려보는 사람이 분명히 있을 것이다. 혹은 송로버섯과 포도주 그리고 날씨의 관계처럼 한쪽에서는 가치 있게 받아들이는 트렌드를 다른 쪽에서는 반대로 받아들일 수도 있다.

요컨대 한 트렌드가 존재하면 이와 반대되는 트렌드가 생겨 힘의 균형을 맞춰주는 현상이 나타난다.

왜 이런 현상이 나타나느냐 하면 개인이든 기업이든 다른 대다수 사람이 행동하는 모습을 보고 나서 그와 정반대로 행동하는 쪽이 꼭 있기 때문이다. '뒤집어 생각하기flip thinking' 혹은 '역발상'이라는 말을 들어본 적이 있을 것이다. 베스트셀러 작가인 대니얼 핑크Daniel Pink가 사용한 이후 널리 퍼진 말이기도 하다.

핑크는 한 교사가 수학 강의 내용을 동영상에 담아 유튜브에 올린 다음에 학생들에게 동영상을 보게 한 후 수업 시간에 이 문제를 함께 다루는 식으로 수업을 진행한 것을 보고 수업에 대한 '역발상'이라고 표현한 것이다.

이처럼 뒤집어 생각하기는 어디에나 존재할 것이다. 따라서 어떤 트렌드가 나오든 그것에 반대되는 사례를 찾아내는 사람이 반드시 있을 것이다. 그러나 이것이 트렌드 예측에 걸림돌이 되는 것은 아니며 오히려 진정한 트렌드로 자리 잡을 기회가 된다. 그렇다 해도 우려되는 점이 없지는 않다. 즉, 시간과 에너지를 들여 열심히 트렌드를 찾아냈는데 그에 반대되는 사례를 쉽게 찾을 수 있다면 그 트렌드가 정말로 중요한 것인지 어떻게 장담할 수 있겠는가?

트렌드 깨기

트렌드는 수학 이론 같은 것과는 거리가 멀다. 트렌드를 찾는다는 것은 현재 일어나고 있으며 점점 더 중요해지는 행동이나 사건을 기술하는 일일 뿐 특정한 문화나 행동에 관한 불변의 원칙을 규정하는 것이 아니다. 어디에나 무엇에나 예외는 있는 법이고 특이한 상황은 언제나 존재한다.

트렌드 큐레이팅의 핵심은 다른 사람이 보지 못하는 것을 보고 미래를 예측하여 새로운 방향으로 생각해 볼 기회를 제공하는 것이다. 이 과정에서 '역발상'을 시도해볼 기회도 생긴다.

> **진정한 트렌드 큐레이팅은 찾아낸 트렌드를 가치 있게 활용하는 데서 그치는 것이 아니라 그 트렌드를 뒤집어 역발상의 기회로 삼는 것으로 완성된다.**

파블로 피카소가 이런 말을 했다. "전문가처럼 원칙을 배우고 예술가처럼 그 원칙을 깨부숴라."

어릿광대가 얼음판 위에서 점프했다가 넘어지는 '연기'를 하려면 고난도의 기술이 필요하다. 연기를 하는 내내 균형감을 유지하지 않으면 일부러 넘어지는 연기를 할 수가 없기 때문이다. 이와 마찬가지로 트렌드를 제대로 파악했다면 이 트렌드를 전략적으로 비틀거나 뒤집어서 생각해볼 수 있는 능력도 생긴다.

이 책의 화두는 '다르게 생각해보기'다. 그러므로 트렌드를 읽는 것도 중요하나 트렌드를 뒤집어 생각해보는 것도 역시 가치 있는 일이다.

마치며

2880년 3월 16일에 이 세상이 멸망할 것이다.

이 책을 마무리하는 단계에 들어갔을 즈음에 우연히 '1950 DA'라는 소행성과 지구의 충돌로 이 세상이 망할 확률이 0.3%라는 뉴스를 접했다.

뉴스를 듣자마자 이 이야기야말로 무성의하고 무의미한 미래 예측의 전형적인 예가 아닐까 하는 생각이 들었다.

내가 이 책을 쓰게 된 이유 가운데 하나가 매년 쏟아져 나오는 미래 예측서가 너무 성의 없게 뻔하거나 막연한 사실을 예측이랍시고 풀어놓는 것에 염증을 느꼈기 때문이다. 이러한 부실한 예측 대부분이 현재를 살아가는 우리에게 별 도움이 안 된다는 점에서 앞서 말한 소행성 충돌 예측과 놀랍게도 비슷하다.

그러므로 이 책은 2050년이 되면 풍력 에너지 생산을 기반으로 덴마크가 세계 최강국이 될 것이라는 등의 지정학적 예측이나 자율 주행차로 출퇴근할 수 있게 된다는 등의 낙관적 전망을 하는 것이 목적이 아니다.

물론 이러한 예측이 사람들의 마음을 사로잡는다는 점을 잘 알고 있으며 이 중에는 정말로 실현되는 것도 있을 것이다. 그러나 이러한 예측에는 불확실성의 요소가 너무 많다는 것이 문제다. 현재를 잘 관찰하는 것이 곧 미래를 제대로 준비하는 길이다. 어쭙잖은 추측으로 미래가 준비된다고 생각하는 것은 오산이다.

트렌드 큐레이팅은 다른 사람이 보지 못하는 것을 보는 데서 시작된다. 그리고 이는 호기심과 통찰력이 필요한 작업이기도 하다. 또 아이작 아시모프가 말했듯이 속독速讀에서 속해速解로 방향 전환을 해야 할 필요도 있다.

미래는 다양한 업종과 아이디어, 행동의 경계를 넘나드는 통합적 관찰 및 사고를 통해 세상사를 정확히 분석하고 이해할 수 있는 사람들의 것이다.

그렇다고 이러한 사고방식이 지금으로부터 867년 후에 일어날 소행성 충돌에서 우리를 구해준다고 말할 수는 없다. 그러나 적어도 현재 우리의 생활이나 사업에 대한 접근 방식에 변화를 줄 수는 있다.

항상 그렇듯이 미래를 준비하는 일은 현재를 이해하는 것에서 시작된다.

많은 사람들이 책을 쓰는 일은 혼자 할 수 있는 작업이 아니라고 입을 모은다. 나 또한 여기에 전적으로 동의한다.

지난 5년 동안 대형 출판사와 계약을 맺어 책 몇 권을 출간했고 전자 책 형태로 단 2주일 만에 단독으로 책을 펴내기도 했다. 작업이 빨리 끝난 것도 있었고 팀을 꾸려 작업을 해야 할 때도 있었다. 그중에서도 이 책은 사전 조사와 글쓰기, 편집 등의 작업을 하는 데 1년이 이상이 필요할 만큼 정말 복잡한 작업이었다. 이 책의 근간이 된 기본 개념은 근 5년에 걸쳐 형성된 것이다. 그런데 내 트렌드 리포트를 읽은 사람 중에 나와 직접 접촉하고 싶어 하는 사람이 많다는 것을 알고 이 책을 낼 결심을 굳힌 것이다. 책을 준비하는 과정은 그간의 생각을 더 가다듬을 기회였고 이를 통해 더 새로운 아이디어를 제공하고자 했다.

이 책은 바로 내게 그러한 용기를 내게 해준 사람들의 것이기에 이들에게 가장 먼저 감사를 표하고 싶다.

그리고 이 책이 출간되기까지 여러 단계에서 도움을 준 모든 사람에게도 감사한다. 우선 더 가치 있고 더 중요한 일도 있었을 텐데 이 졸저를 맡겠다고 나서서 완벽하게 편집 작업을 진행해준 매튜에게 감사한다.

출판업계 관계자와 인맥을 쌓는 데 결정적인 도움을 준 허브에게도 심심한 감사의 마음을 전한다. 크리스티나도 빼놓을 수 없다. 초고를 꼼꼼히 읽고 신속하게 내용을 가다듬어 준 덕분에 시간을 알뜰하게 사용할 수 있었다.

이 책의 기본 개념을 정확히 이해하여 이를 표지 디자인에 멋지게 담아냈으며 즐겁게 작업하는 것이 무엇인지를 새삼 느끼게 해준 제프, 켈리, 토레이를 비롯한 페이스아웃의 디자인 팀 전원에게 감사의 마음을 전한다.

항상 빠듯한 마감 일정에 시달리면서도 프로답게 시간 내에 깔끔하게 일 처리를 해주는 내 영원한 파트너 리치에게도 감사한다.

그리고 흥미로운 아이디어를 서로 공유하며 항상 내 사고 회로를 자극해준 아내 차비에게도 감사한 마음뿐이다. 온 집안 여기저기에 자료가 넘쳐 정신이 없어도 끝마무리를 잘할 수 있도록 묵묵히 배려해준 고마운 사람이다. 이렇게 아내가 옆에서 도와주고 격려해 준 덕분에 한결 수월하게 책을 쓸 수 있었다.

끝으로 내 아이 로한과 제이든에게도 감사한 마음이다. 이 아이들의 그칠 줄 모르는 호기심 때문에 나도 주변 세상을 더 열심히 관찰하게 됐다. 또 섣불리 판단하기보다 두 귀를 열고 열심히 경청하는 자세를 배울 수 있었다.

이렇게 옆에서 자신을 자극해주는 존재가 우리에게는 필요하다.

부록

브랜드 스토리를 만드는 방법

이 글은 내 블로그에 처음 발표했으며 '스토리텔링의 미래'를 주제로 한 컨퍼런스에서 GE의 최고마케팅책임자 베스 콤스톡과 공동 진행한 세션에 바탕을 두고 있다. 이날 우리 두 사람은 다양한 분야에서 모인 참석자를 대상으로 브랜드 스토리텔링을 주제로 한 세션을 공동 진행했다. 아래는 좀 더 설득력 있는 브랜드 스토리를 만드는 데 도움이 되는 다섯 가지 요소를 포함하여 이 세션에서 진행된 내용을 정리 요약한 것이다.

미국 맨해튼에서 열리는 '스토리텔링의 미래'를 주제로 한 이 행사에는 해마다 디자이너, 최신 과학·기술 전문가, 건축가, 브랜드 마케터 등이 모여 어떻게 하면 사람들이 흥미 있어 할 스토리를 만들 수 있는지에 관해 심도 있는 토론을 벌인다. 이번 행사에는 구연 시인, 장인 수준의 조향사, 세계적으로 유명한 마술사 등 다양한 분야에서 예상치 못한 인물들까지 참석하여 스토리텔링 기술 자체의 미래를 논의했다. 이러한 행사에 참가할 수 있었던 것이 내게는 큰 행운이었다.

그런데 이런 행사에서 '기업 혹은 브랜드 스토리텔링'은 그다지 관심 있는 주제는 아닐지도 모른다. 인류 역사상 최초로, '색깔의 소리를 듣겠다고' 자신의 뇌에 안테나를 꽂아서 스스로 사이보그가 되려 했던 사람에 관한 이야기를 주제로 삼는다면 사람들이 얼마나 흥미로워 하겠는가! 어쨌거나 나는 사람들이 별로 주목할 것 같지 않은 주제를 다뤄야 하는 상황이었다. 그나마 다행스러운 것은 세계적인 기업인이자 마케팅 부문의 거장이라 할 GE의 CMO 베스 콤스톡Beth Comstock과 공동으로 세션을 진행하게 됐다는 점이다.

3시간으로 구성된 각 세션에서는 25명 정도가 모여 각 기업이 콘텐츠 창작자들과 협력하는 방안이라든가 '콘텐츠 마케팅'이 별 효과를 보지 못하는 이유 등 다양한 주제에 관해 심도 있는 대화를 나눴다.

이렇게 토론을 벌이는 과정에서 감성을 기반으로 한 고객과의 연결성 확보를 위해 브랜드 스토리텔링을 적극적으로 활용하는 기업GE의 사례를 접했다. 그리고 효율적인 브랜드 스토리텔링에 특히 중요한 다섯 가지 요소를 추려낼 수 있었다.

1 스토리 고고학자가 돼라

'고고학자'는 역사를 창조하는 사람이 아니라 역사적 사실을 발견하고 그 이면의 의미를 이해할 수 있게 도와주는 사람이다. 역사적 진실에도 숨은 이야기가 많듯이 기업에도 제품을 생산하고 서비스를 개발하는 방식과 관련한 숨은 이야기가 아주 많다. 이러한 이야기를 계속해서 찾아보면 뜻밖의 스토리 보고寶庫를 발견할 수도 있다.

2 후원자가 아니라 참여자가 돼라

후원이 어떻게 이루어지는지, 특히 예술 부문의 후원은 어떤 방식으로 진행되는지 대충 알고 있을 것이다. 기업이 스토리텔링을 뒷받침하는 방식도 대개는 이러한 후원 방식에서 크게 벗어나지 않는다. 그러나 다

른 사람이 만든 스토리텔링에 대해 자사가 후원했다는 표시로 자사의
로고 하나 달랑 덧붙이는 것으로는 별 의미가 없다. 이 작업에 직접 발을
담가 뭔가를 만들어내지 않으면 진정한 스토리텔링이라고 할 수 없다.

3 눈에 보이지 않는 것을 눈에 보이게 하라

제트 엔진처럼 엄청난 제품을 만들 때는 애초의 목적의식을 망각하기
쉽다. 처음에는 그렇지 않았을 테지만 제작 과정이 복잡하고 시간도 오
래 걸리는, 너무 대단한 제품을 만들다 보면 그 과정에서 목적의식이
점차 흐려지고 최종 완제품이 나왔을 때쯤이면 그러한 의식은 다 사라
져 버리게 된다. 그러나 담당 엔지니어들에게 자신이 만든 엔진을 장착
한 비행기의 첫 비행 모습을 보여준다거나 신형 MRI 설계자들에게 그
MRI를 사용하는 암 환자와 만나게 해준다면 이야기는 달라질 것이다.
눈에 보이지 않는 작업의 놀라운 효과를 눈으로 보게 해줄 때 아주 흥
미로운 이야기가 탄생할 수 있다.

4 '스토리 문화'에 적합한 사람을 고용하라

스토리텔러라고 다 같지는 않으며 훌륭한 스토리텔러가 되느냐 그저
그런 스토리텔러가 되느냐는 자신의 작업에 얼마나 '열정'이 있느냐에
달렸다. 일례로 GE의 스토리텔러는 과학을 사랑하고 호기심이 아주
많은 사람이다. 열정과 호기심이 없다면 GE가 말하고자 하는 스토리
에서 아름다움을 놓칠 수 있다. 훌륭한 스토리텔링은 유명한 광고 대행
사를 고용하여 '멋진' 브랜드 이미지를 구축하는 데 있는 것이 아니다.
그보다는 내면의 '괴짜'를 수용하고 자기 자신에게 진실해지는 것이 중
요하다.

5 계속 '입고 싶은' 의미를 만들어내라

사람들을 연결시키는 것은 바로 사람이다. 우리는 '의미'를 너무 논리적으로만 이해하려는 경향이 있다. 이치에 닿으면 그것은 의미가 있다는 식으로 생각한다. 그러나 사실은 그렇지가 않다. 진짜 의미 있는 이야기라면 그 이야기에 확실하게 몰입이 된다. 티셔츠를 만들어 그것을 입고 다시는 벗지 않듯이 진정한 이야기의 '의미'는 그렇게 계속 '입고' 다니게 된다. 바로 이러한 의미를 만들어 널리 전파하는 것이 진정한 스토리텔링의 핵심이다.

물론 이날은 스토리텔링 외에도 다양한 분야에서 다양한 주제로 논의가 이어졌으며 나를 포함한 참가자 모두가 각기 유용한 아이디어를 내놓았다. 결론적으로 말해 기업 혹은 브랜드 스토리텔링의 핵심은 '역사'를 '유산'으로 만드는 것이다. 역사 자체는 그저 사실을 열거한 하나의 목록일 뿐이기 때문이다. 반면에 유산은 우리가 자랑스러워할 수 있는 그 무엇으로서 이를 공유하는 방법을 찾는 것은 가치 있는 일이다. 사람들은 이 유산을 통해 서로 연결되고 이것을 통해 많은 것을 배울 수 있기 때문이다.

인도의 운전자가 보여주는 좋은 리더상

나는 앞서 관찰의 힘을 강조하며 관찰력을 연마하라고 했다. 진정한 리더십에는 혼란 속에서 소통하는 기술이 반드시 필요하다. 이미 언급했다시피 이는 인도의 운전자들이 이미 습득한 기술이다.

인도에서 차를 타고 다니다보면 복잡하기 그지없는 도로 상황에서도 나름의 질서를 유지하는 체계가 존재한다는 것을 알게 된다.

무슨 마법 같은 기술이 있다거나 신호 체계가 더 발달돼 있다거나 그런 이유는 아니다. 그 이유는 의외로 단순했다. 인도의 운전자들은 주변의 교통 흐름에 맞춰 움직이는 능력이 뛰어났던 것이다. 운전자끼리 서로 원활히 소통하며 복잡한 도로를 잘도 뚫고 나갔다. 교차로를 통과하려 할 때는 경적을 울려 자신의 의사를 표시했고 수신호나 시선으로 자신들의 의사를 표현하기도 했다. 도로가 혼잡하고 체증이 심해도 인도의 운전자는 자신들이 원하던 방향으로 유유히 움직였다.

그러나 미국은 이와는 정반대다. 미국의 운전자는 상대방이 멍청한 짓을 해서 화가 머리 끝까지 났을 때를 제외하고는 경적을 울리거나 운전자끼리 서로 소통하는 일이 별로 없다. 이들은 소음이 완벽하게 차단되는 최고급 승용차를 몰고 다니므로 밖에서 무슨 소리가 나든 관심이 없다. 발달된 자동차 기술 덕분에 운전 혹은 운전에 집중해야 하는 '공포감'에서 어느 정도 해방될 수 있다. 그 결과 어떤 일이 벌어질지 짐작하기는 어렵지 않다.

대다수 미국의 운전자는 다른 사람에게 별로 신경을 쓰지 않으며 교통 신호와 교통 규칙만 잘 지키면 그것으로 충분하리라고 생각한다. 그러나 이는 잘못된 생각이며 이러한 생각이 교통사고로 이어지게 된다.

그런데 이것이 리더십이나 트렌드와 대체 무슨 상관이 있는가? 그러나 다른 사람에게 신경 쓰지 않는 미국 운전자처럼 조직 생활을 한다고 생각해보라. 첨단 기술에 둘러싸여 사람들과 대면하지 않으면서 오로지 '교통 규칙'만 따르며 목적지로 갈 수도 있다. 그러나 그것이 과연 얼마나 효율적일까?

진정한 리더십은 고개를 숙여 고립무원을 만드는 것이 아니라 고개를 들고 사람들과 마주하는 데서 나온다. 진정한 리더십은 분노가 아니라 소통에서 비롯된다는 사실을 기억하라.

유능한 리더는 대화를 통해 배우려고 한다. 이들은 관찰이나 대화에 소극적이지 않다. 호기심이 강하고 관찰력이 뛰어나며 진정한 통찰력은 지시가 아닌 경청에서 나온다는 것을 잘 알고 있다.

좋은 소식이자 나쁜 소식이 하나 있는데 그것은 예전보다 대화의 장이 넓어졌다는 것이다. 주변 사람들과 혹은 팀원들과 상호 작용하면서 대화를 나누기도 하고, 더욱이 요즘은 인터넷에 들어가면 온갖 대화가 넘쳐난다.

그런데 굳이 직접 대화해야 하는 이유가 무엇이며 또 무슨 이야기를 해야 하는가? 그러한 직접적 상호 작용을 통해 무엇을 배울 수 있는가?

일례로 베네통Benetton 인도 매니징 디렉터 상지브 모한티Sanjeev Mohanty
는 트렌드와 대화에 주목하여 의미 있는 변화를 이끌어낸 것으로 큰 명성을
얻었다. 모한티는 매일 고객이 보내온 이메일에 직접 답장을 한다. 사람들
은 한 기업의 고위급 리더가 자신의 이메일에 답장을 해줬다는 사실에 깜짝
놀라며 매우 감격해한다. 고객은 의외의 반응에 기뻐하고 기업의 리더는 고
객의 피드백을 받을 수 있으니 서로 좋은 일인 셈이다.

여기서 시사하는 바는 아주 명확하다. 인터넷을 이용하면 원하는 정보
는 얼마든지 얻을 수 있다. 그러나 사람들은 모한티와 같은 리더의 반응에
목말라 있다. 더 신중하게 관찰하고 더 원활하게 상호 작용하라.

교통 규칙만 잘 배우면 좋은 운전자가 된다고 생각하기 쉽다. 그러나
진짜 좋은 운전자가 되려면 속도를 늦추고 주변에서 일어나는 일에 관심을
두며 사람들과 소통하는 기술이 필요하다.

인도의 운전자처럼 말이다.

질의응답

세계 각지에서 열리는 행사에서 강연을 하다보면 직접 당사자 혹은 관련인과 이 책에서 밝힌 다양한 아이디어에 관해 서로 의견 교환을 할 수 있는 기회가 생긴다. 이 질의응답 부분은 지금까지 사람들이 내게 직접 혹은 온라인이나 인터뷰를 통해 질문했던 내용을 담은 것이다. 의미를 좀 더 명료하게 하기 위해 표현을 조금 가다듬은 것을 제외하고는 원래 내용과 동일하다.

Q 이 책에서 '직장 생활하기에 요즘처럼 좋은 때가 없다'고 말했다. 정말 그렇게 생각하는가?

A 지금 실직 상태이거나 여러 가지로 직장 생활이 힘겨운 사람들은 이 말에 공감하기 어려울 것이다. 그러나 나는 여전히 지금이 직장 생활하기 좋은 때라고 생각한다. 다들 알다시피 요즘은 '가장 일하기 좋은 기업'을 뽑는다. 요즘 밀레니얼 세대는 수십 년 동안 한 직장에 눌러 있기보다는 이 직장에서 저 직장으로 이리저리 옮겨 다니는 사람이 많다. 그래서 기업은 인재에 목말라 있고 자사 직원을 어떻게든 붙잡아둘 방법을 열심히 찾아야만 한다. 이러한 상황 속에서는 직장 환경과 더불어 직원에 대한 대우도 더 좋아질 수밖에 없을 것이다.

Q 트렌드 명칭이 왜 그렇게 중요한가? 이 또한 우리에게 반드시 피하라고 말한 '엉터리 미래 예측'의 연장선상에 있는 것은 아닌가?

A '엉터리 미래 예측'과 관련한 가장 큰 문제는 미래 예측 전문가라는 사람들이 자신의 실수를 인정하려 하지 않는다는 부분이다. 따라서 잘못된 예측과 전향적 사고를 거부하는 고집에서 엉터리 예측이 나온다. 나는 내가 포착한 트렌드를 사람들이 단번에 이해할 수 있도록 흥미로운 명칭을 붙이는 데 공을 들인다. 그러나 그 트렌드에 정서적으로 너무 집착한다든가 이에 대해 다른 관점을 가진 사람의 의견을 무조건 무시하는 일이 없도록 항상 조심한다. 트렌드 큐레이터라면 누구나 이렇게 해야 한다고 생각한다. 항상 다른 사람의 관점을 이해해야 하고 혹시 실수했을 때는 그러한 사실을 인정해야 한다.

Q 트렌드 간의 모순성이 발견되면 그 문제는 어떻게 처리하는가?

A 모순적 상황은 매번 발생한다. 왜? 주된 이유는 우리가 사는 세상 역시 모순적이기 때문이다. 제품은 각기 상반된 고객을 대상으로 경쟁을 벌인다. 개인 또한 상반된 방식으로 영향을 받는다. 게다가 본질적으로 사람들 자체가 다 다르다. 그러므로 트렌드에 주목한다고 해서 모든 사람이 세상을 하나의 관점에서 바라봐야 한다는 것은 아니다. 이 책에 제시된 내용이 주변 세상에 대한 관찰 사실과 약간 다르거나 상반된 부분이 있다 하더라도 각 트렌드에는 무수한 의미와 관점이 있을 수 있다는 점을 알아주기 바란다.

Q 트렌드 가운데 몇 가지는 주의 집중 시간이 줄어든 것과 관련된 것으로 보인다. 전체적으로 볼 때 우리 인간이 점점 둔해진다거나 좀 더 오랫동안 집중하는 능력이 떨어지고 있다고 생각하는가?

A 꼭 둔해진다고는 할 수 없으나 오래 집중하지 않고 전보다 산만해진 것은 사실이다. 이것이 큰 문제이기는 해도 사람들은 좀 더 긴 포맷의 콘텐츠를 여전히 소비하고 싶어 하지 않을까 생각된다. 그러나 이는 긴 콘텐츠로 승부를 보려면 더 신중하게 접근해야 한다는 의미이기도 하다. 집중하는 시간이 짧아진 만큼 웬만한 것으로는 이들의 시선을 붙잡아 두기 어렵다. 그러므로 순간적으로 눈에 확 들어온다거나 아니면 나중에 시간이 있을 때 다시 곱씹어 생각해보고 싶게 하는 명확하고 깔끔한 콘텐츠가 필요하다.

Q 기업인뿐 아니라 누구나 트렌드를 확인할 수 있는가? 그렇다면, 이러한 트렌드 아이디어를 어떻게 실생활에 활용하는가?

A 그렇다. 수십 차례 워크숍을 진행하고 지난 6년 동안 수많은 사람에게 트렌드와 트렌드 예측에 관해 알려주는 과정에서 터득한 사실인데, 누구나 트렌드 큐레이터의 다섯 가지 특성을 배워서 자신의 상황에 맞게 활용할 수 있다. 게다가 더 놀라운 사실은 이러한 기술은 트렌드뿐 아니라 일상생활에서도 얼마든지 활용할 수 있다는 점이다. 호기심을 키우고 관찰력을 향상시키면 주변 사람, 더 나아가 세상을 더 잘 이해하게 된다.

Q 나는 매일 직접 나를 겨냥하여 맞춤화된 메시지를 통해 끈질기게 뭔가를 사게 하려는 적극적인 마케팅의 기운을 강하게 느낄 때가 있다. 그런데도 과연 '소극적' 마케팅이 대세라고 할 수 있는가?

A 결론적으로 말해서 그렇지는 않다. 그동안 수집한 빅데이터를 활용하여 개인 맞춤형 메시지를 만들어내는 기업이 많다는 점을 생각한다면 소극적 마케팅이라는 트렌드에 쉽게 동의하기 어려울 것이다. 그러나 이 트렌드는 현재 마케팅이 판촉을 넘어 좀 더 포괄적인 부문에 초점을 맞추기 시작했다는 점을 강조하는 것이다. 현재 기업들은 콘텐츠를 통해 질문에 답하려 하고, 좀 더 나은 고객 경험을 창조하려 하고, 온라인과 오프라인을 망라하여 고객의 참여를 확대시키려는 등의 노력을 기울이고 있다. 그러므로 이와 같은 아웃바운드형의 직접적 마케팅은 마케팅의 전부가 아닌 일부로 이해하는 것이 타당할 것 같다.

Q 연말이 다가오고 있다면 지금의 리포트는 접어두고 내년 리포트를 기다리는 것이 나은 것인가?

A 해마다 연초가 되면 다들 새로운 트렌드에 반응하느라 야단법석이다. 그러나 일순간의 유행이라면 또 모를까 트렌드 중에는 성숙하는 데 시간이 걸리는 것이 있기 때문에 처음 포착된 시기가 언제든 그것은 그렇게 중요한 것이 아니다. 내가 예전의 트렌드 리포트를 다시 들여다보는 이유도 바로 여기에 있다. 참으로 흥미로운 사실은 처음에는 '뻔하지 않았던' 트렌드가 시간이 지나면서 여기에 주목하는 사람들이 늘어나고 결국 이 트렌드를 언급하는 하는 일이 많아지면서 점차 뻔한 트렌드로 자리잡아간다는 점이다. 예를 들어, 몇 년 전에 '여성의 힘'이 점점 강해지고 있다는 사실을 처음 언급했을 때만 해도 당시는 그저 그러한 조짐이 시작되고 있

는 정도였다. 그런데 지금은 문화계나 비즈니스계 전반에서 여성의 활약이 두드러진다는 점이 당연한 사실로 굳어진 상태다. 이 책을 혹은 이 리포트를 언제 접하든 그것은 중요하지 않다. 지난 리포트에 수록된 트렌드라고 해서 그 수명이 당연히 다하는 것은 아니기 때문이다. 트렌드 중에는 처음 포착된 이후로 시간이 지나면서 더욱 그 가치와 중요성이 커지는 것도 있다.

Q 수차례의 인터뷰에서 '미래학자'로 불리는 것을 별로 좋아하지 않는다고 했다. 이유가 무엇인가?

A 나도 미래학자를 많이 알고 있고 개인적으로 이 사람들을 존경한다. 그리고 이 중에는 친구로 삼고 싶은 사람도 있는 것이 사실이다. 그러나 미래학자라는 사람들의 접근법은 사실 내 방식과는 많은 차이가 있다. 이 사람들은 기술이나 문화의 진보라는 차원에서 미래를 바라본다. 기술적 및 문화적 변화가 전체 국가나 국민에게 어떤 영향을 미치는지에 초점을 맞춘다. 그리고 이들은 거시적 차원의 사회적 변화에 주목하는 경향이 있다. 그러나 나는 좀 더 단기적인 행동 변화에 초점을 맞추고 그러한 변화가 우리가 사거나 파는 제품 혹은 브랜드에 어떤 영향을 미치는지에 관심이 있다. 미래학자의 접근법은 장기적 관점에서 앞으로 15년쯤 후에 영향을 미칠 큰 변화에 주목하는 정부나 다국적 기업에 유용할 것이다. 그러나 내 접근법은 이보다는 단기적인 변화에 초점이 맞춰져 있다. 따라서 10년 후가 아닌 가까운 미래의 사업 전략을 수립하는 데 도움이 된다. 앞으로 20년 동안 일어날 일을 예측하는 것도 물론 흥미롭기는 하다. 그러나 당장 내년이나 내후년의 트렌드에 초점을 맞추는 것이 훨씬 유용하다고 생각한다.

Q 책을 하나 쓰는 데 상당한 시간과 노력이 든다고 했다. 글쓰기 작업과 조사 작업을 할 때 시간 배분을 어떻게 하는지 또 구체적으로 글쓰기 작업은 어떤 과정으로 이루어지는지 알고 싶다.

A 작업을 할 때는 보통 스토리보딩 방법을 이용한다. 스토리보딩이 끝나면 각 부분을 한데 모아 편집하는 작업을 한다. 대개는 이런 식으로 작업이 진행되나 책의 유형에 따라 방법에 차이는 있다. 내 첫 번째 책《개성이 중요하다Personality Not Included》는 온전히 내 경험을 바탕으로 한 것이라 글쓰기 자체가 주가 된 작업이었다.《호감이 전략을 이긴다》를 쓸 때는 이야기를 효과적으로 전달하기 위해 조사도 많이 했고 글을 쓰고 수정하는 작업을 계속 반복해야 했다. 이 트렌드 리포트를 펴낼 때는 인터뷰, 자료 수집, 정보 큐레이션, 각 트렌드에 관한 논점 정리 등에 초점을 맞췄다.

Q 트렌드를 정리할 때 특정 업종을 염두에 두지는 않는다고 했다. 그런데 'e-충동구매' 같은 트렌드는 특정 업종에 초점을 맞춘 것으로 보이는데, 그렇지 않은가? 실제로 이렇게 업종별로 트렌드를 정리하는 것이 더 유용하지 않을까?

A 자주 듣는 질문이다. 그리고 트렌드를 정리할 때 특정 업종과의 연관성을 고려하는 것도 꽤 중요하다. 사실 강연이나 워크숍을 진행할 때마다 가장 먼저 특정 업종을 고려한 트렌드에 관해서도 논한다. 그러나 '건초 더미 방법'을 포함한 내 방법론의 기본 논리는 '진정한 통찰력은 업종의 경계를 넘나드는 교차 사고에서 나온다'는 것이다. 우리는 같은 업종 내에서 서로 비교하는 일에만 매달려 있다. 그러나 진정한 혁신은 타 업종에서, 더 나아가 생각지도 못했던 엉뚱한 출처에서도 배울 자세가 돼 있을 때 나온다. '다르게 생각하기'는 곧 세상을 보는 관점을 넓히는 것과 맥을 같이 한다.

Q 이러한 트렌드를 지금 하고 있는 일에 어떻게 활용하는가?

A 기업이 이러한 트렌드를 잘 활용하도록 도움을 주는 것, 이것이 내가 하는 일 가운데 중요한 부분을 차지하고는 있다. 그러나 이 트렌드는 컨설팅이나 강연의 내용 혹은 방식에 대한 내 생각에도 큰 영향을 미친다. 예를 들어, '주류가 된 다문화주의'라는 트렌드는 청중의 각기 다른 관점을 이해하는 데 큰 도움이 됐다. '유통업계의 지각 변동'은 이 책의 출간 및 판촉 과정에 적잖은 영향을 미쳤다. 그러므로 각 트렌드는 내가 하는 일과 여러 가지 방식으로 연관돼 있다. 그래서 이러한 트렌드를 내 생각을 가다듬는 데 활용하려고 늘 노력한다.

Q 이러한 트렌드가 미국 이외 국가에서도 통용이 될까?
전 세계 사람에게도 이러한 트렌드 정보가 정말 유용할까?

A 나는 1년에 대여섯 번 정도 외국에 나가 이러한 트렌드 정보를 사람들과 공유한다. 나는 이것이 국제적으로도 통한다고 생각한다. 알다시피 Article 2는 인도 대중교통을 이용하면서 겪었던 일이 바탕이 됐고 이 책의 본문도 노르웨이 억만장자가 설립한 이색 박물관 이야기로 시작했다. 나는 트렌드를 관찰하고 미래를 예측하는 기술에 초점을 맞추고 있다. 이는 미국 내 얼리어답터의 관심을 끄는 가장 최근에 등장한 대단한 스타트업이 아니라 포괄적 차원에서 인간의 행동에 초점을 맞추는 기술과 맥을 같이한다. 나는 매번 내가 정리한 트렌드가 다른 많은 국가와 문화에서도 소용이 되는지를 열심히 확인한다.

Have more question?

www.nonobviousbook.com